汽车发动机构造与维修

一体化教材

◎主　编　阮为平　李国君　罗泽飞

◎副主编　陈　锐　李宝树　黄宇军

◎参　编　陈光倍　李素强　刘　健　黄红芳　马立特
陆耀德　何宗霖　施金斌　余晓坚　梁　胜
农科学　宋　敏　李　联

電子工業出版社
Publishing House of Electronics Industry
北京・BEIJING

内 容 简 介

本书以培养学生从事汽车维修的技能为核心，以工作过程为导向，采用项目教学的方式组织内容，每个项目均来源于企业的典型案例，同时融入“1+X”证书的相关内容。主要内容包括认识汽车发动机、曲柄连杆机构的构造与维修、配气机构的构造与维修、燃料供给系统的构造与维修、冷却系统的构造与维修、润滑系统的构造与维修、发动机总装与磨合工艺。基于企业的典型案例，本书详细介绍了各系统的结构、工作原理，典型零部件的拆装、调整及检修方法等。每个任务由任务引入、相关知识、任务实施、知识拓展、技能训练等内容组成。通过学习和训练，学生不仅能够掌握汽车发动机的构造、正确的拆装方法、零部件的检查及常见故障的排除方法，而且能够掌握汽车主要零部件的更换、汽车发动机相关故障的排除等维修技能。

本书可作为职业学校、技工学校汽车类专业的教学用书，也可供有关技术人员参考、学习和培训之用。

图书在版编目（CIP）数据

汽车发动机构造与维修一体化教材 / 阮为平，李国君，罗泽飞主编. —北京：电子工业出版社，2023.5 (2025. 9 重印)

ISBN 978-7-121-45522-3

Ⅰ. ①汽… Ⅱ. ①阮… ②李… ③罗… Ⅲ. ①汽车－发动机－构造－职业教育－教材②汽车－发动机－车辆修理－职业教育－教材 Ⅳ. ①U472.43

中国国家版本馆 CIP 数据核字（2023）第 077587 号

责任编辑：张镨丹　　特约编辑：徐　震
印　　刷：三河市华成印务有限公司
装　　订：三河市华成印务有限公司
出版发行：电子工业出版社
　　　　　北京市海淀区万寿路 173 信箱　邮编　100036
开　　本：880×1 230　1/16　印张：13.25　字数：296.8 千字
版　　次：2023 年 5 月第 1 版
印　　次：2025 年 9 月第 5 次印刷
定　　价：39.50 元

凡所购买电子工业出版社图书有缺损问题，请向购买书店调换。若书店售缺，请与本社发行部联系，联系及邮购电话：（010）88254888，88258888。

质量投诉请发邮件至zlts@phei.com.cn，盗版侵权举报请发邮件至dbqq@phei.com.cn。

本书咨询联系方式：（010）88254549，zhangpd@phei.com.cn。

前言

PREFACE

汽车发动机构造与维修是中、高职汽车类专业的一门专业核心课程，也是汽车维修人员必须掌握的基本技能，该课程旨在为汽车维修高技能人才在没有检测设备的情况下准确判断出故障类型奠定基础。

本书以工作过程为导向，以典型工作任务及“1+X”证书为载体，采用项目教学的方式组织内容，主要内容包括认识汽车发动机、曲柄连杆机构的构造与维修、配气机构的构造与维修、燃料供给系统的构造与维修、冷却系统的构造与维修、润滑系统的构造与维修、发动机总装与磨合工艺。每个项目由若干个任务组成，每个任务由任务引入、相关知识、任务实施、知识拓展、技能训练等内容组成，同时在任务实施部分还增加了一些小栏目，如“提示”“注意”等。在任务引入部分，通过工作任务引出完成此任务所需要的理论知识和技能；在相关知识部分详细介绍完成该任务所必需的知识与技能；在任务实施部分，介绍了各总成的拆装、检修及调整方法。另外，本书配有与之相对应的工作页，学生在完成专业技能操作后，可以巩固相应的理论知识。工作页中引入了专业技能及课程考核方案，专业技能通过随堂考核的方式，将“教”“学”“做”“考”巧妙地融为一体，既检验了学生掌握专业技能的水平，又体现了教师的教学水平。

本书在教学目标中增加了思政目标，教师可在课前或专业技能实训时组织学生观看“大国重器”“大国工匠”等视频，培养学生对专业技能精益求精的工匠精神，树立良好的社会主义核心价值观，养成遵纪守法的良好品德，从而实现专业课与思政课的同向同行。

本书是一本体现“互联网+”教育理念的教材。在书中对应位置以二维码的形式插入动画、视频等教学辅助资源，读者可通过手机等终端设备扫描观看，实现随时随地移动学习。

由于编者水平有限，加之时间仓促，因此书中难免存在不足之处，敬请广大读者提出宝贵意见，在此深表感谢。

编　者

目录

CONTENTS

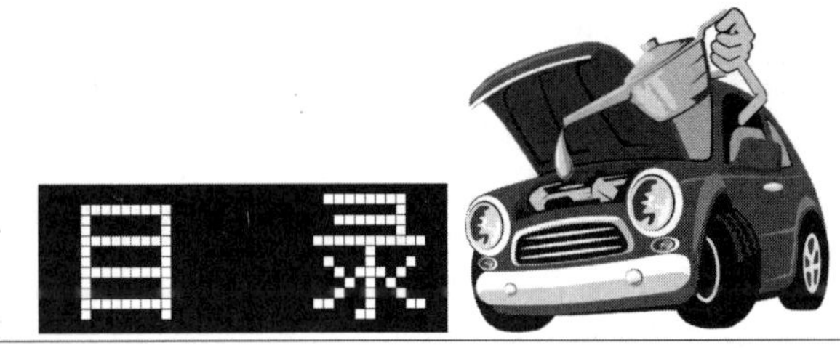

配套资源

认识汽车发动机

项目描述

发动机是汽车的核心部件，随着加工制造业及电子工业的飞速发展，汽车上配置的发动机种类越来越多，发动机的结构也各有不同。

本项目主要介绍汽车发动机的分类和总体构造，以及汽车发动机的常用专业术语等。

任务 了解汽车发动机的构造

 知识目标

1. 掌握活塞行程、压缩比、燃油消耗率、发动机排量等专业术语。
2. 掌握发动机的整体构造。
3. 了解四冲程发动机的工作原理，掌握各个行程的工作特点。

能力目标

1. 能说出组成汽车发动机基本零部件的名称。
2. 能简单说出四冲程发动机的工作原理及各个行程的工作特点。

思政目标

1. 通过学习发动机的相关知识，培养学生精益求精的工匠精神。
2. 通过学生小组合作学习，培养学生爱岗敬业、团结互助的价值观。

任务引入

刘老师去参加车展，想趁车展有优惠活动购买一辆心仪的汽车，看了几个品牌的汽车后，销售顾问都提到了关于汽车发动机的问题。有些汽车配置自然吸气发动机，有些汽车配置涡轮增压发动机；有些发动机的调校风格偏向节能，有些发动机的调校风格偏向运动。本任务主要学习汽车发动机的整体构造及专业术语等。

相关知识

一、汽车发动机的分类

1. 汽车发动机的概念

汽车发动机是一种动力机械，它是通过使燃料在机器内部燃烧，并将其释放的热能转

换为动能的热力发动机。通常汽车发动机采用的是活塞式发动机。

活塞式发动机以往复活塞式发动机最为普遍。活塞式发动机将燃料和空气混合，在其气缸内燃烧，释放出的热能使气缸内产生高温高压的燃气，燃气膨胀推动活塞做功，再通过曲柄连杆机构或其他机构将机械功输出，驱动汽车。

2. 活塞式发动机的分类

活塞式发动机可按不同方式分为：汽油发动机、柴油发动机及多种燃料发动机；四冲程发动机与二冲程发动机；单缸发动机与多缸发动机；化油器式发动机与燃油喷射式发动机；水冷式发动机与风冷式发动机；非增压发动机与增压发动机。

（1）按燃料不同可分为汽油发动机、柴油发动机及多种燃料发动机。

目前汽车发动机多以汽油或柴油作为燃料。使用汽油为燃料的发动机称为汽油发动机，如图 1-1 所示；使用柴油为燃料的发动机称为柴油发动机，如图 1-2 所示。

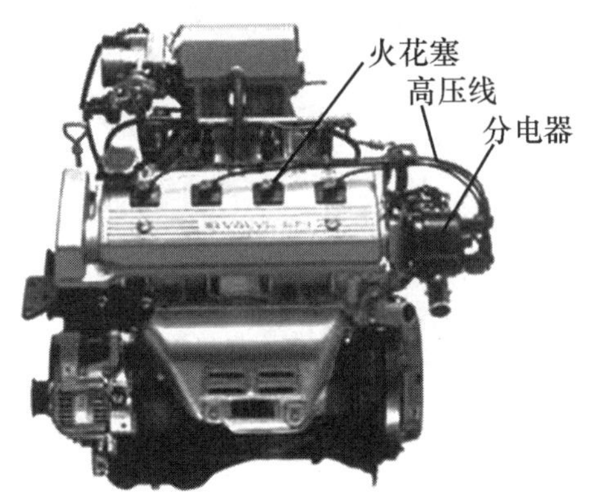

图 1-1　汽油发动机

图 1-2　柴油发动机

（2）按每一工作循环的冲程数不同可分为四冲程发动机与二冲程发动机。

发动机的工作循环由进气、压缩、燃烧、膨胀、排气等过程组成。按实现一个工作循环的行程数，工作循环可分为四冲程和二冲程两类。

汽车发动机多采用四冲程发动机，摩托车发动机和一些小功率发动机多采用二冲程发动机。

（3）按气缸数及排列方式不同可分为单缸（立式、卧式）发动机与多缸[直列式（如图 1-3 所示）、V 型（如图 1-4 所示）、P 型或对置式]发动机。

（4）汽油发动机又可分为化油器式发动机（如图 1-5 所示）与燃油喷射式发动机（如图 1-6 所示）。

图 1-3　直列式发动机

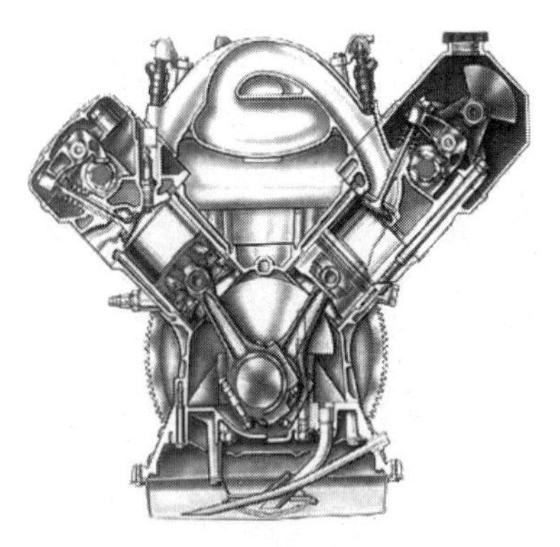

图 1-4　V 型发动机

图 1-5　化油器式发动机

图 1-6　燃油喷射式发动机

（5）按冷却方式不同可分为水冷式发动机（如图 1-7 所示）和风冷式发动机（如图 1-8 所示）。

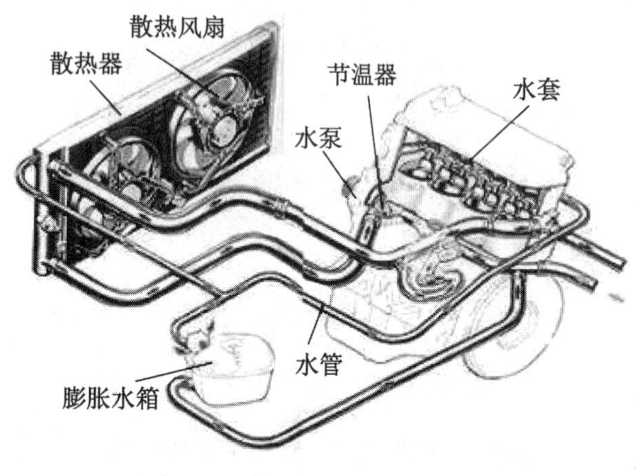

图 1-7　水冷式发动机

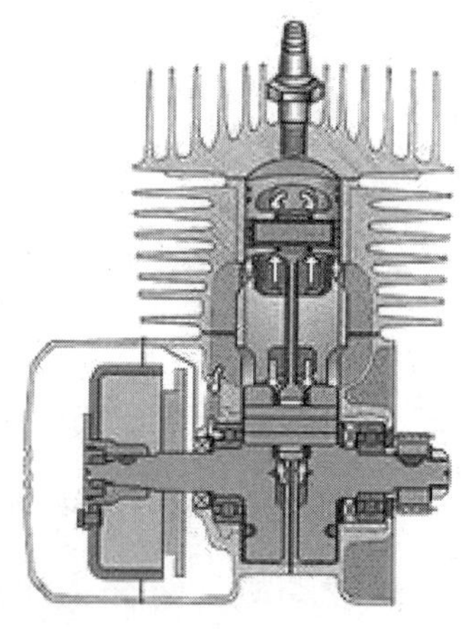

图 1-8　风冷式发动机

（6）按是否安装增压装置可分为非增压发动机（又称自然吸气发动机，如图 1-9 所示）和增压发动机（如图 1-10 所示）。

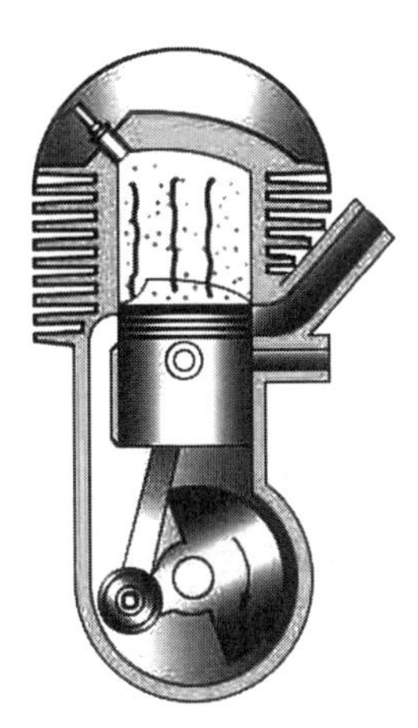

图 1-9 非增压发动机（又称自然吸气发动机）

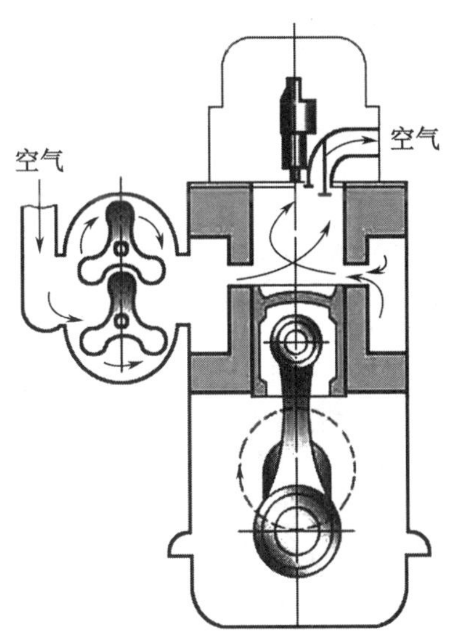

图 1-10 增压发动机

二、发动机的基本构造

汽油发动机（如图 1-11 所示）由两大机构五大系统组成：曲柄连杆机构、配气机构、燃料供给系统、润滑系统、冷却系统、点火系统、起动系统。柴油发动机由两大机构四大系统组成，没有点火系统。

图 1-11 汽油发动机

1．曲柄连杆机构

（1）曲柄连杆机构是发动机实现工作循环、完成能量转换的主要运动零部件。在做功行程中，活塞承受燃气压力在气缸内做直线运动，通过连杆转换成曲轴的旋转运动，并通过曲轴对外输出动力。而在进气、压缩和排气行程中，飞轮释放能量又把曲轴的旋转运动转化成活塞的直线运动。

（2）曲柄连杆机构由机体组（如图 1-12 所示）、活塞连杆组和曲轴飞轮组（如图 1-13 所示）三部分组成。

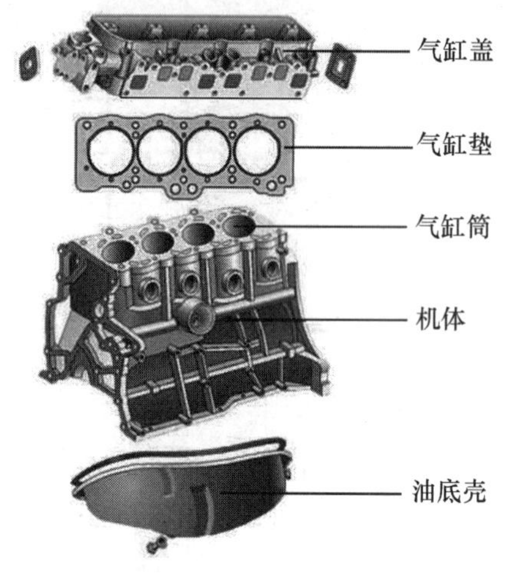

图 1-12　机体组

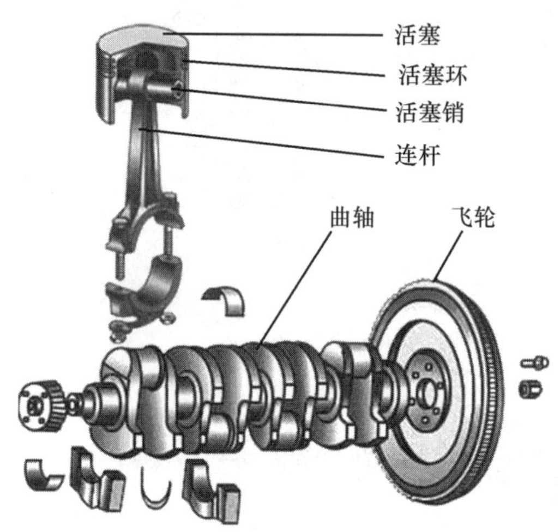

图 1-13　活塞连杆组和曲轴飞轮组

2．配气机构

（1）配气机构的作用是根据发动机的工作顺序和工作过程，定时开启和关闭进气门和排气门，使可燃混合气或空气进入气缸，并使废气从气缸内排出，实现换气过程。

（2）配气机构由气门组（如图 1-14 所示）和气门传动组（如图 1-15 所示）两部分组成。

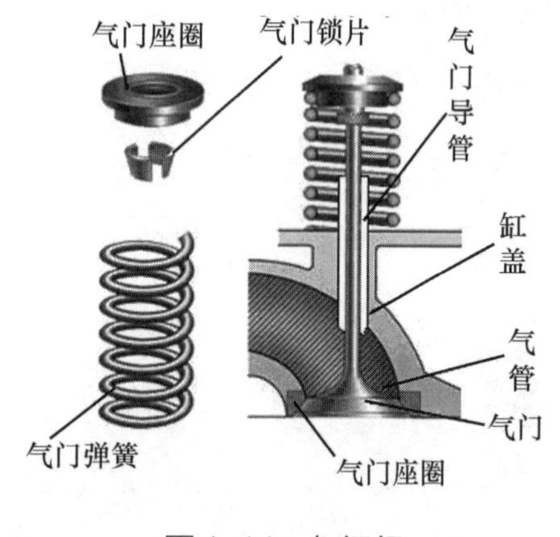

图 1-14　气门组

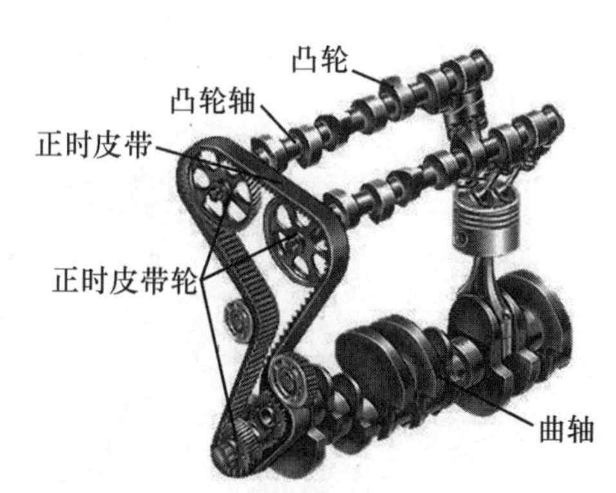

图 1-15　气门传动组

3．燃料供给系统

汽油发动机燃料供给系统（如图 1-16 所示）的作用是根据发动机的要求，配制出一定数量和浓度的混合气，供入气缸，使之在临近压缩终了时点火燃烧进而膨胀做功。最后，燃料供给系统再将燃烧后产生的废气排出。

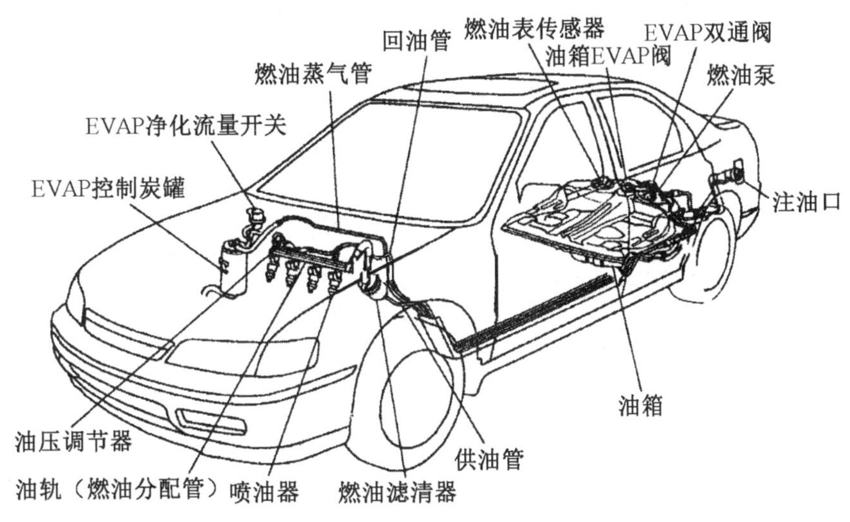

图 1-16　汽油发动机燃料供给系统

4．润滑系统

润滑系统（如图 1-17 所示）的作用是向做相对运动的零件表面输送定量的清洁机油，以实现液体摩擦，减小摩擦阻力，减轻机件的磨损，并对零件表面进行清洗和冷却。

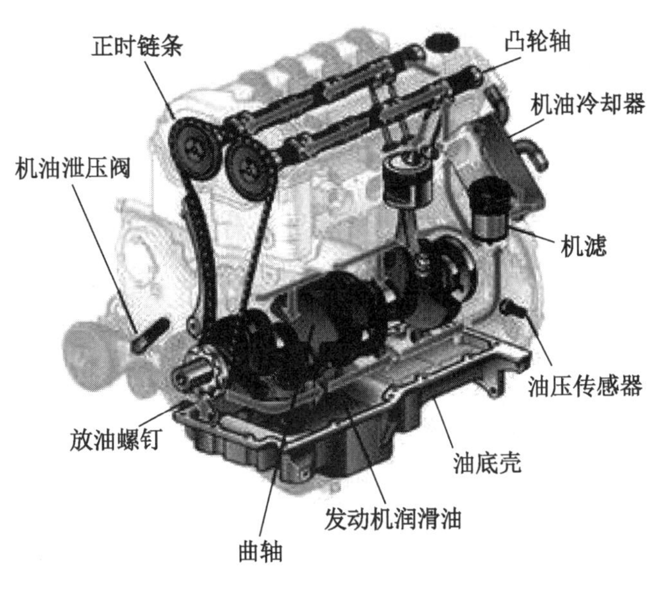

图 1-17　润滑系统

5. 冷却系统

冷却系统（如图 1-18 所示）的主要功用是把受热零件吸收的部分热量及时散发出去，保证发动机在最适宜的温度状态下工作。

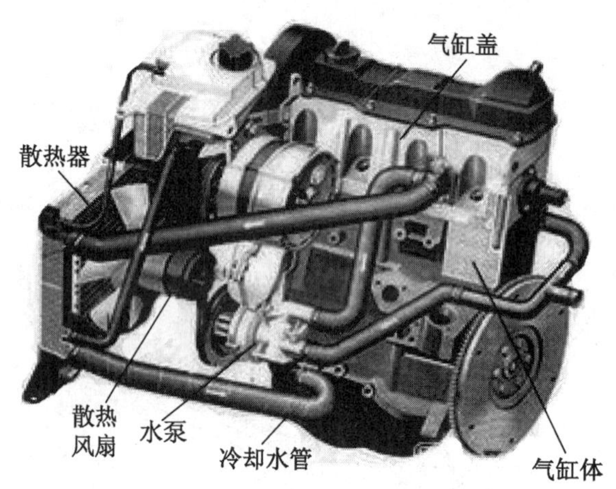

图 1-18　冷却系统

6. 点火系统

在汽油发动机中，气缸内的可燃混合气是靠电火花点燃的，为此在汽油发动机的气缸盖上装有火花塞，火花塞头部伸入燃烧室内。能够按时在火花塞电极间产生电火花的全部设备称为点火系统（如图 1-19 所示）。

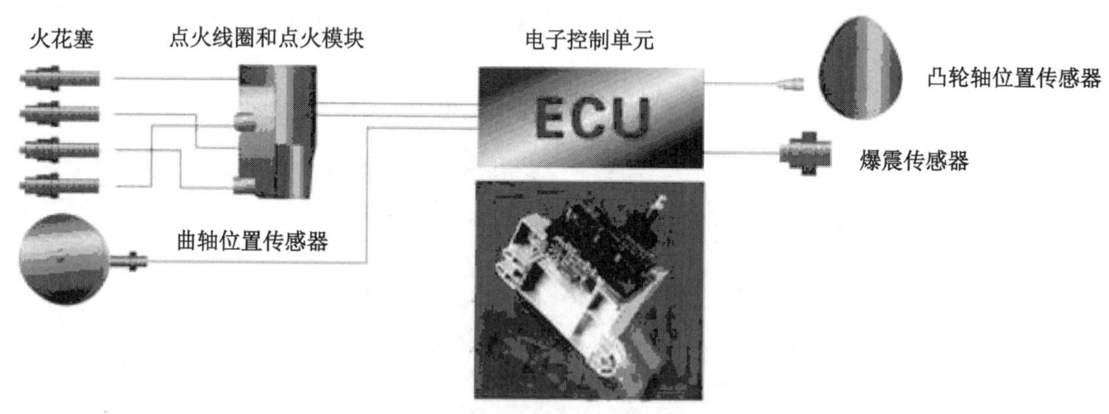

图 1-19　点火系统

7. 起动系统

要使发动机由静止状态过渡到工作状态，必须先用外力转动发动机的曲轴，使活塞做往复运动，气缸内的可燃混合气燃烧膨胀做功，推动活塞向下运动使曲轴旋转，发动机才能自行运转，工作循环才能自动进行。因此，从曲轴在外力作用下转动到发动机开始自动运转的全过程，称为发动机的起动。完成起动过程所需的装置，称为发动机的起动系统（如图 1-20 所示）。

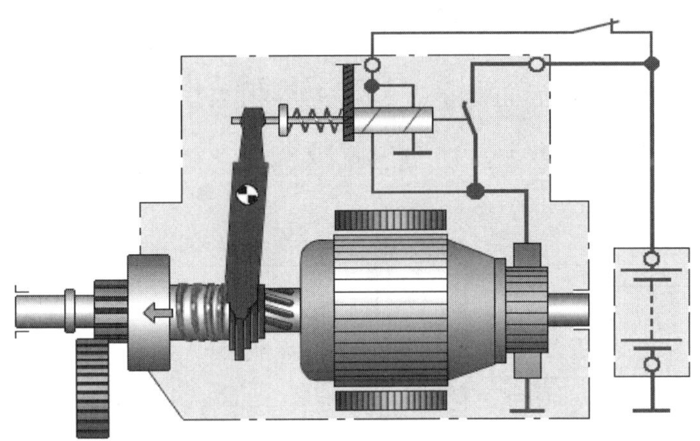

图 1-20 起动系统

三、四冲程发动机的工作原理

1. 发动机常用专业术语

（1）发动机活塞上止点、下止点（如图 1-21 所示）：活塞顶离曲轴回转中心最远处为上止点，活塞顶离曲轴回转中心最近处为下止点。

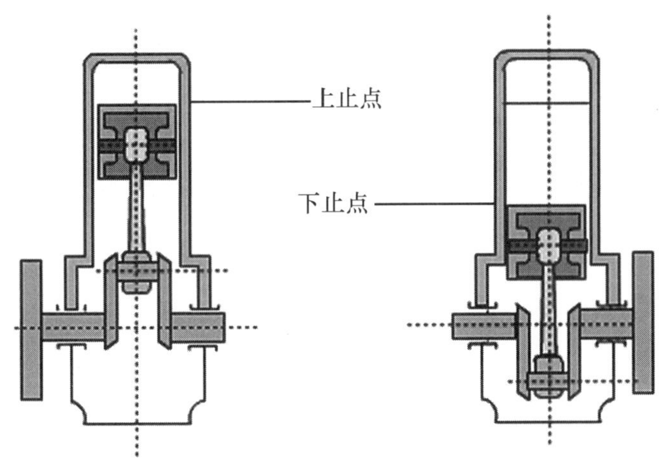

图 1-21 发动机活塞上止点、下止点

（2）活塞行程（如图 1-22 所示）：上、下止点间的距离称为活塞行程（S）。

曲轴的回转半径称为曲柄半径（R）。显然，曲轴每回转一周，活塞移动两个活塞行程。对于气缸中心线通过曲轴回转中心的内燃机，其 $S=2R$。

（3）气缸工作容积（如图 1-22 所示）：上、下止点间所包含的气缸容积称为气缸工作容积。它取决于缸径和活塞行程。

（4）发动机排量是发动机各气缸工作容积的总和（多缸发动机如图 1-23 所示）。排量是较为重要的结构参数，它能全面衡量发动机的容积大小。发动机的性能指标和排量密切相关，一般来说，汽车的排量越大，功率也就越高。

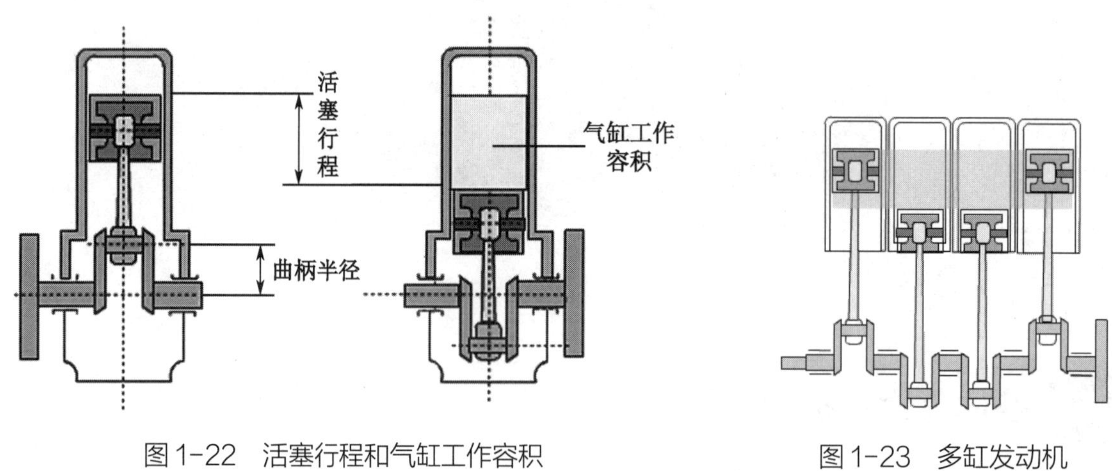

图 1-22　活塞行程和气缸工作容积　　图 1-23　多缸发动机

（5）燃烧室容积（如图 1-24 所示）：活塞位于上止点时，活塞顶面以上气缸盖底面以下所形成的空间称为燃烧室，其容积称为燃烧室容积，也叫压缩容积。

（6）气缸总容积（如图 1-25 所示）：气缸工作容积与燃烧室容积之和为气缸总容积。气缸总容积又叫气缸最大容积，是单个气缸中活塞在下止点时的气缸容积，它与发动机的压缩比有直接的关系。气缸总容积容易与发动机排量相混淆，这里需要强调：气缸总容积是指单个气缸中的气缸工作容积与燃烧室容积的总和，不是指多个气缸的气缸容积的总和。而发动机排量是指多个气缸中各个气缸工作容积的总和，其中并不包含燃烧室的容积。

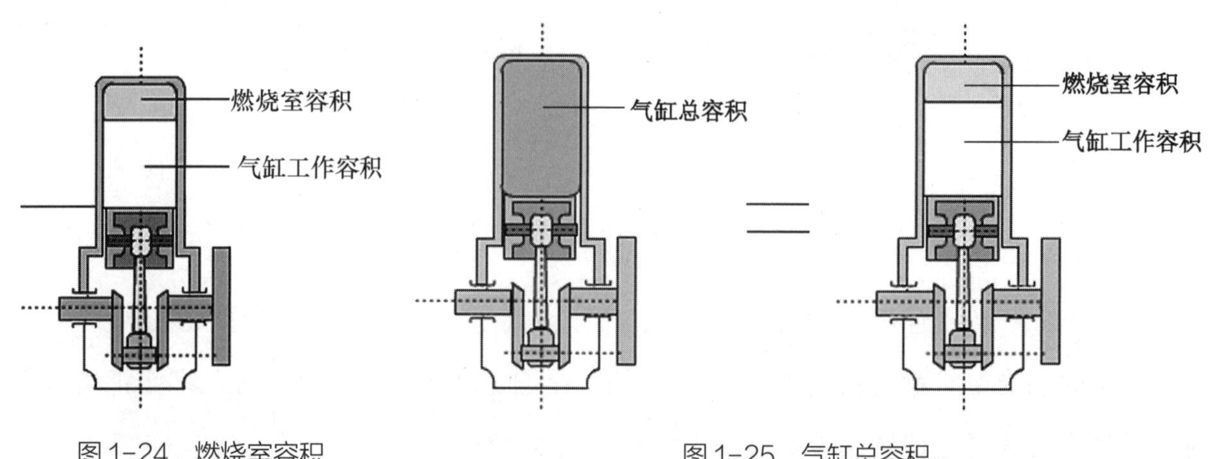

图 1-24　燃烧室容积　　图 1-25　气缸总容积

（7）压缩比：气缸总容积与燃烧室容积之比称为压缩比（压缩比计算公式如图 1-26 所示）。

压缩比就是发动机混合气体被压缩的程度，用压缩前的气缸总容积与压缩后的气缸容积（即燃烧室容积）之比来表示。

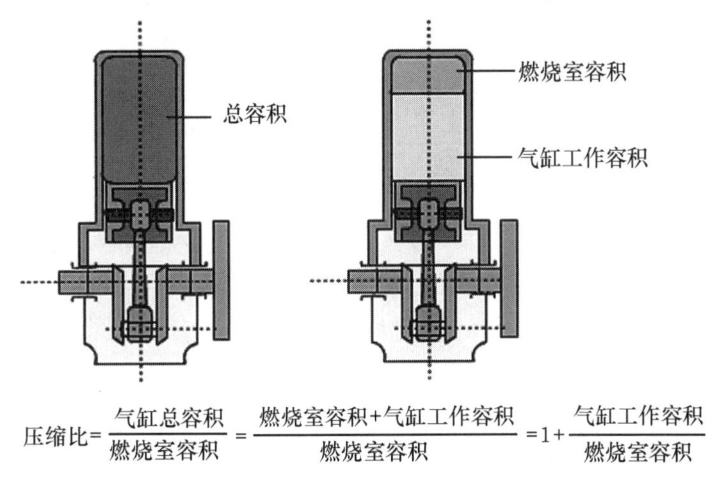

图 1-26　压缩比计算公式

压缩比越大，压缩终了时气缸内的气体压力和温度就越高。汽油发动机是点燃式的，压缩比低，一般是 8～11；柴油发动机是压燃式的，压缩比高，一般是 18～23。

2. 发动机的工作过程

通常汽车发动机所采用的活塞式发动机必须经过进气、压缩、做功和排气四个连续的行程来实现车辆驱动，进行一次这样的行程就叫一个工作循环。

（1）进气行程（如图 1-27 所示）。

进气行程开始时，进气门开启，活塞从上止点向下止点移动，活塞上方容积增大，压力降低，可燃混合气在压力差作用下进入气缸。

（2）压缩行程（如图 1-28 所示）。

压缩行程开始时，进气门和排气门关闭，活塞从下止点向上止点移动，活塞上方容积缩小，压缩混合气，使其压力和温度升高到易燃的程度。

（3）做功行程（如图 1-29 所示）。

做功行程开始时，进气门和排气门仍然关闭，当压缩接近终了时，火花塞发出电火花，点燃混合气做功。

（4）排气行程（如图 1-30 所示）。

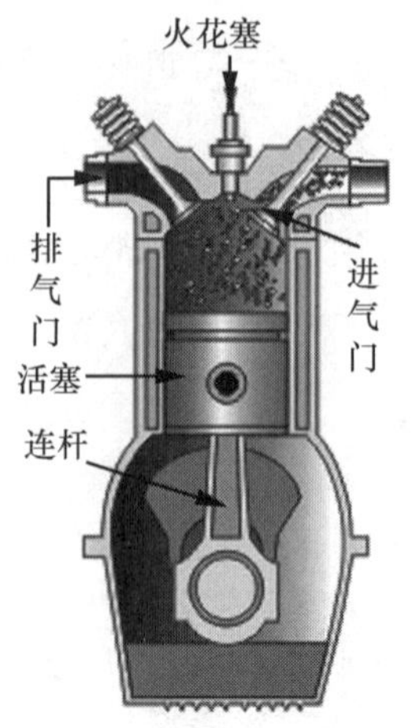

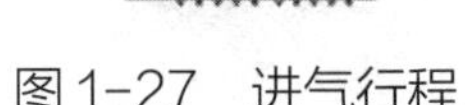

图1-27　进气行程

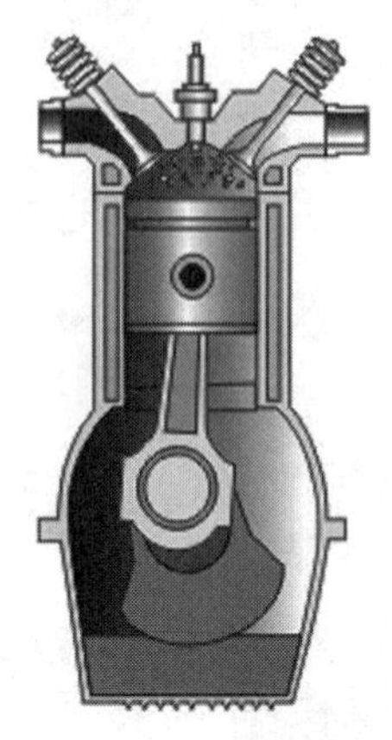

图1-28　压缩行程

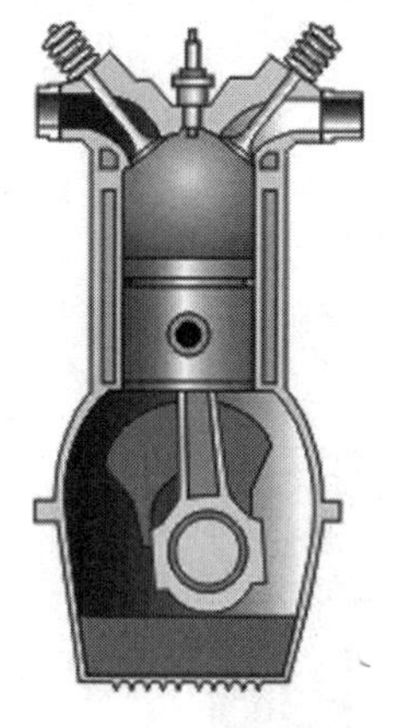

图1-29　做功行程

图1-30　排气行程

排气行程开始时，进气门仍关闭，排气门开启，活塞由下止点向上止点移动，把燃烧后的废气挤出气缸。

排气行程结束后，排气门关闭，进气门再次开启，活塞在曲轴连杆的带动下继续由上止点向下止点移动，开始下一个工作循环。

在一个工作循环里，除了做功行程中可燃混合气燃烧做功，其他三个行程均由外部提供能量，因此，在曲轴后端安装有飞轮。飞轮的作用是将做功行程中产生的能量以转动惯量形式储存起来，然后在其他三个行程中再释放出来，使发动机均匀运转。

四、四冲程柴油发动机与四冲程汽油发动机的区别

四冲程柴油发动机和四冲程汽油发动机的工作过程相同，每一个工作循环同样包括进气、压缩、做功和排气四个行程，但由于柴油发动机使用的燃料是柴油，而柴油与汽油有较大的差别，柴油黏度大，不易蒸发，自燃温度低，故可燃混合气的形成、着火方式、燃烧过程及气体温度压力的变化都和汽油机不同。下面主要分析柴油发动机和汽油发动机在工作过程中的不同点。

（1）在进气行程中四冲程柴油发动机吸入气缸的是纯空气而不是可燃混合气。

（2）在压缩行程中四冲程柴油发动机压缩的也是纯空气，在压缩行程接近上止点时，喷油器将高压柴油以雾状喷入燃烧室，柴油和空气在气缸内形成可燃混合气并着火燃烧。柴油发动机的压缩比比汽油发动机的压缩比大很多（一般为 18～23），压缩终了时气体的温度和压力都比汽油发动机高，且温度大大超过了柴油的自燃温度。压缩终了时，气体压

力为 3.5～4.5 MPa，气体温度为 750～1 000 K。柴油发动机是压缩后自燃着火的，不需要点火，故柴油发动机又称为压燃机。

（3）柴油喷入气缸后，在很短的时间内与空气混合后便立即着火燃烧。柴油发动机的可燃混合气是在气缸内部形成的，而不是像汽油发动机那样，混合气主要是在气缸外部的化油器中形成的。

任务实施

（1）认识柴油发动机和汽油发动机。汽油发动机是靠点火装置点燃汽油的，而柴油发动机没有高压点火，是靠压力点燃的，如图 1-31（a）、（b）所示。

（a）汽油发动机

（b）柴油发动机

图 1-31 发动机

（2）曲柄连杆机构由机体组、活塞连杆组和曲轴飞轮组三部分组成，如图 1-32 所示。

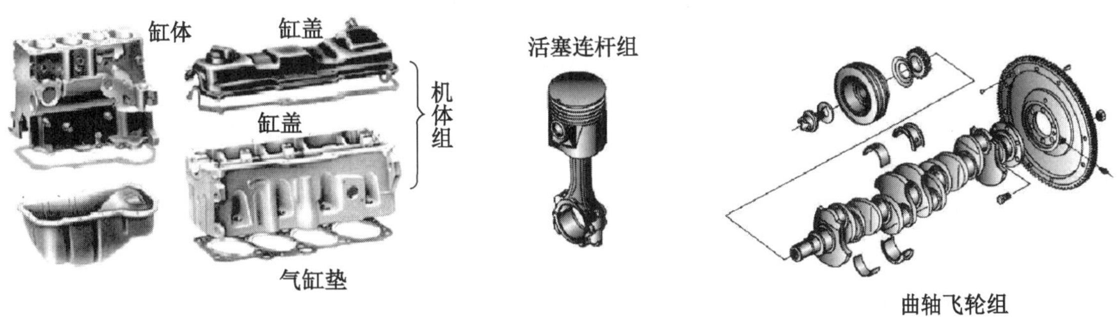

图 1-32 曲柄连杆机构

（3）汽油发动机燃料供给系统。认识如图 1-33 所示的燃料供给系统中各零部件的名称。

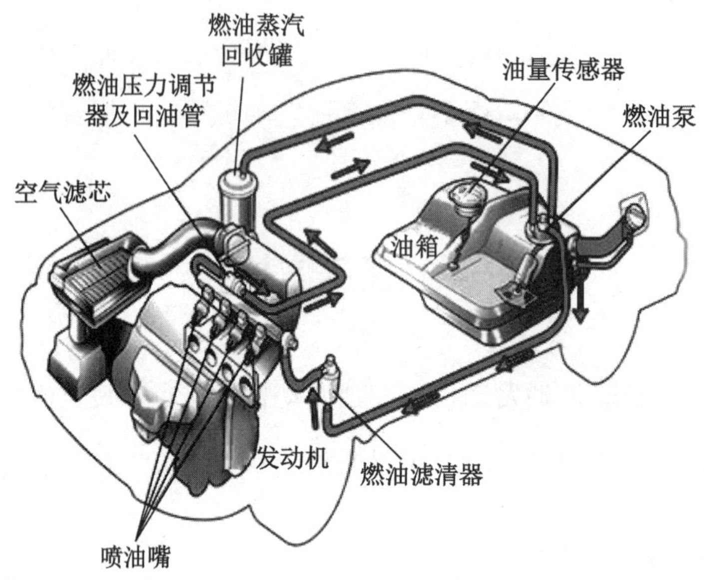

图 1-33　燃料供给系统

（4）润滑系统。认识如图 1-34 所示的润滑系统中各零部件的名称。

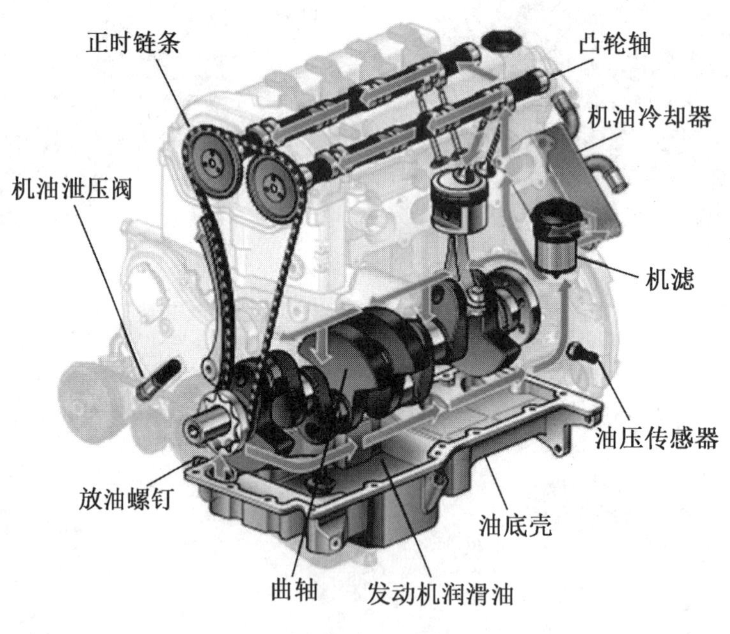

图 1-34　润滑系统

（5）冷却系统。认识如图 1-35 所示的冷却系统中各零部件的名称。

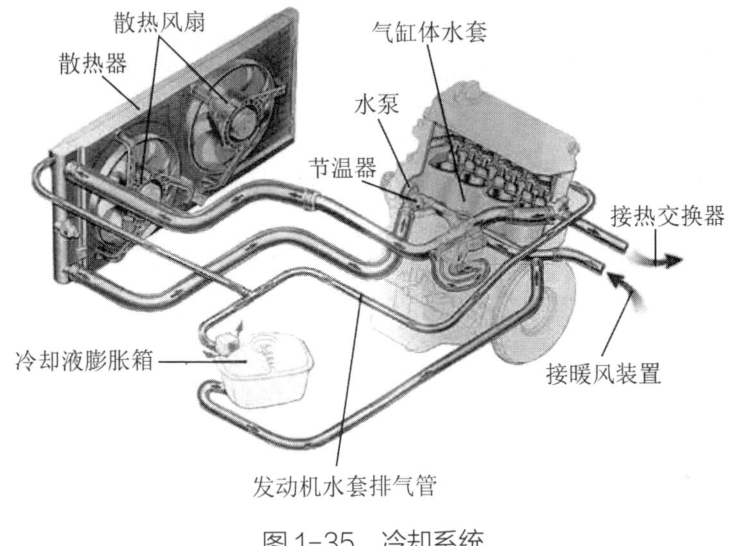

图 1-35 冷却系统

素养与思政

本任务要求分组训练，各小组对所学的理论知识进行巩固学习，在学习过程中必须团结一致、相互合作，掌握理论知识后观看“大国重器”及国产轿车的生产过程等视频，正确认识中国制造业的现状，增强学生的使命感和爱国情怀，强化学生的安全意识。

知识拓展

1. 缸内直喷技术（GDI 系统/FSI 系统）

缸内直喷式汽油发动机系统简称 GDI 系统，因为燃油是分层燃烧的，故又称 FSI 系统，现在 FSI 系统的知名度已经大大超过了 GDI 系统。我国上海大众和一汽大众所生产的斯克达-明锐（SKODA-Octavia-118T-FSI）和迈腾（Magotan-118T-FSI）缸内直喷式汽油发动机乘用车，已经投入市场多年，实现了汽油发动机低油耗、低污染、高功率的梦想。压缩比（12～13）：1A/F=（30～40）：1，动力性提升 10%，燃油经济性降低 40%，对燃油质量要求不高，“三个涡流”实现超稀薄分层燃烧。中、小负荷工况时的喷油特点：轿车在市内行驶时多在中、小负荷工况下工作，发动机在压缩行程后期喷油，以经济超稀薄混合气成分为主，为分层燃烧方式。大负荷工况时的喷油特点：为了获得大功率值，应加浓可燃混合气，以动力性为主，采用“两次喷油方式”。第一次是在进气行程，喷入适量燃油，形成均质燃烧混合气，此为“补救功能”；第二次是在压缩行程的后期喷油，形成浓稀不均的层状混合气，再点火燃烧。因此，在大负荷工况时，一个工作循环中，喷油器发出两次脉冲信号。“两次喷射”也可在起动工况、急加速工况出现，以调节空燃比（A/F）的大小，改善使用性能。

2．VTCS 可变涡流控制阀

可变涡流控制系统，相当于“自然吸气式的增压”。通过节流门的控制，使发动机在不同工况下的进气形成不同的“进气涡流”，使喷油器喷出的雾状燃油与空气更好地混合，保证燃烧更充分。

3．发动机自动启停系统

发动机自动启停系统（START&STOP，STT）是一套控制发动机起动和停止的系统。通过在传统发动机上植入具有怠速起停功能的加强电机，使汽车在满足怠速停车条件时，发动机完全熄灭。当整车再需要起动前进时，怠速起停电机系统迅速响应驾驶员起动命令，快速起动发动机，瞬时衔接，从而降低油耗和减少废气排放。

曲柄连杆机构的构造与维修

项目描述

曲柄连杆机构是发动机的主要运动机构。其功用是将活塞的往复运动转变为曲轴的旋转运动，同时将作用于活塞上的力转变为曲轴对外输出的转矩，以驱动汽车车轮转动。

本项目主要介绍机体组、活塞连杆组和曲轴飞轮组等零部件的构造及检修方法等。

任务1 机体组的构造与拆装

知识目标

1. 掌握机体组主要零部件的名称、分类。
2. 掌握机体组主要零部件的工作原理。
3. 掌握气缸盖的拆装方法。

能力目标

1. 能说出机体组主要零部件的名称。
2. 能正确拆装机体组零部件。

思政目标

1. 通过学习机体组零部件的规范拆装流程，培养学生精益求精的工匠精神。
2. 通过学生小组合作学习，培养学生爱岗敬业、团结互助的价值观。
3. 通过观看“大国工匠”等视频，培养学生的爱国情怀。

任务引入

李老师的一辆别克昂科威最近经常出现水温偏高的情况，每行驶 200 千米就需要加注冷却液，冷车检查时发现气缸体结合面有白色固体状的物体，经过维修技师检查发现是气缸盖安装不到位，需要对缸盖螺栓进行紧固。本任务主要学习机体组零部件的构成、工作原理及拆装检修等。

相关知识

一、机体组的功用

机体组是发动机的支架，是曲柄连杆机构、配气机构和发动机各系统主要零部件的装配基体。气缸盖用来封闭气缸顶部，并与活塞顶和气缸壁一起形成燃烧室。另外，气缸盖和机体内的水套和油道，以及油底壳又分别是冷却系统和润滑系统的组成部分。

二、机体组的主要零部件

发动机机体组（如图 2-1 所示）主要由气缸体、气缸套、气缸盖、气缸盖罩、气缸垫及油底壳等零部件组成。镶有气缸套的发动机，机体组还包括干式或湿式气缸套。

1．气缸体

气缸体（如图 2-2 所示）是构成发动机的骨架，是发动机各机构和各系统的安装基础，其内、外安装着发动机的所有主要零件和附件。

（1）气缸体的组成：缸体、上曲轴箱、水套、缸套、油道等。

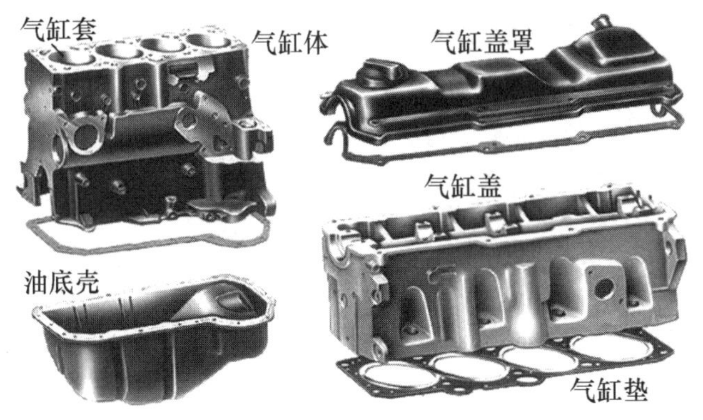

图 2-1　机体组

图 2-2　气缸体

（2）气缸体的分类。

水冷发动机的缸体和上曲轴箱通常铸成一体，称为气缸体。按气缸体与油底壳安装平面位置不同气缸体可分为一般式、龙门式和隧道式 3 种。

一般式气缸体的油底壳安装平面和曲轴旋转中心在同一高度。这种气缸体高度小、质量轻、加工方便，但与另外两种机体相比刚度较差，如图 2-3（a）所示。

龙门式气缸体的油底壳安装平面低于曲轴的旋转中心，如图 2-3（b）所示。龙门式气缸体由于高度增加，其弯曲刚度和扭转刚度均比平底式机体有显著提高。龙门式气缸体的底平面与油底壳之间的密封比较简单。

隧道式气缸体是指气缸体上曲轴的主轴承孔为整体式，如图 2-3（c）所示。这种机体配以窄型滚动轴承可以缩短机体长度。隧道式气缸体的刚度大，主轴承孔的同轴度好，但是由于大直径滚动轴承的圆周速度不能很大，而且滚动轴承价格较贵，因此限制了隧道式机体在高速发动机上的应用。

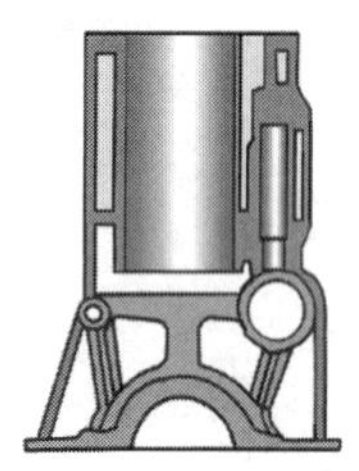
（a）一般式

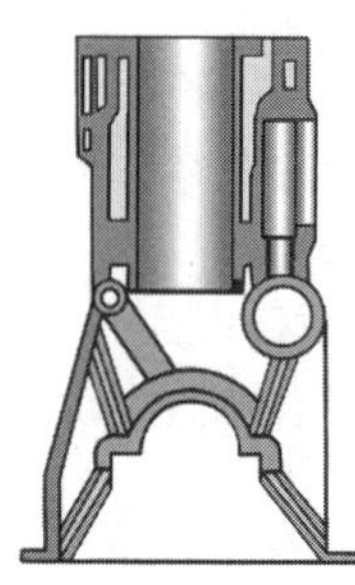
（b）龙门式

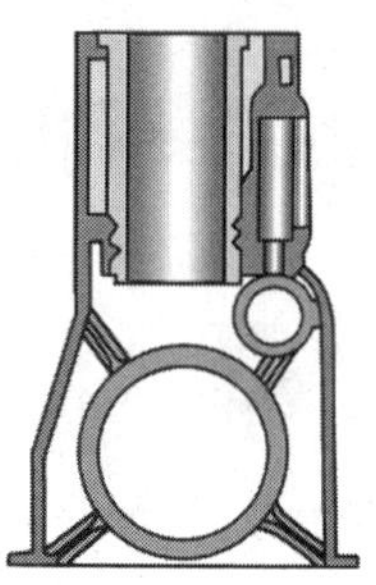
（c）隧道式

图 2-3 气缸体的分类

根据气缸的排列方式发动机可以分为直列式、V 型和水平对置式（如图 2-4 所示）。

三种结构形式的优缺点分别介绍如下。

直列式：结构简单、加工容易，但发动机长度和高度较大。

V 型：缩短了机体的长度和高度，增加了刚度，降低了发动机质量，但形状复杂，加工困难。

水平对置式：高度小，总体布置方便。

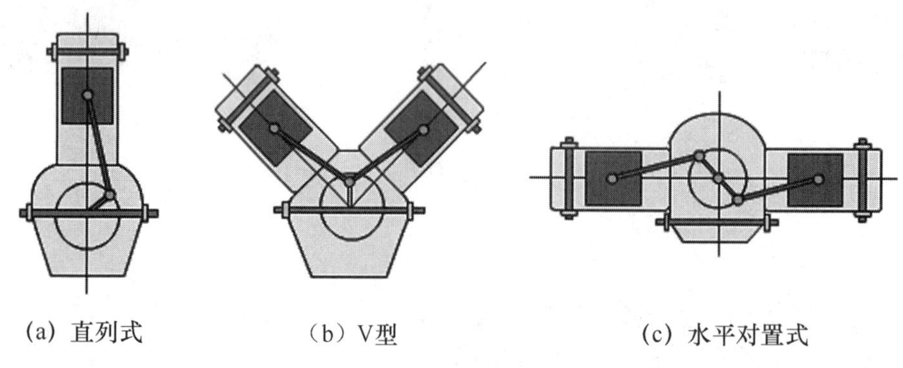
（a）直列式　（b）V型　（c）水平对置式

图 2-4 气缸的排列方式

2. 气缸套

在气缸内，活塞与缸壁的摩擦表面由于高温和运动的不连续造成润滑不良，易造成缸体的磨损及腐蚀，因此气缸应采用耐磨材料制造。但是除了气缸壁表面，其他部分的耐磨性要求不高，因此整个缸体都采用耐磨材料也会造成浪费，所以为了节省开支，气缸工作表面单独用耐磨材料制造，再镶入气缸，即气缸套。

气缸套（如图 2-5 所示）是镶在气缸内用于提高气缸耐磨性的薄壁圆筒。分为干式气缸套和湿式气缸套。

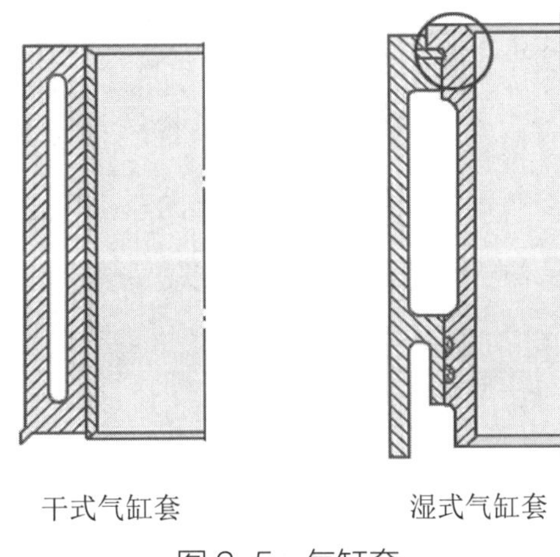

图 2-5 气缸套

干式气缸套式气缸体一般是在灰铸铁气缸体的气缸套座孔内压入或装入气缸筒，干式气缸套外壁不与冷却液直接接触。干式气缸套的外表面和气缸套座孔内表面均须精加工，以保证必要的形位精度和便于拆装。

湿式气缸套式气缸体，其气缸套外壁与冷却液直接接触。用合金铸铁制造的湿式气缸套的壁厚一般为 5～8 mm。湿式气缸套下部用 1～3 道耐热耐油的橡胶密封圈进行密封，防止冷却液泄漏。湿式气缸套上部的密封是利用气缸套装入机体后，使气缸套顶面高出机体顶面 0.05～0.15 mm 完成的。

3. 气缸盖

气缸盖（如图 2-6 所示）是结构复杂的箱形零件，上面加工有进、排气门座孔，气门导管孔，火花塞安装孔（汽油机）或喷油器安装孔（柴油机）。气缸盖用螺栓安装在气缸体的上部，与活塞、气缸等共同构成燃烧室。

气缸盖内还铸有水套、进气通道和排气通道等。若凸轮轴安装在气缸盖上，则气缸盖上还加工有凸轮轴承孔或凸轮轴承座及其润滑油道。

图 2-6　气缸盖

汽油发动机的气缸盖上加工有安装火花塞的孔，而柴油发动机的气缸盖上加工有安装喷油器的孔。顶置凸轮轴式发动机的气缸盖上还加工有凸轮轴轴承孔，用于安装凸轮轴。

水冷发动机的气缸盖内部制有冷却水套，缸盖下端的冷却水孔与缸体的冷却水孔相通。水冷发动机的气缸盖有整体式、分块式和单体式 3 种结构形式。在多缸发动机中，全部气缸共用一个气缸盖的，则称该气缸盖为整体式气缸盖；若每两缸一盖或三缸一盖，则称该气缸盖为分块式气缸盖；若每缸一盖，则称该气缸盖为单体式气缸盖。风冷发动机均为单体式气缸盖。

4．气缸垫

气缸垫（如图 2-7 所示）是机体顶面与气缸盖底面之间的密封件。其作用是保持气缸密封不漏气，保持由机体流向气缸盖的冷却液和机油不泄漏。气缸垫承受紧固气缸盖螺栓时造成的压力，并受到气缸内燃烧气体高温、高压的作用，以及机油和冷却液的腐蚀，因此气缸垫应具有足够的强度，并且要耐压、耐热和耐腐蚀。另外，还需要有一定的弹性，以补偿机体顶面和气缸盖底面的粗糙度和不平度，以及发动机工作时反复出现的变形。

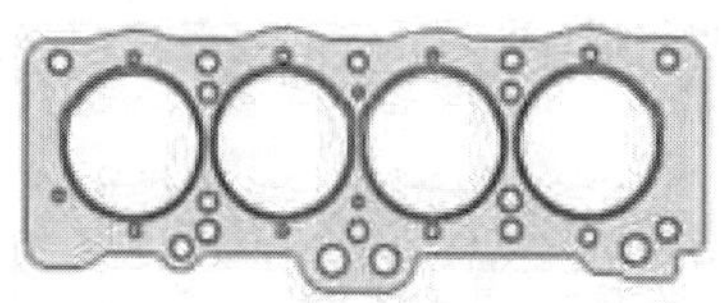

图 2-7　气缸垫

气缸垫上有螺钉孔（锁紧气缸盖与缸体的螺钉）和散热水孔（散热水必须保持上下流通，给整个发动机散热）等。

按所用材料的不同，气缸垫可分为金属—石棉气缸垫、金属—复合材料气缸垫和全金属气缸垫等多种。

5．油底壳

油底壳（如图 2-8 所示）安装在发动机曲轴箱的下半部，作用是封闭曲轴箱，作为贮

油槽的外壳，防止杂质进入，并收集和贮存由发动机各摩擦表面流回的润滑油。油底壳多由薄钢板冲压而成，侧面装有油尺，用来检查油量。

油底壳内设有挡板，用以减轻汽车颠簸时油面的震荡。此外，为了保证汽车倾斜时机油泵能正常吸油，通常将油底壳局部做得较深。油底壳底部设有放油螺栓，有的放油螺栓带磁性，可以吸附机油中的铁屑。

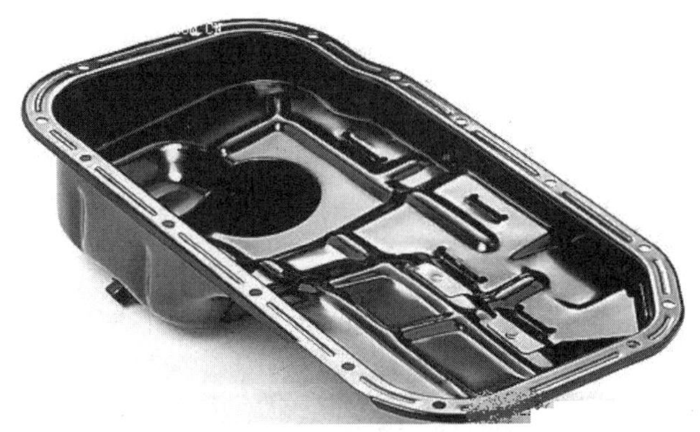

图 2-8 油底壳

任务实施

一、机体组拆卸（SGMW B 系列发动机）

（1）拆卸发动机各种连接管（如图 2-9 所示）。

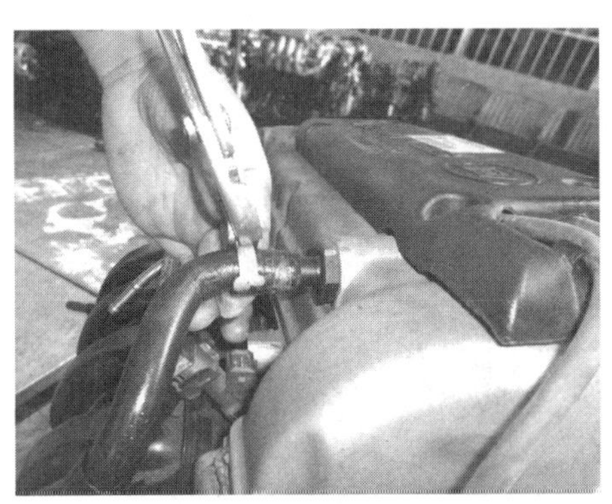

图 2-9 拆卸发动机各种连接管

（2）拆卸发动机附件（如图 2-10 所示），如高压线盖、点火模块、EGR 阀等。

（3）拆卸气缸盖罩螺栓（如图 2-11 所示），按图示顺序拆卸（如图 2-12 所示）。

（4）拆卸排气歧管，按如图 2-13 所示的拆卸顺序，将排气歧管的螺栓拆卸下来。

图 2-10　拆卸发动机附件

图 2-11　拆卸气缸盖罩螺栓

6	10	11	8
3	2	1	4
5	9	12	7

图 2-12　拆卸气缸盖罩螺栓顺序

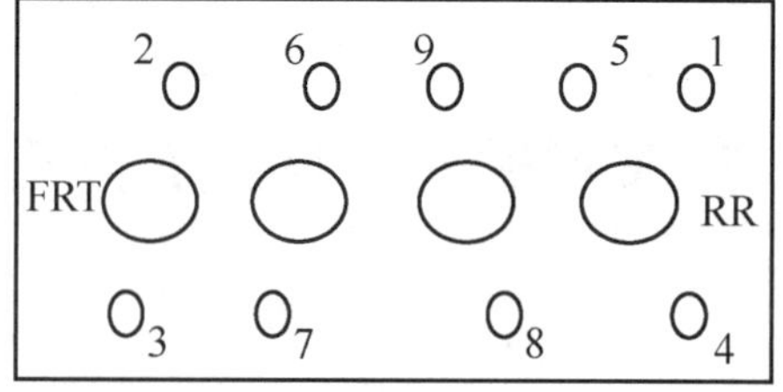

图 2-13　拆卸排气歧管螺栓顺序

（5）拆卸进气歧管（如图 2-14 所示），按照从两边到中间的顺序拆卸。

图 2-14　拆卸进气歧管

（6）拆卸发动机皮带轮螺栓及皮带轮（如图 2-15 所示）。

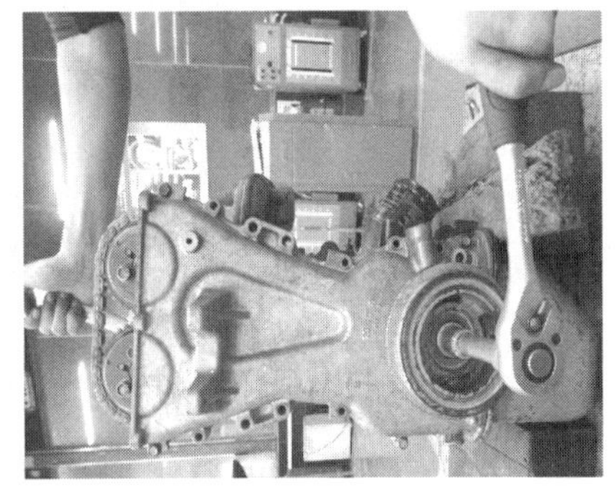

图 2-15 拆卸发动机皮带轮螺栓及皮带轮

（7）按顺序拆卸发动机前盖螺栓（如图 2-16 所示）。

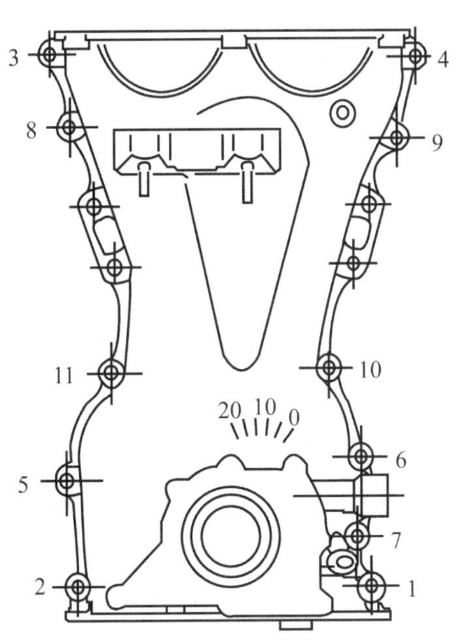

图 2-16 按顺序拆卸发动机前盖螺栓

（8）拆卸链条张紧器、链条导板和链条（如图 2-17 所示）。

图 2-17 拆卸链条张紧器、链条导板和链条

（9）按如图 2-18 所示螺栓拆卸顺序拆卸凸轮轴轴承盖。注意：凸轮轴上的记号 I 为进气凸轮轴，E 为排气凸轮轴，每个凸轮轴承盖上都标有数字和箭头，箭头指向发动机头部。

3	15	19	17	5
4	16	20	18	7
2	11	13	9	8
1	12	14	10	6

图 2-18　按顺序拆卸凸轮轴轴承盖螺栓

（10）拆卸气缸盖。用扭力扳手，按如图 2-19 所示顺序（防止因受力不均匀而引起气缸盖翘曲变形），均匀松开并拆下气缸盖螺栓。取出气缸盖并将其侧立放置，或者用木头垫在下面以防损坏表面。

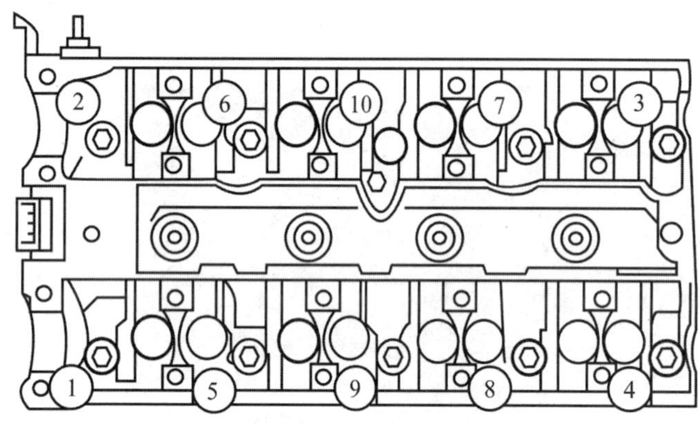

图 2-19　按顺序拆卸气缸盖螺栓

（11）拆下气缸垫。注意气缸垫的方向，将拆下的气缸垫摆放在合适的位置上。

（12）清洁气缸盖及缸体平面附着的密封材料。用有机溶剂（汽油、柴油、煤油等）或碱溶液清洗，防止气缸盖在下次装配过程中因密封不严而引起漏气。

二、机体组安装

（1）用干净的压缩空气将清洁后的零部件吹干净，并放置在干净的地方待装。

（2）安装气缸垫，安装时注意气缸垫上的“TOP”标记（或者其他标记）朝上并装到

前端，“IN”标记装到进气歧管侧，“EX”标记装到排气歧管侧。特别注意中间的压力油路油孔不能被堵塞，应对正缸体的压力油孔。

（3）安装气缸盖，将气缸盖正确安放在气缸体上，用手在螺栓的螺纹部位及头部下端均匀地涂上发动机油，然后放回气缸盖的螺纹孔中，并用螺旋工具按拆卸时的顺序将螺栓拧到其头部和气缸盖的螺栓孔平齐。

将气缸盖螺栓分成 3～4 次按顺序逐渐紧固（如图 2-20 所示），第一次紧固力矩按规定力矩的 30%，第二次紧固力矩按规定力矩的 60%，第三次按规定力矩紧固，规定力矩为 55～60 N • m。

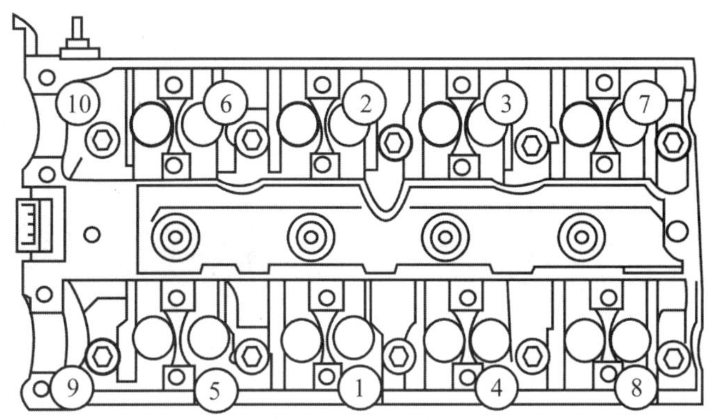

图 2-20　气缸盖螺栓逐渐拧紧顺序

（4）将凸轮轴和凸轮轴轴承安装到相应位置（如图 2-21 所示），注意其安装标记，“IN”标记装到进气侧，“EX”标记装到排气侧。按顺序紧固凸轮轴盖螺栓（如图 2-22 所示），紧固时分 2～3 次拧紧。

图 2-21　将凸轮轴和凸轮轴轴承安装到相应位置

17	5	1	4	16
18	6	2	3	13
19	11	7	10	14
20	12	8	9	15

图 2-22　紧固凸轮轴盖螺栓顺序

（5）安装链条导板、链条、正时齿轮、链条张紧器等零部件（如图 2-23 所示）。转动曲轴，使曲轴正时链轮键槽与缸体上的三角形标记“△”对齐（如图 2-24 所示）。转动排气凸轮，使正时链条上的标记（较黑的两节）与凸轮轴链轮标记“0”对齐（如图 2-25 所示），否则容易使活塞碰撞气门，造成气门或活塞损坏。

图 2-23　零部件安装

图 2-24　转动曲轴使之对齐

图 2-25　转动排气凸轮使之对齐

（6）安装好正时链条后，为了张紧松弛的正时链条，可顺时针方向转动曲轴两圈。当确信链条无松弛后，按规定力矩紧固螺栓（如图 2-26 所示）。

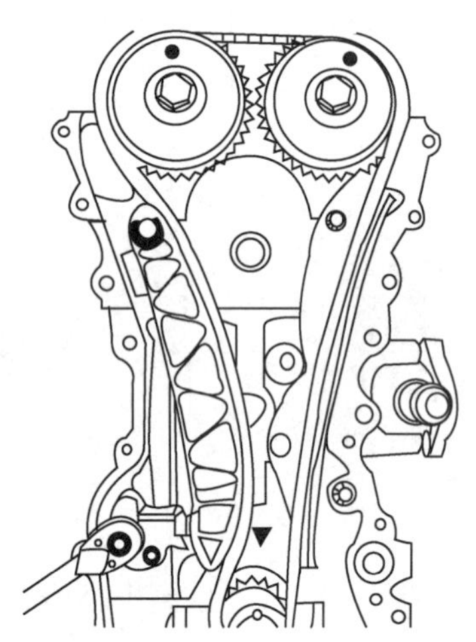

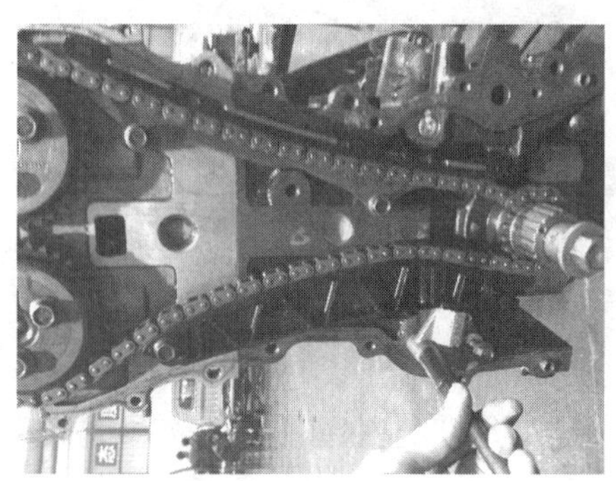

图 2-26　按规定力矩紧固螺栓

（7）按顺序安装发动机前盖螺栓（如图 2-27 所示），并按规定力矩分 2～3 次紧固。

（8）按顺序安装气缸盖罩螺栓（如图 2-28 所示），并按规定力矩紧固。

（9）按顺序安装排气歧管总成螺栓（如图 2-29 所示）。

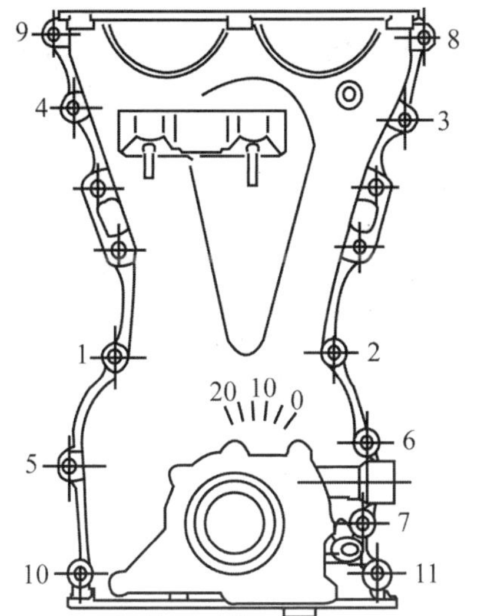

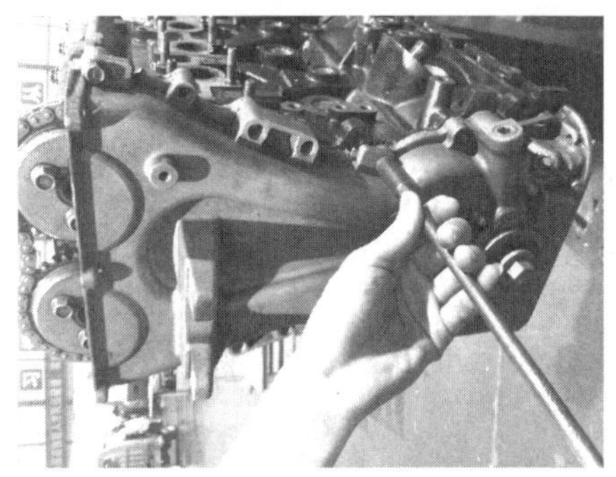

图 2-27　按顺序安装发动机前盖螺栓

7	3	2	6
10	11	12	9
8	4	1	5

图 2-28　安装气缸盖罩螺栓顺序

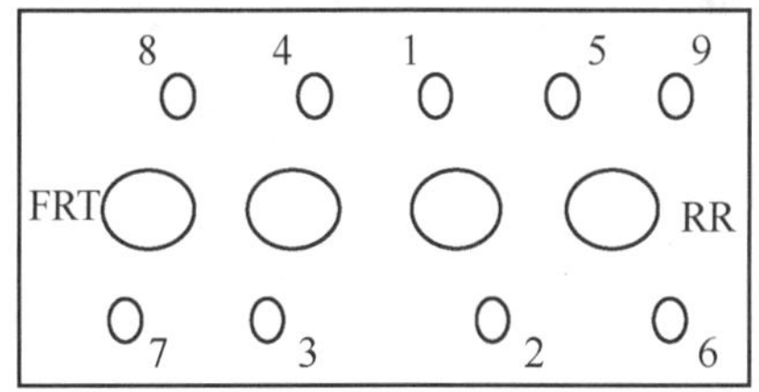

图 2-29　安装排气歧管总成螺栓顺序

（10）安装进气歧管总成、曲轴皮带轮、高压线盖、点火模块、EGR 阀等。

（11）安装各种连接管。

素养与思政

本任务要求分组训练，各小组必须按照规范的操作方式精确快速地进行安装、检修，力求对发动机机体组的拆装工艺做到精益求精，弘扬大国工匠精神。各小组在实训过程中必须团结一致、相互合作，操作过程中注意安全，要求全程实现“7S”管理。

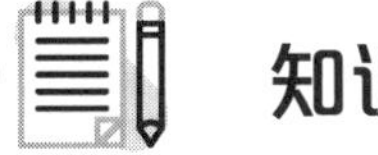

知识拓展

1. 机体组拆卸（五菱 LJ462Q 发动机）

（1）拆卸发动机附件。如气门室螺栓（如图 2-30 所示）与进、排气歧管（如图 2-31

所示）等。

（2）拆卸气缸盖。用扭力扳手，按顺序（防止因受力不均匀而引起气缸盖翘曲变形）均匀松开并拆下气缸盖螺栓（如图 2-32、图 2-33 所示）。

图 2-30　拆卸气门室螺栓

图 2-31　拆卸进、排气歧管

图 2-32　拆卸气缸盖螺栓

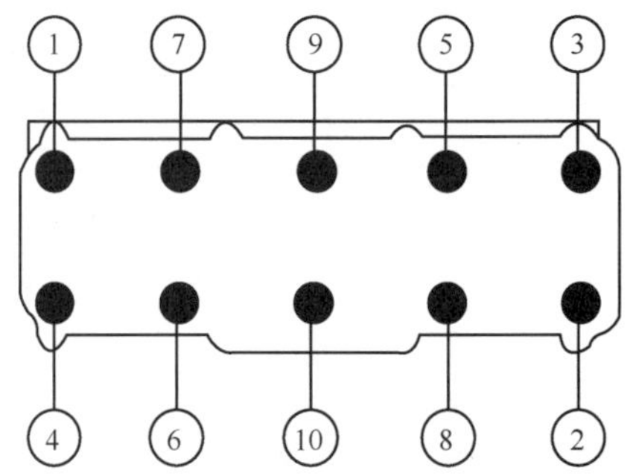

图 2-33　拆卸气缸盖螺栓顺序

（3）用磁力棒或手取出螺栓（如图 2-34 所示）。注意螺栓取出后也要按顺序放好，相互之间不能混放。

（4）拆下气缸盖（如图 2-35 所示）。注意缸垫卷边朝向，如果气缸盖被密封胶粘住，可用旋具或其他工具从气缸体上的定位销处撬起气缸盖。

图 2-34　取出螺栓

图 2-35　拆下气缸盖

（5）把气缸盖放置在条形木块上。

（6）拆下气缸垫（如图 2-36 所示）。将拆下的气缸垫摆放在合适的位置上。

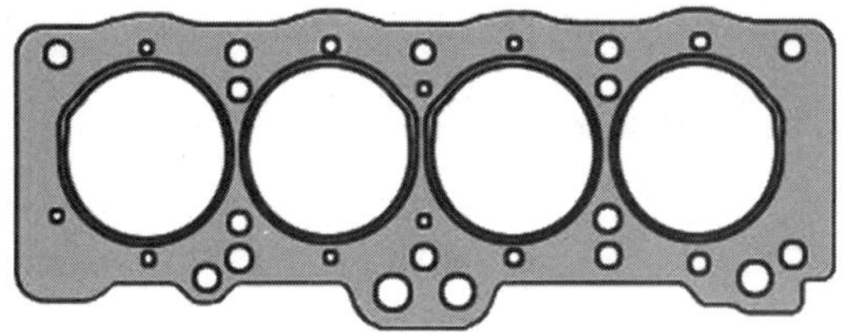

图 2-36　拆下气缸垫

（7）清洁气缸盖及缸体平面附着的密封材料（如图 2-37 所示）。用有机溶剂（汽油、柴油、煤油等）或碱溶液清洗，防止气缸盖在装配过程中因密封不严而引起漏气。

图 2-37　清洁气缸盖及缸体平面附着的密封材料

2．机体组安装（五菱 LJ462Q 发动机）

（1）清洁各个零部件。

（2）安装气缸垫（如图 2-38 所示）。

安装时注意气缸垫上的“TOP”标记（或者其他标记）朝上并装到前端，“IN”标记装到进气歧管侧，“EX”标记装到排气歧管侧。特别注意中间的压力油路油孔不能被堵塞，应对正缸体的压力油孔。

图 2-38　安装气缸垫

（3）安装气缸盖（如图 2-39 所示）。

将气缸盖正确安放在气缸体上，用手在螺栓的螺纹部位及头部下端均匀地涂上机油，然后放回气缸盖的螺纹孔中，并用螺旋工具按拆卸时的顺序将螺栓拧到其头部和气缸盖的螺栓孔平齐。

将气缸盖螺栓分成 3～4 次按顺序逐渐紧固（如图 2-40 所示），第一次紧固力矩按规定力矩的 30%，第二次紧固力矩按规定力矩的 60%，第三次按规定力矩紧固，规定力矩为 55～60 N • m。

图 2-39　安装气缸盖

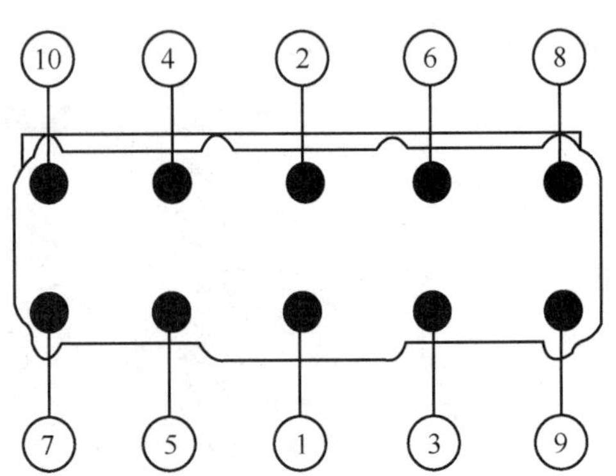

图 2-40　气缸盖螺栓逐渐紧固顺序

（4）安装气门室罩（如图 2-41 所示）。应对角交叉紧固气门室罩螺栓，规定力矩为 6～8 N • m。

图 2-41　安装气门室罩

（5）安装发动机附件（如图 2-42 所示）。（进、排气歧管螺母紧固力矩为 18～23 N • m，燃油分配器螺栓紧固力矩为 9.81～14.71 N • m。）

图 2-42 安装发动机附件

提示

不同型号发动机拆装的总体原则基本相同，在实际工作过程中一定要严格按照维修手册中规定的操作流程操作，这样才能确保发动机的维修质量。

技能训练

在实训车间完成以下工作：

1. 拆装机体组零部件。
2. 按照规范的工艺要求拆装，注意安全，全程要求“7S”管理。

任务2 机体组的检修

知识目标

1. 了解汽车发动机气缸体与气缸盖的修理技术条件。
2. 掌握机体组零部件的测量方法和维修方法。

能力目标

1. 能对气缸盖进行测量与检修。
2. 能对气缸体进行测量与检修。

思政目标

1. 通过学习机体组零部件的规范检修流程，培养学生精益求精的工匠精神。
2. 通过学生小组合作学习，培养学生爱岗敬业、团结互助的价值观。
3. 通过观看“大国工匠”等视频，培养学生的爱国情怀。

任务引入

李老师的一辆别克昂科威最近经常出现水温偏高的情况，每行驶 200 千米就需要加注冷却液，冷车检查时发现气缸体结合面有白色固体状的物体，经过维修技师检查发现是气缸盖变形，需要维修。本任务主要学习机体组零部件的检修方法及维修标准等。

相关知识

一、机体组的检修原则

根据《汽车修理质量检查评定方法》（GB/T 15746—2011）中的规定，经过修理的国产往复活塞式汽车发动机铸铁及铝合金气缸体与气缸盖应符合本标准的要求，同时结合维修企业在实际操作中的经验。

二、机体组零部件的检修

（1）气缸体与气缸盖不应有油污、积碳、水垢及杂物。

气缸体与气缸盖有油污及杂物会堵塞油道，引起发动机旋转件润滑不良，从而加速其磨损甚至损坏发动机。

水垢及杂物会堵塞水道引起发动机冷却不及时而造成温度偏高，最终可能使发动机损坏。

油污清理：用有机溶剂（汽油、柴油、煤油等）或碱溶液来清洗各部件表面的油污、杂物，以及油道和螺纹孔等，再用压缩气体吹净、吹干。

水垢清理：用铁丝或者其他可以清理的工具疏通后，先用水冲洗，然后用压缩气体将水道吹干净。

积碳及杂物处理：用铲刀将表面的积碳及杂物清理干净，一些铲刀无法清理的地方可以用锯片等其他工具代替，清理时要注意不要损伤零部件。

（2）结合面外观检查。

结合面不平会造成发动机漏气，影响发动机的动力，严重的还会导致气缸垫烧坏。

用灯光照射所有结合面，目测不应有明显的凸出、凹陷、划痕或缺损。气缸体上平面和气缸盖下平面的平面度公差应符合表 2-1 的规定。

表 2-1 气缸体上平面与气缸盖下平面的平面度公差 （单位：mm）

<table>
<tr><th rowspan="3">测量范围</th><th rowspan="3">气缸体长度</th><th colspan="3">铸铁</th><th colspan="3">铝合金</th></tr>
<tr><th rowspan="2">气缸体上平面</th><th colspan="2">气缸盖下平面</th><th rowspan="2">气缸体上平面</th><th colspan="2">气缸盖下平面</th></tr>
<tr><th>侧置气门式</th><th>顶置气门式</th><th>侧置气门式</th><th>顶置气门式</th></tr>
<tr><td>任意 50×50</td><td>—</td><td>0.05</td><td>0.05</td><td>0.025</td><td>0.05</td><td>0.05</td><td>0.05</td></tr>
<tr><td rowspan="2">整个平面</td><td><600</td><td>0.15</td><td>0.25</td><td>0.10</td><td>0.15</td><td>0.35</td><td>0.15</td></tr>
<tr><td>>600</td><td>0.25</td><td>0.35</td><td>—</td><td>0.35</td><td>0.50</td><td>—</td></tr>
</table>

（3）螺纹检查。

螺纹损坏后若强行紧固则会损坏气缸体，并且紧固时的力矩也不能满足要求。

用螺纹塞规或者用标准的未使用的螺栓检查螺纹孔，同时目测检查气缸盖上装火花塞或喷油嘴和预热塞的螺孔螺纹损伤不多于一牙，气缸体与气缸盖上其他螺孔螺纹损伤不多于两牙。修复后的螺孔螺纹应符合装配要求，各定位销、环孔及装配基准面的尺寸和形位公差应符合原设计规定。

（4）选用的气缸套、气门导管、气门座圈及密封件应符合相应的技术条件，并应满足上述标准的有关装配要求。

（5）气门导管承孔内径应符合原设计尺寸或气缸体分级修理尺寸（见表 2-2）。气门导管与承孔的配合过盈一般为 0.02～0.06 mm。

表 2-2 气缸体分级修理尺寸 （单位：mm）

修理部位 \ 加大尺寸 \ 分级	0 级	1 级	2 级	3 级	4 级	5 级	6 级	7 级	8 级
气缸套水孔内径	0	+0.50	+1.0	+1.50	—	—	—	—	—
气缸或气缸套内径	0	+0.25	+0.50	+0.75	+1.00	+1.25	+1.50	+1.75	+2.00
进、排气门座圈承孔内径	0	+0.30	+0.50	+0.70	—	—	—	—	—
气门导管承孔内径	0	+0.20	+0.40	+0.60	—	—	—	—	—

（6）气缸盖和气缸体的变形原因及后果。

发动机非正常工作（过热）时，气缸盖、气缸体由于过热有可能产生变形，如果产生翘曲变形，就会影响发动机的密封性能，发动机在工作时就会漏气，从而导致发动机功率降低、气缸垫被烧坏等故障。

（7）气缸体和气缸盖平面度的检修。

气缸体和气缸盖的翘曲变形可用刀口尺及塞尺来检测。气缸体和气缸盖的平面度检修如图 2-43 所示，检查气缸体上平面、气缸盖下平面中 6 个位置的平面度，平面度公差应符合表 2-1 的规定。

图 2-43　气缸体和气缸盖的平面度检修

修复方法：将 400 号砂纸放在平板上，持缸盖或缸体摩擦砂纸，把凸起部位磨平，如果平面翘曲严重，也可用精密磨床磨削，但磨削量不得超过 0.3 mm，且应保持原来的表面粗糙度不变。

同样用上述方法可检查修复缸盖进、排气歧管表面的翘曲变形，其表面平面度公差应符合表 2-1 的规定。

（8）气缸盖的测量。

① 用铲刀、清洗液将气缸盖和气缸体接触面的胶水、缸垫残留物、积碳等清洗干净。

② 将气缸盖和气缸体的表面用高压气体吹干或者用干净的毛巾擦干净。

③ 将气缸盖和气缸体水平放置待用。

④ 目测气缸盖和气缸体的接触平面是否有明显的刮痕、烧伤的痕迹或其他明显的损坏，如有则要更换。

⑤ 将刀口尺擦干净后，垂直放在气缸盖或气缸体的测试平面上，用塞尺在每一个被测位置测量 5 个点，并将测量的数据记录在相应的表格中。

⑥ 如图 2-44 所示为气缸盖和气缸体的测量位置。

图 2-44 气缸盖和气缸体的测量位置

⑦ 若测量的数据小于 0.02 则填小于 0.02，若大于 0.02 则如实填写具体数据。

⑧ 在计算平面度时以每次最大的测量数据为准，在 6 个方向全部测量完成后，还是以最大的测量数据作为整个平面的平面度，6 个测量方向如图 2-45 所示。

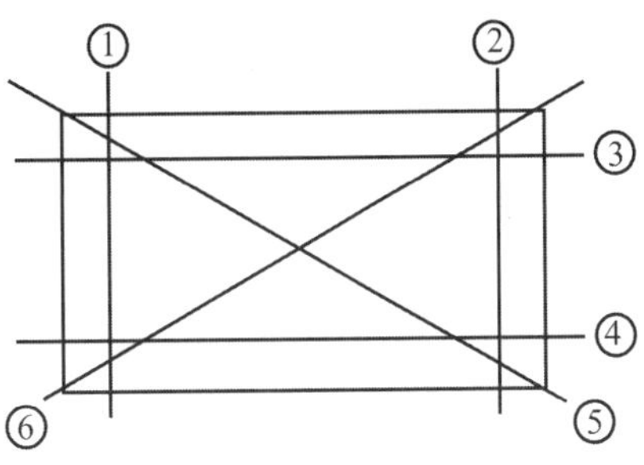

图 2-45 6 个测量方向

（9）检查气缸盖固定螺栓。

气缸盖与气缸体的连接螺栓较长，在紧固时螺栓会产生塑性变形，如果螺栓变形过大就会引起气缸盖密封不严，从而导致气缸漏气。

用游标卡尺测量螺栓张力部位直径和长度（如图 2-46 所示）。直径标准值为 7.3～7.5 mm，直径最小值为 7.2 mm，若直径小于最小值，则更换螺栓。

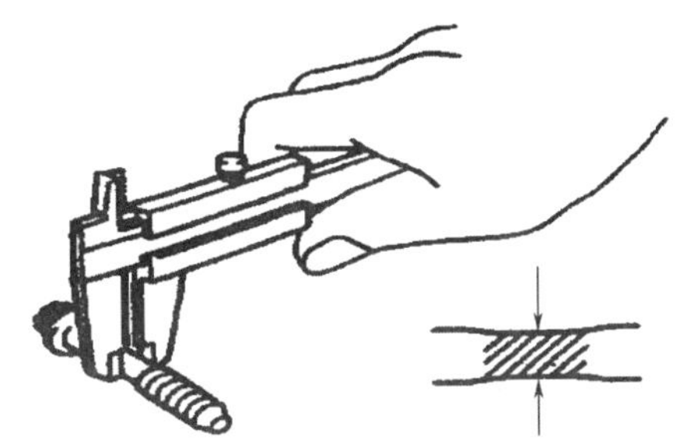

图 2-46 测量螺栓张力部位直径和长度

（10）气缸体和气缸盖裂纹的检修。

气缸体和气缸盖裂纹会导致发动机漏油、漏水，严重时会损坏气缸体、气缸盖。

气缸体和气缸盖的裂纹通常采用目测、水压实验法进行检验，水压实验法如图 2-47 所示。将气缸盖和气缸衬垫装在气缸体上，将水压机出水管接头与气缸前端水泵入水口连接好，并封闭所有水道口，然后将水压入水套，要求在 3.5～4.5 kgf/cm^2（0.35～0.45 MPa）的压力下，保持约 5 min，应没有任何渗漏现象。

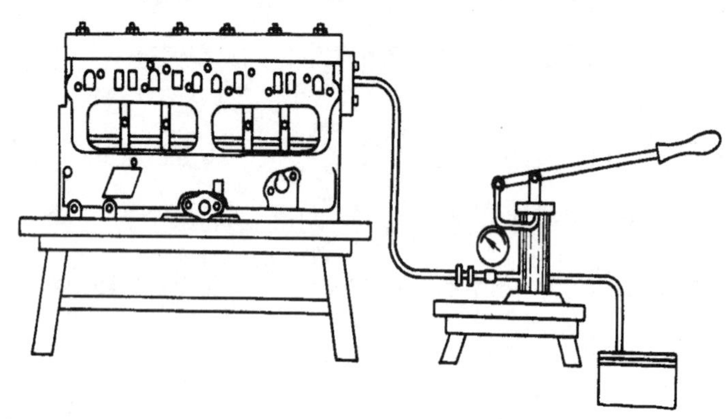

图 2-47　水压实验法

三、气缸磨损的检测

（1）气缸磨损的原因。

① 活塞环换向时，其泵油能力差，从而导致润滑能力差。

② 由于缸内温度及压力很高，燃烧后的废气会腐蚀气缸壁。

③ 进气流对缸壁的局部冷却及未雾化的燃油颗粒对润滑油的破坏。

④ 进气时，空气中的灰尘附着在缸壁上，时间一长就会加剧气缸壁的磨损。

⑤ 活塞在工作时承受较大的侧压力会加剧缸套的磨损。

（2）气缸磨损的位置。

气缸的最大磨损位置通常处于第一道活塞环上止点稍下的部位，但由于曲轴轴向间隙过大、活塞偏缸等影响，使得最大磨损出现在气缸的中部或下部。

（3）圆度和圆柱度的概念。

衡量发动机气缸磨损的标准有圆度误差和圆柱度误差。

圆度是指实际被测要素对理想圆的允许变动量，用同一截面上所测的最大直径与最小直径之差的一半表示。

圆柱度是指任一垂直截面最大尺寸与最小尺寸的差。圆柱度误差包含了轴剖面和横剖面两个方面的误差。

（4）圆度、圆柱度的计算。

$$圆度=\frac{测量最大值-测量最小值}{2} \qquad 圆柱度=\frac{测量最大值-测量最小值}{2}$$

① 若汽油发动机计算的圆度值不大于 0.05 mm，柴油发动机不大于 0.063 mm，则说明此缸符合发动机的使用要求，不用修理。

② 若汽油发动机计算的圆度值大于 0.05 mm，柴油发动机大于 0.063 mm，则说明此缸需要修理，不能再使用。

③ 若汽油发动机计算的圆柱度值不大于 0.175 mm，柴油发动机不大于 0.25 mm，则说明此缸符合发动机的使用要求，不用修理。

④ 若汽油发动机计算的圆柱度值大于 0.175 mm，柴油发动机大于 0.25 mm，则说明此缸需要修理，不能再使用。

气缸的修理通常采用机械加工的方法，即修理尺寸法和镶套修复法。

任务实施

一、气缸测量前的检查

（1）用专用工具将气缸套上面的积碳、异物清理掉并清洗干净。

（2）用目测的方法检查气缸套内壁是否有拉伤、烧蚀、碰伤等损坏，内孔表面粗糙度（Ra）为 0.4～0.8 μm。如气缸套内表面有损伤或者表面粗糙度达不到要求，则要维修或更换气缸套。

（3）用目测法、敲击法检查气缸体是否有裂纹。

二、测量步骤

（1）将气缸套和量具清洁干净。

（2）目测检查气缸套内壁是否有明显的刮痕、凹陷、裂纹等缺陷，如有就要更换，不需要测量。

（3）用游标卡尺初步测量气缸内径（如图 2-48 所示），为量缸表设定数据提供依据。图中测得内径为 69.50 mm，通过查手册得知其标准缸径为 69.70 mm。

（4）目测检查量缸表，如图 2-49 所示，检查百分表是否活动灵活，活动测量端应伸缩自如，无卡滞现象，用手转动百分表表圈，将百分表的指针对准“0”。

图 2-48　测量气缸内径

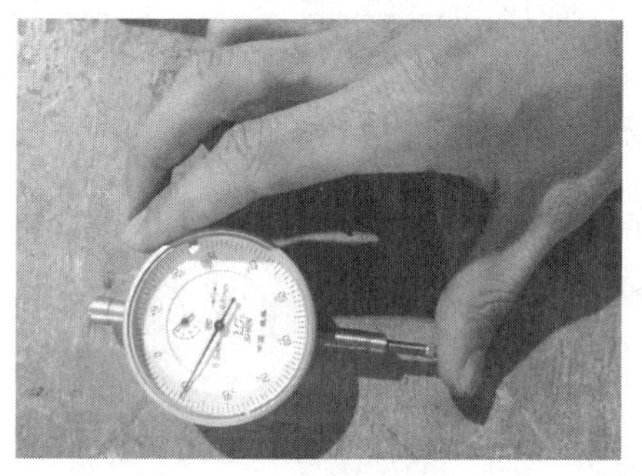
图 2-49　检查百分表

（5）将百分表装入量缸表的表杆中（如图 2-50 所示），使百分表有 0.5～1 圈的压入量。选择 66～74 mm 的固定测量杆，按图示装好。注意：固定测量杆的螺母不要锁紧。

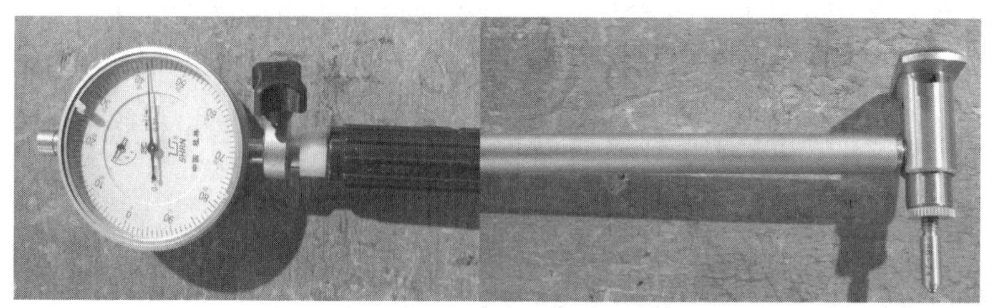
图 2-50　将百分表装入量缸表的表杆中

（6）将千分尺调到 69.50 mm 并锁紧，将量缸表的两测量头分别对准千分尺的两测量测砧之间，锁紧千分尺，如图 2-51 所示。拧转固定测量杆（如图 2-52 所示），使百分表的指针转动 0.5～1 圈，以方便气缸套的测量。

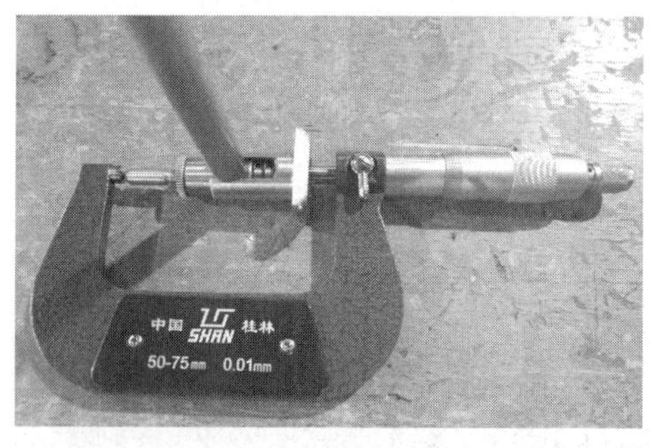

图 2-51　锁紧千分尺

图 2-52　拧转固定测量杆

（7）将固定测量杆端保持稳定，上下摆动活动测量头端，当百分表压缩到最小值时，转动百分表表圈，将百分表的指针对准“0”（如图 2-53 所示）。

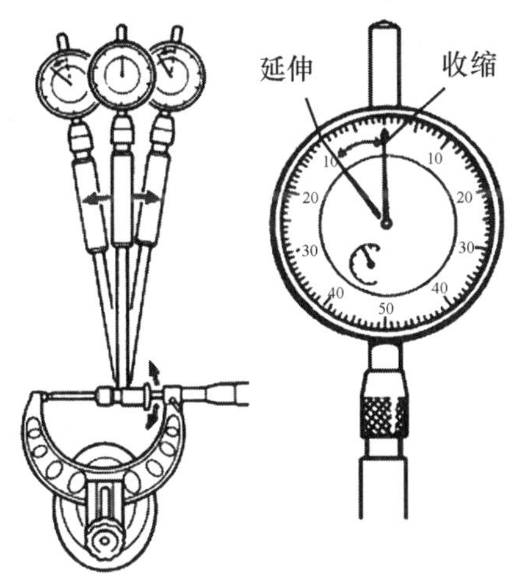

图 2-53 转动百分表表圈将百分表的指针对准“0”

注意：此处为动态调“0”，可能要调几次才准确。指针调到“0”位后，将量缸表取下后就不能再调整指针。

（8）单手握住量缸表的隔热管处，先将活动套端放入气缸套边缘，以 15°～30° 的角度压入，然后慢慢摆动表杆，使其与气缸套的中心重合，摆动重合过程如图 2-54 所示。

（9）当指针到达压缩端最小值（如图 2-55 所示）时，记录读数。测量位置（如图 2-56 所示）为：距气缸体上表面 10 mm 的位置、气缸套下表面 10 mm 的位置和气缸套中间的位置。

注意：在“0”的左边（延伸端）则为“+”，在“0”的右边（收缩端）则为“-”。如图 2-57 所示，表显数据为+0.230，则气缸的直径为：69.50+0.230=69.730 mm。

图 2-54 摆动重合过程

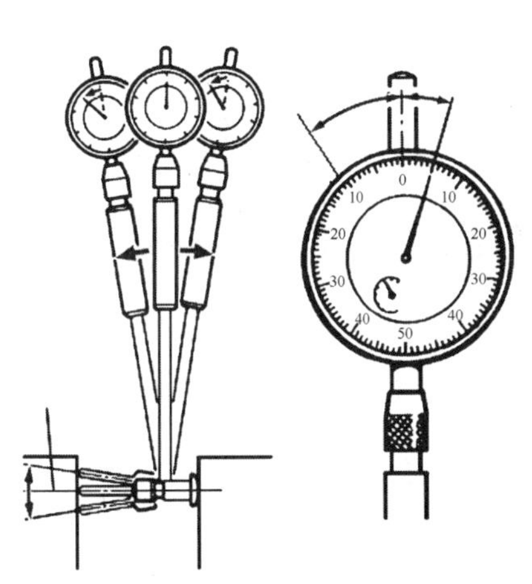

图 2-55 指针到达压缩端最小值

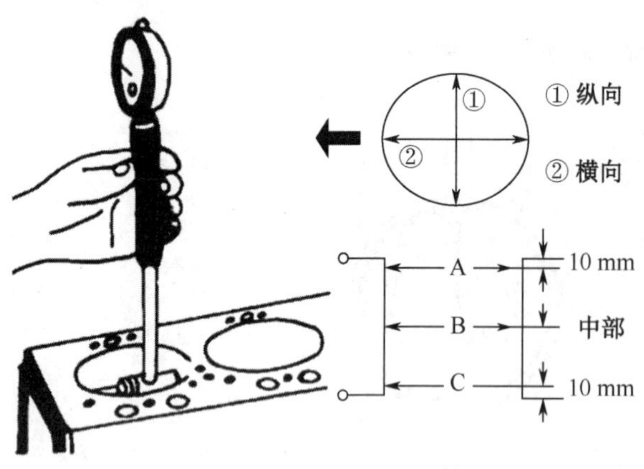

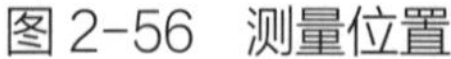
图 2-56　测量位置

图 2-57　表显数据为+0.230

（10）按要求分别对气缸套的其他位置进行测量，并计算气缸套的圆度及圆柱度误差，填入表 2-3 中。

表 2-3　气缸测量数据记录表

位置	气缸							
	第一缸		第二缸		第三缸		第四缸	
	直径 1（纵向）	直径 2（横向）	直径 1（纵向）	直径 2（横向）	直径 1（纵向）	直径 2（横向）	直径 1（纵向）	直径 2（横向）
位置一								
位置二								
位置三								
圆度								
圆柱度								

判断结论：____。

提示

汽车发动机气缸套磨损最大的位置为两个受力最大的方向：横向和纵向；还有两个磨损较大的位置是进气和排气方向。

素养与思政

本任务要求分组训练，各小组必须按照规范的操作方式精确快速地进行安装、检修，力求对发动机机体组的检测精度做到精益求精，弘扬大国工匠精神。各小组在实训过程中必须团结一致、相互合作，操作过程中注意安全，要求全程实现“7S”管理。

技能训练

在实训车间完成以下工作：

1. 测量气缸套的内径，计算其圆度及圆柱度误差。
2. 测量气缸盖的平面度。
3. 按照规范的工艺要求拆装，注意安全，全程要求“7S”管理。

任务3 活塞连杆组的构造与拆装

知识目标

1. 了解活塞连杆组的工作原理。
2. 掌握活塞连杆组的拆装方法。

能力目标

1. 能正确拆装活塞连杆组的零部件。
2. 能利用正确的方法检测活塞连杆组的零部件。

思政目标

1. 通过学习活塞连杆组零部件的规范拆装流程，培养学生精益求精的工匠精神。
2. 通过学生小组合作学习，培养学生爱岗敬业、团结互助的价值观。
3. 通过观看“大国工匠”等视频，培养学生的爱国情怀。

任务引入

李老师在柳州刚修好的三菱帕杰罗开了 100 多千米后，发动机内部突然出现异响，停车检查发现此响声随着发动机的转速增高而增大，怀疑是活塞连杆组出现了问题。本任务主要介绍活塞连杆组的零部件、工作原理及拆装过程中应注意的事项等。

相关知识

一、活塞连杆组的结构

活塞连杆组由活塞、活塞销、活塞环、连杆、连杆盖、连杆轴瓦等组成，如图 2-58 所示。

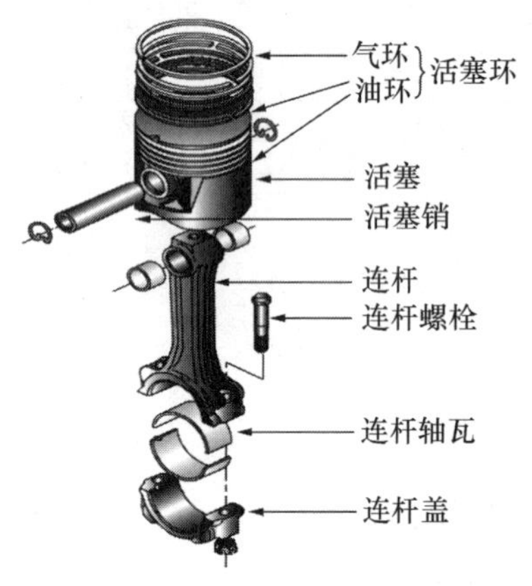

图 2-58　活塞连杆组

二、活塞

（1）活塞的结构（如图 2-59 所示）。

活塞由顶部、头部和裙部三部分构成。

不论是汽油发动机还是柴油发动机目前都广泛采用铝合金活塞，只有极少数汽车的发动机上采用铸铁或耐热钢活塞。

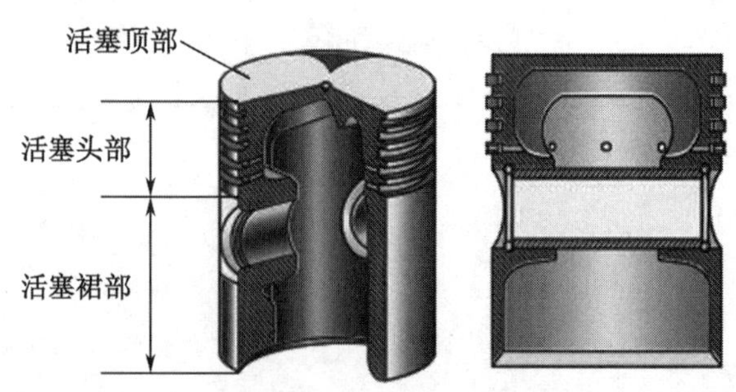

图 2-59　活塞的结构

（2）活塞的功用。

承受气体压力，并通过活塞销传给连杆驱使曲轴旋转，活塞顶部是燃烧室的组成部分之一。

（3）工作条件。

活塞需要在高温、高压、高速及润滑不良的条件下工作。

活塞直接与高温气体接触，瞬时温度可达 2 500 K 以上，因此受热严重，而散热条件又很差，所以活塞工作时温度很高。活塞顶部承受的气体压力很大，特别是做功行程压力最大，汽油发动机高达 3～5 MPa，柴油发动机高达 6～9 MPa，这就使得活塞产生冲击，并承受侧压力的作用，因此活塞需要具有以下特点。

① 要有足够的刚度和强度，传力可靠。

② 导热性能好，要耐高压、耐高温、耐磨损。

③ 质量小，尽可能地减小往复惯性力。

（4）活塞顶部的形状（如图 2-60 所示）。

汽油发动机活塞顶部的形状与燃烧室形状和压缩比大小有关，分为平顶活塞、凸顶活塞、凹顶活塞。大多数汽油发动机采用平顶活塞。柴油发动机采用凹顶活塞，可以通过改变活塞顶上凹坑的尺寸来调节发动机的压缩比。

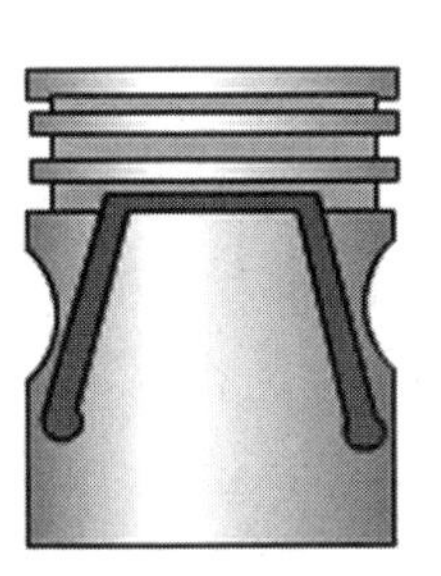

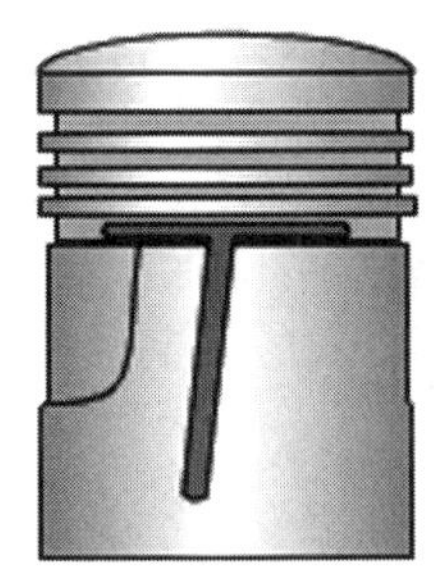

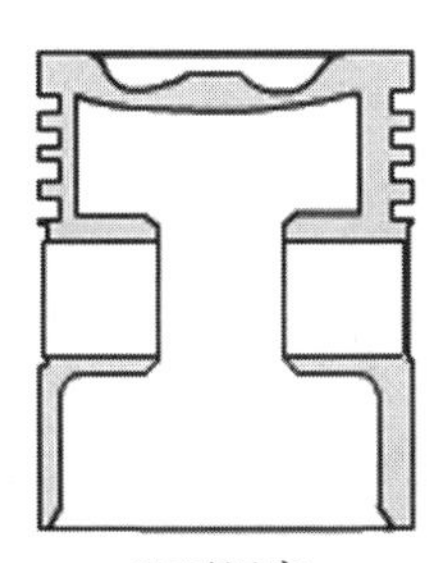

图 2-60　活塞顶部的形状

（5）活塞的形状（如图 2-61 所示）。

活塞受气体压力、侧压力和热膨胀三个力，为了保证其正常工作，活塞的形状是比较特殊的，轴线方向呈上小下大的锥形，径向方向呈椭圆形。

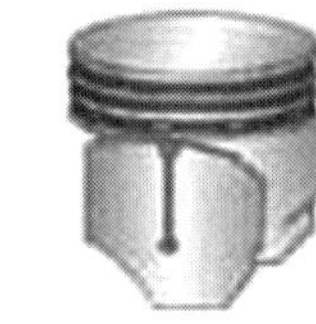

图 2-61　活塞的形状

三、活塞销

（1）活塞销与销座及连杆小头的配合有全浮式和半浮式两种形式，如图 2-62 所示为活塞销的配合方式。

（2）全浮式安装情况下，当发动机工作时，活塞销、连杆小头和活塞销座都有相对运动，这样，活塞销能在连杆衬套和活塞销座中自由摆动，使磨损均匀。为了防止全浮式活塞销轴向窜动刮伤气缸壁，在活塞销两端装有挡圈，进行轴向定位。由于活塞的材料是铝，而活塞销的材料是钢，且铝比钢的热膨胀量大，为了保证高温工作时活塞销与活塞销座孔为过渡配合，因此在装配时，可先把活塞加热到一定程度，然后再把活塞销装入，目前这种安装方式应用较广泛。

（3）半浮式安装的特点是活塞中部与连杆小头采用紧固螺栓连接，活塞销只能在两端销座内做自由摆动，而和连杆小头没有相对运动。活塞销不会做轴向窜动，不需要锁片。半浮式安装方式在小轿车上应用较多。

（4）活塞销拆卸的注意事项（不换活塞一般不必拆卸活塞销）。

① 用尖嘴钳拆除活塞销固定卡环，如图 2-63 所示。

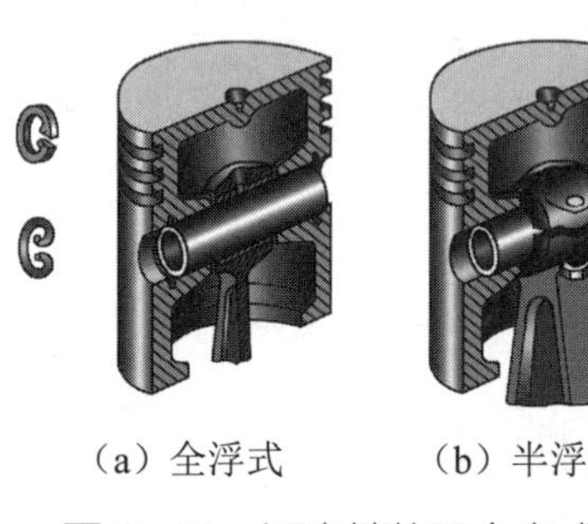

（a）全浮式　（b）半浮式

图 2-62　活塞销的配合方式

图 2-63　拆除活塞销固定卡环

② 用压床将活塞销从活塞中缓慢地压出（也可以用比活塞销小的圆钢轻轻将活塞敲出来），如图 2-64 所示。注意：活塞销压出前一定要用专用夹具将活塞平稳放置。

（5）活塞销的装配。

① 将活塞放在 70～80℃的油中浸泡 10 min 左右，使活塞充分受热，达到膨胀的作用，如图 2-65 所示。

② 将连杆和活塞按要求放好（如图 2-66 所示），注意其安装位置标记，如没有也应做

好标记。（五菱 LJ462Q、B 系列发动机，连杆上的油孔朝向缸盖进气口侧）

图 2-64 压出活塞销

图 2-65 浸泡活塞

半浮式活塞销与连杆小头为过盈配合，过盈量一般为 0.01～0.04 mm。注意：半浮式活塞销与连杆小头不允许试装。

③ 用干净的布或其他不伤活塞的工具将活塞从油中取出并平稳地放在专用的夹具上，用压床或橡胶锤将其轻轻压入，如图 2-67 所示。

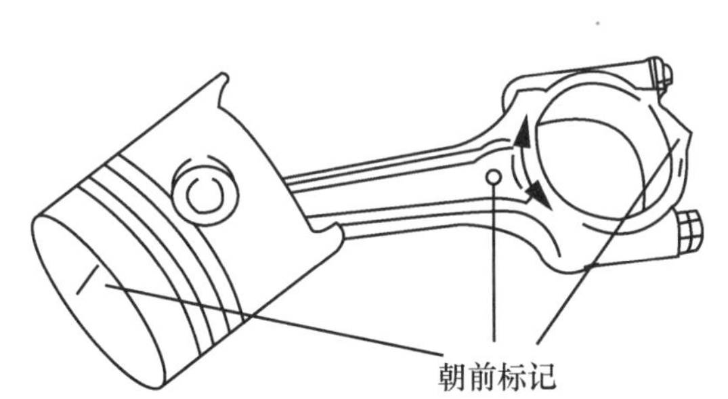

图 2-66 将连杆和活塞按要求放好

图 2-67 压入活塞

四、活塞环

（1）活塞环（如图 2-68 所示）是具有弹性的开口环，分为气环和油环。

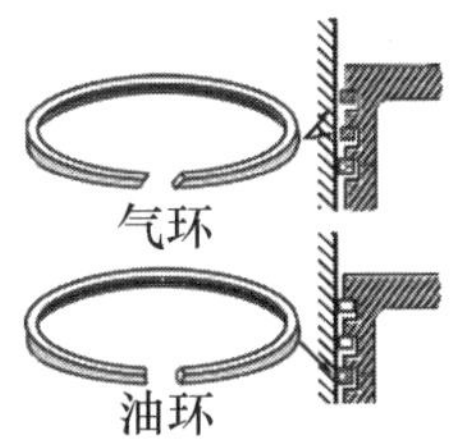

图 2-68 活塞环

（2）气环的主要功用是密封和传热，保证活塞与气缸壁间的密封，防止气缸内的可燃混合气和高温燃气漏入曲轴箱，并将活塞顶部接受的热传给气缸壁，避免活塞过热。

（3）油环的主要功用是刮除飞溅到气缸壁上的多余机油，并在气缸壁上涂一层均匀的油膜。活塞环工作时受到气缸中高温、高压燃气的作用，并在润滑不良的条件下在气缸内高速滑动。由于气缸壁面的形状误差，使活塞环在上下滑动的同时还在环槽内产生径向移动，这不仅加重了环与环槽的磨损，还使活塞环受到交变弯曲应力的作用而容易折断。

（4）油环的结构有槽孔式、槽孔撑簧式和钢带组合式三种类型。

组合式油环的组合环由上下两片侧轨环与中间的扩胀器组成，侧轨环用镀铬钢片制成，扩胀器的周边比气缸内圆周略大一些，可将侧轨环紧紧压向气缸壁。这种油环的接触压力高，对气缸壁面适应性好，而且回油通路大，质量小，刮油效果明显。近年来汽车发动机上越来越多地采用了组合式油环。

（5）活塞环的安装注意事项。

① 安装活塞环（如图 2-69 所示）时，应将活塞环切口错开，以减少漏气。另外，切口不能朝向活塞销轴线。

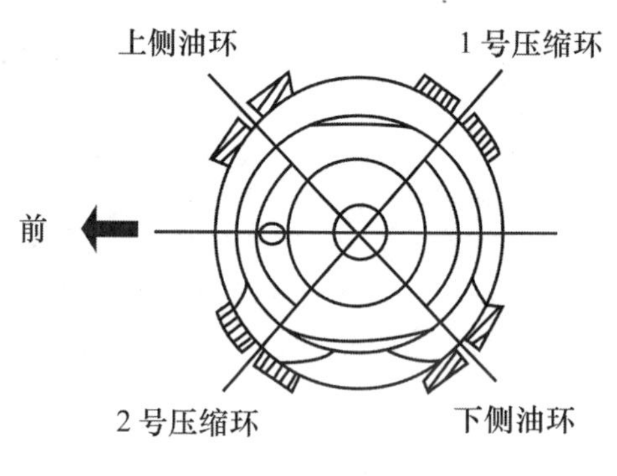

图 2-69　安装活塞环

② 有厂家戳印的一面朝上，如第一道环端面的 RN 标记，第二道环端面的 R 标记朝向活塞顶部。

③ 先装油环再装气环。

五、连杆

连杆组包括连杆体、连杆盖、连杆螺栓和连杆轴承等零部件。习惯上常把连杆体、连杆盖和连杆螺栓合起来称作连杆，有时也称连杆体为连杆，如图 2-70 所示为连杆部件图。

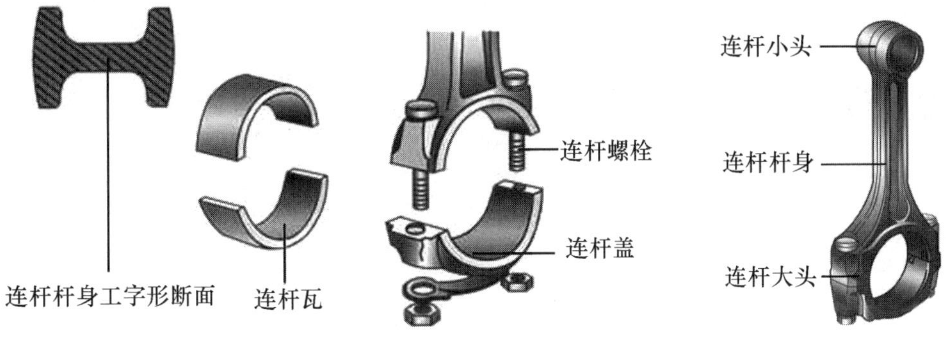

图 2-70　连杆部件图

（1）连杆组的功用。

连杆组的功用是将活塞承受的力传给曲轴，并将活塞的往复运动转变为曲轴的旋转运动。连杆小头与活塞销连接，同活塞一起做往复运动。

（2）连杆的构造。

连杆由连杆小头、连杆杆身和连杆大头构成。

把连杆大头分开，可取下的部分叫连杆盖，连杆与连杆盖须配对加工，加工好后，在它们的同一侧打上配对记号，安装时不得互相调换或变更方向。为此，在结构上采取了定位措施。平切口连杆盖与连杆的定位多采用连杆螺栓定位，利用连杆螺栓中部精加工的圆柱凸台或光圆柱部分与经过精加工的螺栓孔来保证；斜切口连杆常用的定位方法有锯齿定位、圆销定位、套筒定位和止口定位。

连杆盖和连杆大头用连杆螺栓连在一起，连杆螺栓在工作中承受很大的冲击力，若折断或松脱，将造成严重事故。所以连杆螺栓损坏后绝不能用其他螺栓来代替。

（3）连杆拆装注意事项。

① 连杆大头与连杆盖配对加工、配对安装。

② 连杆大头孔钻有喷油孔的，其孔必须对准主承压压力油孔以保证润滑。

③ 连杆杆身安装方向有朝前标记。（五菱 LJ462Q 发动机连杆上的油孔朝向缸盖进气口侧）

④ 对应气缸位置有缸位标记。

（4）连杆螺栓的装配预紧力矩应符合工厂规定，并且分 2～3 次均匀紧固。（五菱 LJ462Q 发动机连杆螺母规定力矩为 27.46～31.38 N・m）

（5）螺栓头部（或螺母）应具有防松装置（即锁紧装置），如铁丝、锁紧片、开口销、自锁螺母等。

六、连杆轴瓦

为了减小摩擦阻力和曲轴连杆轴颈的磨损，连杆大头孔内装有瓦片式滑动轴承，称为连杆轴瓦（如图 2-71 所示）。轴瓦分上、下两个半片，目前多采用薄壁钢背轴瓦，在其内表面浇铸有耐磨合金层。耐磨合金层具有质软、容易保持油膜、磨合性好、摩擦阻力小、不易磨损等特点。

半个轴瓦（如图 2-72 所示）在自由状态下不是半圆形的，当它们装入连杆大头孔内时，又有过盈，故能均匀地紧贴在大头孔壁上，具有很好的承受载荷和导热的能力，并可以提高工作可靠性和延长使用寿命。连杆轴瓦钻有喷油孔的，其孔必须对准主承压压力油孔以保证润滑。

图 2-71　连杆轴瓦

图 2-72　半个轴瓦

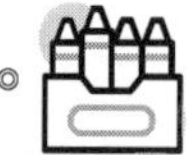

任务实施

一、活塞连杆组的拆卸

（1）拆卸发动机附件及气缸盖（注意气缸盖应该垂直取出），如图 2-73、图 2-74 所示。

（2）检查各缸活塞连杆组是否有标记（活塞顶部朝前标记），如图 2-75 所示，若有标记则进行下一步；若无标记，则在活塞顶部做好朝前标记，如图 2-76 所示为标记处理方式。

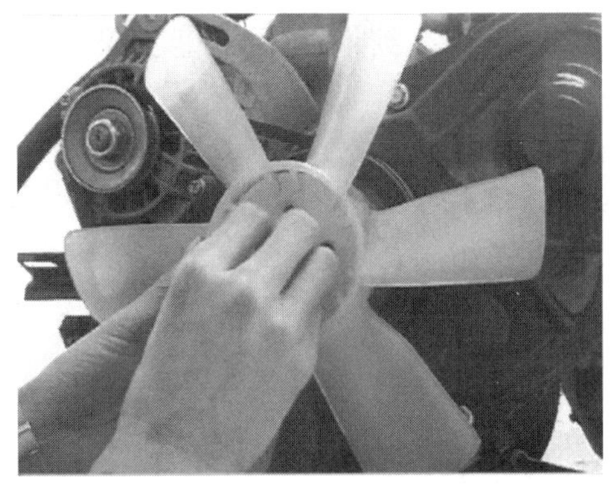

图 2-73　拆卸发动机附件

图 2-74　拆卸气缸盖

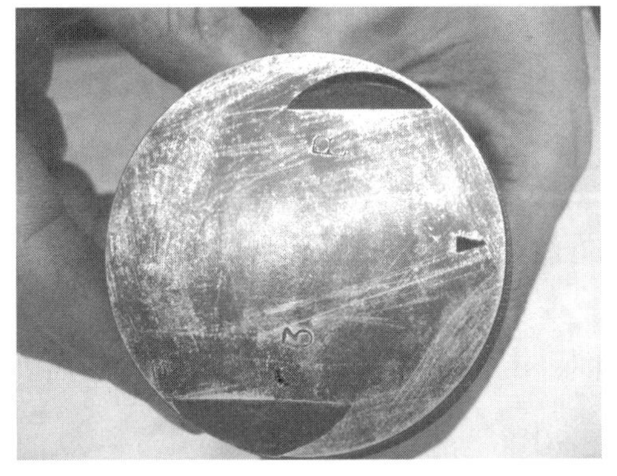

图 2-75　检查活塞标记

图 2-76　标记处理方式

（3）把缸体放到水平位置，将要拆卸的活塞连杆组转到下止点。用扳手分 2～3 次拧松连杆盖螺母，拆下连杆盖（如图 2-77 所示），一次拆两个缸，并按顺序放好。

（4）将缸体侧置，用木头将缸体垫平，用手锤柄或者木柄将活塞连杆组从缸体上平面方向拆出。检查连杆是否有标记，如果没有则做好标记，并将连杆盖套回连杆（如图 2-78 所示），以免装错。

图 2-77　拆下连杆盖

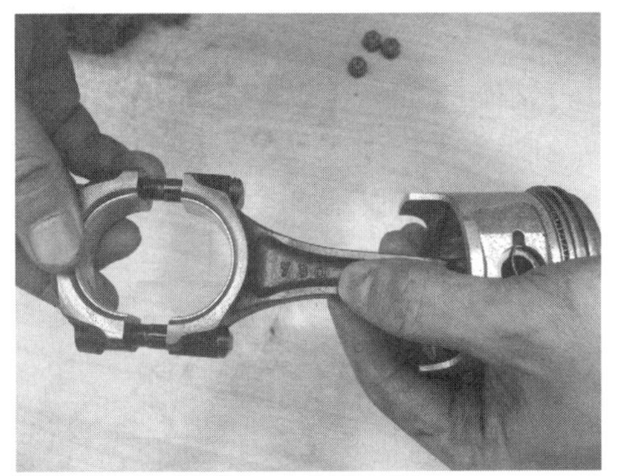

图 2-78　将连杆盖套回连杆

（5）把缸体放到水平位置，将剩下两个缸的活塞连杆组转到下止点。重复第（3）、（4）步，拆下其余两缸的活塞连杆组零部件。

（6）将拆下的活塞连杆组零部件（活塞、活塞销、连杆、连杆瓦）配对装在一起，并按照总成顺序放好活塞连杆组，如图 2-79 所示。

图 2-79　按照总成顺序放好活塞连杆组

（7）拆卸气环（如图 2-80 所示）。用活塞环拆装钳钳口抵住活塞环开口两端后，一边使活塞环撑开，一边向前推移至内径大于活塞即可拆出。

（8）拆卸油环（如图 2-81 所示）。先将上、下钢片拆出，再拆衬簧。由于钢片很薄，拆钢片时不要用力过猛，防止造成永久性变形。可用一拇指撑开环口另一端至出环槽，用木片插入环与活塞外径之间，转动钢片使之做圆周运动，导出钢片。

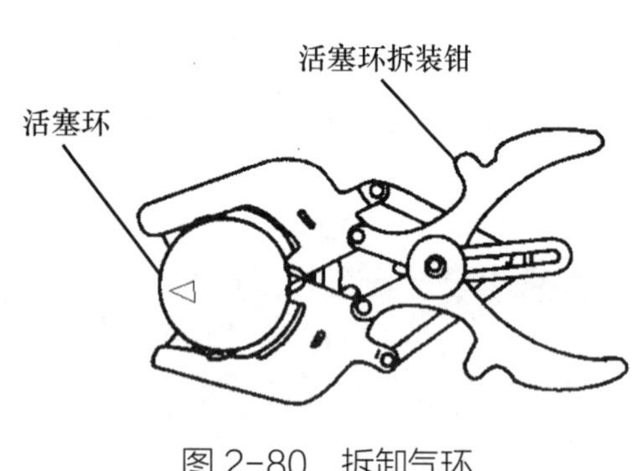

图 2-80　拆卸气环

图 2-81　拆卸油环

二、活塞连杆组的装配

（1）装配油环。先装入衬簧（如图 2-82 所示），再装上、下钢片（如图 2-83 所示），上、

下钢片开口要错开 180°，并且最好与活塞销轴线成 45°（或 135°）。涨圈接头应在簧端的对面。

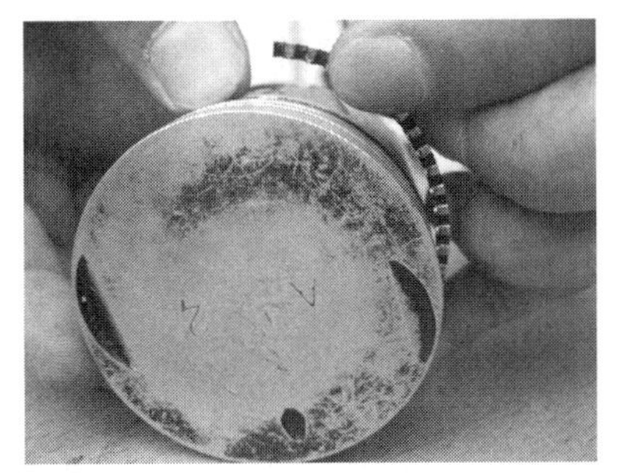

图 2-82 装入衬簧

图 2-83 装上、下钢片

（2）装配气环（如图 2-84 所示）。用活塞环拆装钳钳口抵住活塞环开口两端后，撑开活塞环至其内径略大于活塞外径即可装入。先装最下面的一道环，逐步往上装完为止。

（3）将活塞连杆组及机体组零部件彻底清洗干净（如图 2-85 所示），并用压缩空气吹净。在活塞连杆组及机体组各摩擦表面涂上干净的发动机润滑油后备用。

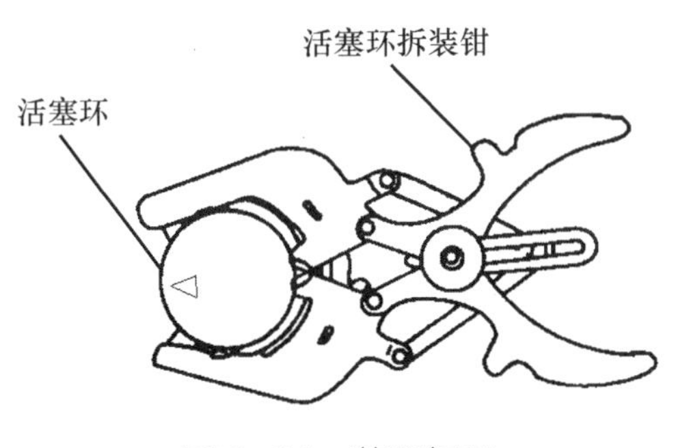

图 2-84 装配气环

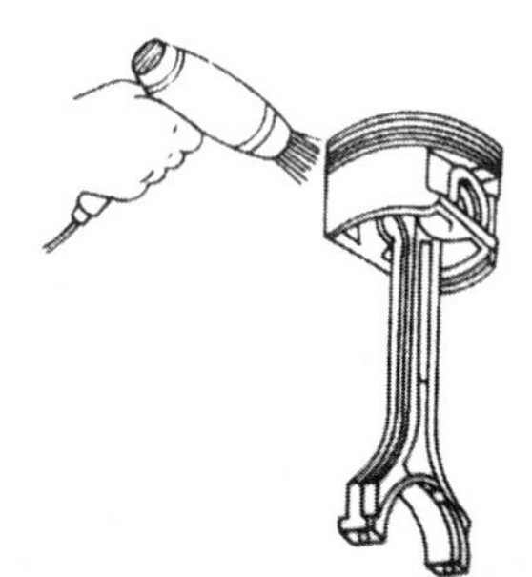

图 2-85 将零部件清洗干净

（4）用手转动活塞环（如图 2-86 所示），检查活塞环是否有卡滞及是否将发动机润滑油涂均匀。将活塞环的开口位置（如图 2-87 所示）按要求摆放好。

图 2-86 用手转动活塞环

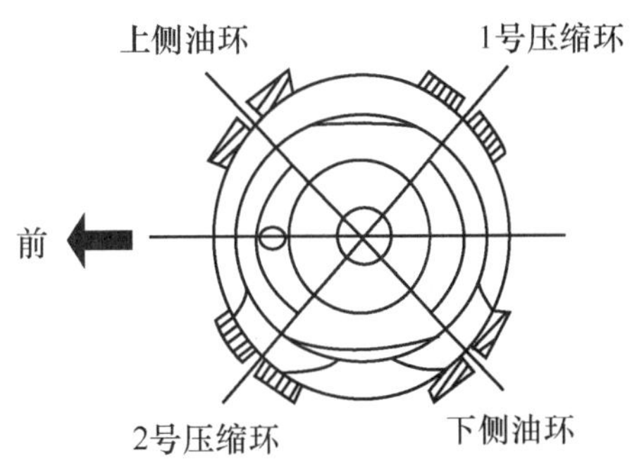

图 2-87 活塞环的开口位置

（5）转动曲轴（如图 2-88 所示）。把要安装的连杆轴颈转到下止点，根据活塞朝前记号及缸号标记将活塞连杆组放入气缸中，如图 2-89 所示。

图 2-88　转动曲轴

图 2-89　将活塞连杆组放入气缸中

（6）用活塞环夹具夹好活塞环，再用手锤柄（或木柄）轻敲活塞环夹的四周，确认活塞环夹贴紧缸体表面后，用手锤柄（或木柄）轻敲活塞顶，使活塞完全进入气缸。然后一人继续用手锤柄（或木柄）轻敲活塞顶（如图 2-90 所示），另一人用手扶正连杆大头对准连杆轴颈直至连杆大头完全进入轴颈。

图 2-90　轻敲活塞顶

（7）装配连杆盖（如图 2-91 所示）。注意朝前标记，如图 2-92 所示。如没有朝前标记，应使连杆轴瓦的定位凸键在同一侧。

图 2-91　装配连杆盖

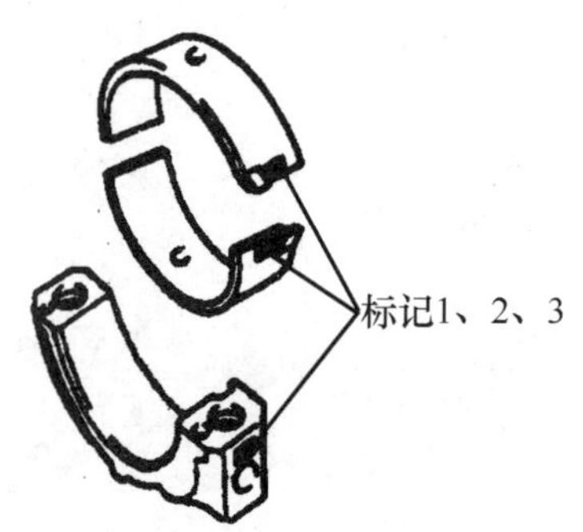

图 2-92　朝前标记

（8）装好连杆盖后，先用手将螺母拧进 3～5 牙，再用扳手分 2～3 次交叉紧固至规定的力矩，如图 2-93 所示，最后应用预置式扭力扳手紧固（规定力矩为 27.46～31.38 N•m）。紧固螺母时应紧固一个缸后，再紧固另一缸，如图 2-94 所示，一边拧一边转动曲轴，检查曲轴是否有卡滞现象，如有则要排除故障。

图 2-93 用扳手紧固螺母

图 2-94 分缸紧固螺母

（9）用同样的方法装好另外两缸的活塞。

（10）装配机油泵（如图 2-95 所示）。注意内齿轮上的安装定位槽应对准曲轴上的安装定位槽，如图 2-96 所示。

图 2-95 装配机油泵

图 2-96 对准安装定位槽

（11）装配曲轴后端盖总成，注意油封的方向及保护油封。最后装上机体组零部件及发动机附件，如图 2-97 所示。

图 2-97 装上机体组零部件及发动机附件

素养与思政

本任务要求分组训练，各小组必须按照规范的操作方式精确快速地进行安装、检修，力求对发动机活塞连杆组的拆装工艺做到精益求精，弘扬大国工匠精神。各小组在实训过程中必须团结一致、相互合作，操作过程中注意安全，要求全程实现“7S”管理。

技能训练

在实训车间完成以下工作：

1. 根据汽车维修手册的技术参数，拆装活塞连杆组零部件。
2. 根据汽车维修手册的技术参数，更换发动机活塞环。
3. 按照规范的工艺要求拆装，注意安全，全程要求“7S”管理。

任务4 活塞连杆组的检修

知识目标

1. 了解常用的检测仪器及修理的技术标准。
2. 了解发动机活塞连杆组零部件常用的检修方法。

能力目标

1. 能对活塞连杆组主要零部件进行测量。
2. 能对活塞连杆组主要零部件进行简单修理。

思政目标

1. 通过学习活塞连杆组零部件的规范检修流程，培养学生精益求精的工匠精神。
2. 通过学生小组合作学习，培养学生爱岗敬业、团结互助的价值观。
3. 通过观看“大国工匠”等视频，培养学生的爱国情怀。

任务引入

张先生开了十年的现代索纳塔轿车最近发现加速时动力不足，发动机运转正常，仔细检查后发现排气管冒蓝烟，机油消耗增加，开车去“4S”店检查，维修技师告诉他此车要大修了，需要更换活塞环等易磨损零部件。本任务主要学习活塞连杆组零部件的检测方法。

相关知识

检修原则：根据国家标准《汽车发动机大修竣工出厂技术条件》GB/T 3799—2021 中的规定并结合维修企业在实际操作中的经验。

一、活塞的检修

活塞磨损后，在工作时会因为侧向力而敲打气缸壁引起发动机异响。

活塞的检测部位应在距离裙部下缘 10 mm，并与活塞销轴线成 90°，要求与公称尺寸的最大偏差为 0.04 mm。

活塞更换时，应选用同一厂牌、质量和尺寸为同一组的活塞，以保证材料、性能、质量和尺寸一致，同一组活塞质量差应不大于 10 g，活塞裙部锥形及椭圆应符合原厂规定。用千分尺测量活塞裙部的直径，位置为距离活塞顶部 30 mm 处或在活塞下部距离裙部底边约 15 mm 与活塞销垂直方向处。

用千分尺测量活塞直径（如图 2-98 所示）并计算其圆度和圆柱度，一般汽油发动机活塞的圆度为 0.10～0.20 mm，膨胀槽开到底的为 0.05～0.075 mm。圆柱度为 0.005～0.015 mm，最大不得超过 0.025 mm，膨胀槽开到底的为 0.015～0.03 mm。

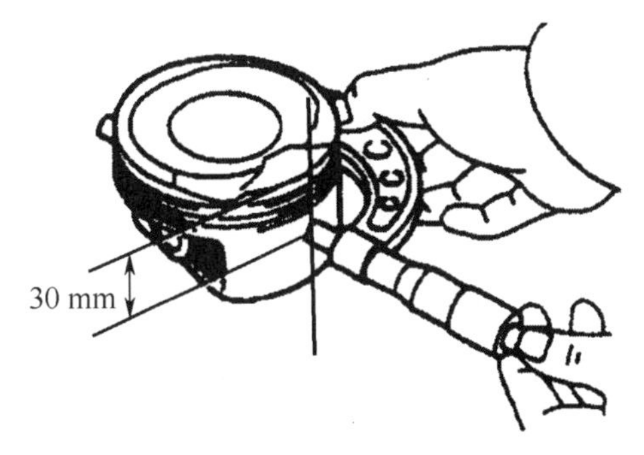

图 2-98 用千分尺测量活塞直径

二、活塞环的检修

活塞环在工作时，常见的损坏形式有弹力减弱、断裂、端隙、侧隙、背隙增大等。

活塞环损坏后会引起发动机功率下降，甚至使气缸套与活塞等零件损坏。

活塞与活塞环磨损后不能修复，需更换新件。在更换新件时，要进行活塞与活塞环的选配。活塞环应与气缸和活塞选用同一级修理尺寸。

（1）弹力检查。

弹力检查可用活塞环弹力检验仪检验。但随着活塞环制造技术的提高和制造质量的稳定，在修理中一般不做活塞环的弹力检查。

（2）漏光检查。

人工检测法为将活塞环平放于环规内，用以盖住环的内圆，在环规下面放置灯光，以便观察活塞环与环规的密合情况。

仪器检测法为采用专用的活塞环漏光度检测仪（如图 2-99 所示）检测。

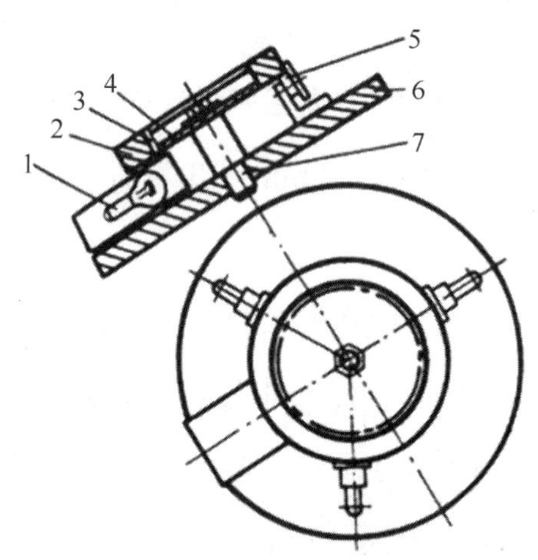

1—灯泡；2—环规；3—活塞环；4—挡盘；5—滚轮；6—底座；7—芯轴

图 2-99　活塞环漏光度检测仪

一般要求活塞环局部漏光每处的弧长与相应的圆心夹角不大于 25°，最大漏光缝隙不大于 0.03 mm，每环漏光处不超过 2 个，每环总漏光度不大于 45°，在活塞环开口两端各 30° 范围内不允许有漏光现象。

（3）侧隙检查。

活塞环侧隙是指活塞环在活塞环槽上、下平面的间隙。检查活塞环侧隙前，要清洗活塞环槽，新装时侧隙为 0.02～0.05 mm，极限间隙为 0.15 mm，活塞环侧隙检查如图 2-100 所示。

（4）端隙检查。

活塞环装入气缸之后，环的开口间隙要适当，检查方法为将活塞环平整地放入气缸，用活塞顶部将气环推到离气缸底部 15～20 mm 处。然后取出活塞，用塞尺测量端口间隙（第一、二道 0.10～0.35 mm，油环 0.2～0.7 mm），如图 2-101 所示。

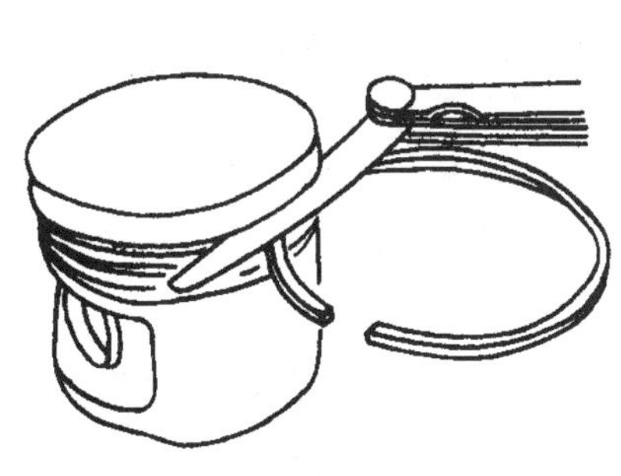

图 2-100　活塞环侧隙检查

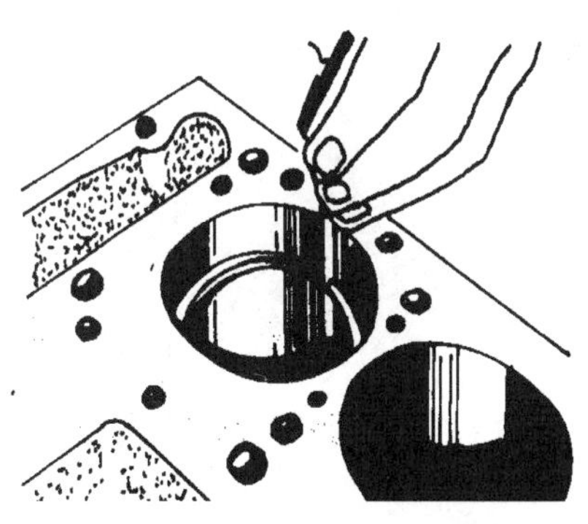

图 2-101　活塞环端隙检查

（5）背隙检查。

活塞环的背隙通常以槽深与环厚之差来表示，一般为 0.10～0.35 mm。在实际操作中通常以经验法来判断活塞环的背隙和侧隙，即将活塞环装入活塞后，活塞环应能在环槽内滑动自如，无明显松旷感。活塞环背隙检查如图 2-102 所示。

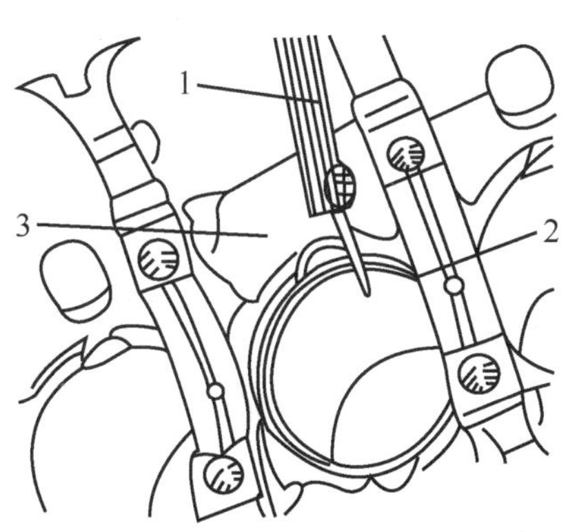

1—厚薄规　2—活塞环　3—气缸体

图 2-102　活塞环背隙检查

三、活塞销的检修

活塞销间隙过大会损坏活塞销衬套，加大连杆轴瓦和曲轴连杆轴颈的磨损，磨损严重时，会拉断活塞销或连杆顶部，打坏气缸体。

（1）用经验法检测活塞销与连杆衬套的磨损。一手握住活塞，另一手握住连杆，用手轻轻将连杆在竖直方向上下拉动，如有松旷现象则要更换活塞销、衬套，如图 2-103 所示。

（2）用千分尺测量（如图 2-104 所示）时，活塞销的圆度、圆柱度应不大于 0.002 5 mm。

图 2-103　经验法检测磨损

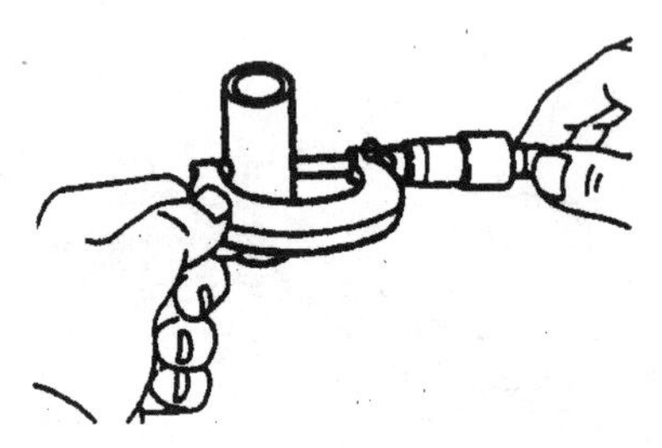

图 2-104　千分尺测量

（3）用内径千分尺检测连杆衬套的内径，比较其内径和活塞销的直径，其配合应满足出厂技术要求。

选用与活塞同级修理尺寸的活塞销。

半浮式活塞销：将活塞销垂直放入座孔，常温下活塞销应能靠自重缓缓通过座孔。

全浮式活塞销：将活塞加热到 70～80℃时，应能用手掌心将涂有机油的活塞销推入座孔。

四、连杆的检修

连杆发生故障的原因：连杆在工作时除了传递活塞巨大的周期性的作用力，还要承受活塞连杆组在运动中产生的惯性力，因此连杆在工作中会发生各种损伤。

连杆的主要损伤有：连杆杆身发生弯曲、扭曲、弯扭并存和双重弯曲，大小头孔磨损，螺栓孔损坏，大头端接触面损伤及杆身裂纹等。

连杆弯曲或扭曲会使活塞在气缸内歪斜，造成活塞与气缸及曲轴连杆轴颈的偏磨，活塞组与气缸间漏气、窜油等。

用三点规检查连杆的弯曲和扭曲的注意事项如下。

（1）先卸掉轴承，将连杆盖与连杆按要求装好，并按力矩要求紧固。

（2）检查内孔圆度、圆柱度误差，误差值不得大于 0.002 5 mm。

（3）将连杆大头装在三点规的横轴上，使心轴的定心块向外扩张，将连杆固定在三点规上。

① 弯曲度检查（如图 2-105 所示）。

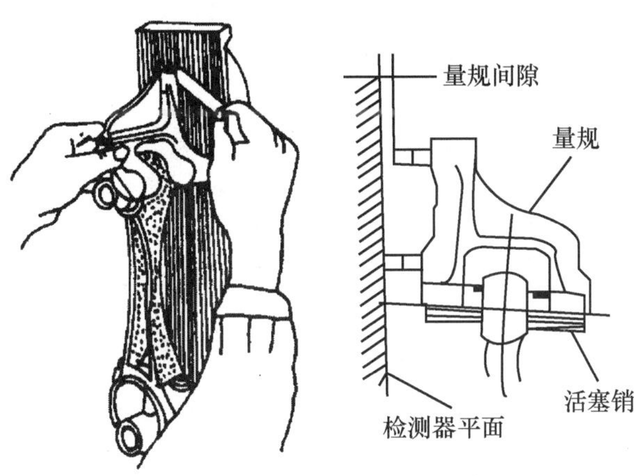

图 2-105　弯曲度检查

弯曲度的定义：量规的下两个指点（或者上指点）与平板接触，而上指点（或下两个指点）不与平板接触。用塞尺测得的测点与平板间的间隙值，即为连杆在 100 mm 长度上的弯曲度。

最大弯曲度应小于 0.05 mm/100 mm。若弯曲度大于最大值，则应更换连杆。

② 扭曲度检查（如图 2-106 所示）。

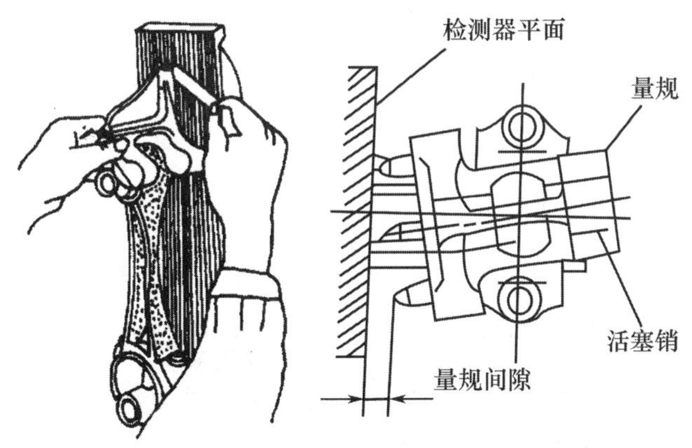

图 2-106　扭曲度检查

扭曲度的定义：上指点和下两个指点中的一个指点接触平板，而另一点不接触平板，这时该指点与平板间的间隙值，即为连杆在 100 mm 长度上的扭曲度。

扭曲度最大应不超过 0.05 mm/100 mm。若扭曲度大于最大值，则应更换连杆。

任务实施

按要求测量活塞直径和活塞环三隙以及活塞销、活塞销孔的直径，并将测量值填入表 2-4 中。

表 2-4 测量数据

序号		1 缸活塞	2 缸活塞	3 缸活塞	4 缸活塞
活塞直径					
侧隙	第 1 道气环				
	第 2 道气环				
	油环				
端隙	第 1 道气环				
	第 2 道气环				
	油环				
背隙	第 1 道气环				
	第 2 道气环				
	油环				
活塞销					
活塞销孔					
处理意见					

1．活塞直径测量

用外径千分尺测量活塞裙部直径（如图 2-107 所示），注意测量位置为距离活塞顶部 30 mm 处或在活塞下部距离裙部底边约 15 mm 与活塞销垂直方向处。

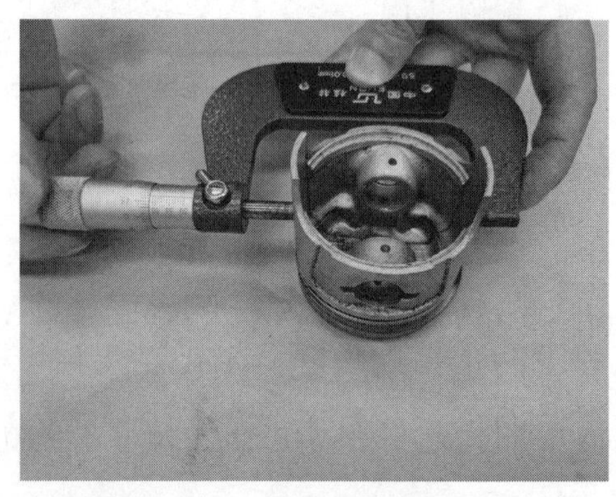

图 2-107　测量活塞裙部直径

2. 活塞环侧隙测量

侧隙的测量方法为将活塞环嵌入相应的环槽内，用塞尺（厚薄规）测量活塞环与环槽之间的间隙，如图 2-108 所示。

图 2-108　活塞环侧隙测量

3. 活塞环端隙测量

用手将活塞环压进气缸套内，如图 2-109（a）所示；用未装活塞环的活塞将活塞环推到离气缸底部 15～20 mm 处，如图 2-109（b）所示；用塞尺测量端口间隙，如图 2-109（c）所示。

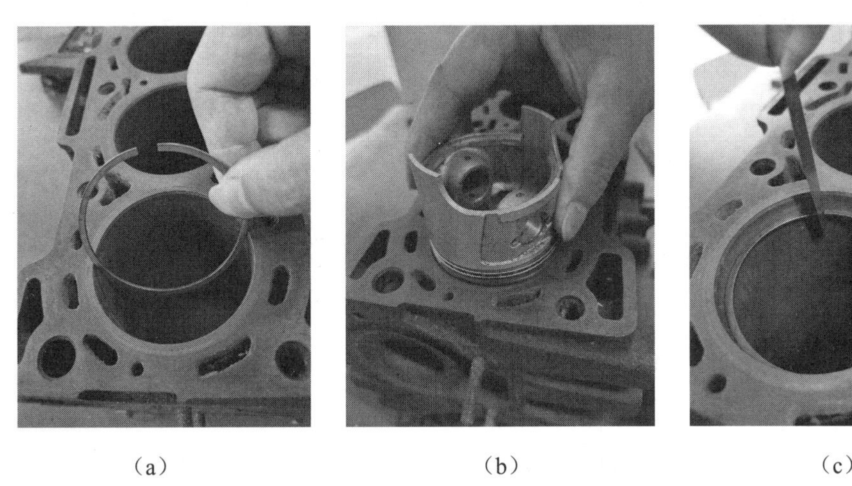

（a）　（b）　（c）

图 2-109　活塞环端隙测量

4. 活塞环背隙测量

活塞环背隙测量如图 2-110 所示，测量气缸直径 A，测量活塞头部直径 B，测量活塞环径向宽度 C，测量活塞槽深度 D，然后计算活塞环的背隙。

活塞环背隙计算公式：（$A-B$）/2+$D-C$。

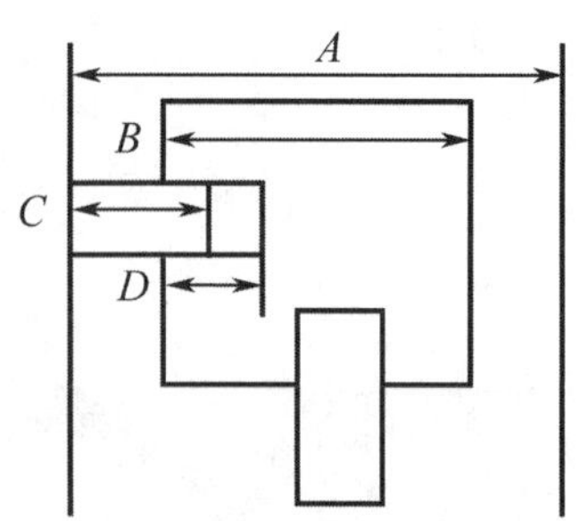

图 2-110　活塞环背隙测量

5．活塞销、活塞销孔测量

用外径千分尺测量活塞销直径，如图 2-111 所示；用内径千分尺检测活塞销孔直径，如图 2-112 所示。

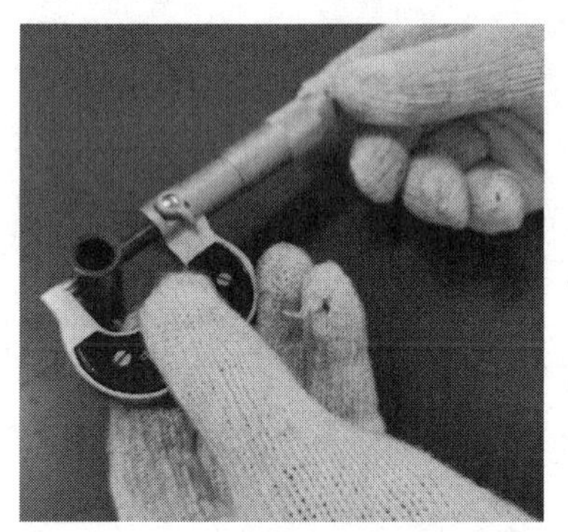

图 2-111　测量活塞销直径

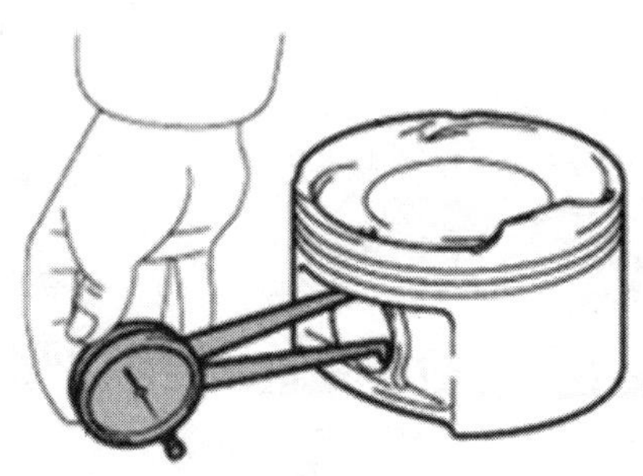

图 2-112　测量活塞销孔直径

素养与思政

本任务要求分组训练，各小组必须按照规范的操作方式精确快速地进行安装、检修，力求将发动机活塞环三隙的检测精度做到精益求精，弘扬大国工匠精神。各小组在实训过程中必须团结一致、相互合作，操作过程中注意安全，要求全程实现“7S”管理。

技能训练

在实训车间完成以下工作：

1．根据汽车维修手册的技术参数，测量活塞环三隙。

2．根据汽车维修手册的技术参数，测量活塞销及活塞销孔直径。

3．按照规范的工艺要求拆装，注意安全，全程要求“7S”管理。

任务5 曲轴飞轮组的构造与拆装

知识目标

1. 掌握曲轴飞轮组的构造及工作原理。
2. 掌握曲轴飞轮组零部件的拆装方法。

能力目标

1. 能说出曲轴飞轮组主要零部件的名称。
2. 能正确拆装曲轴飞轮组零部件。

思政目标

1. 通过学习曲轴飞轮组零部件的规范拆装流程，培养学生精益求精的工匠精神。
2. 通过学生小组合作学习，培养学生爱岗敬业、团结互助的价值观。
3. 通过观看“大国工匠”等视频，培养学生的爱国情怀。

任务引入

曲轴飞轮组是转换发动机动力的重要装置，它把活塞连杆组传来的气体压力转变为转矩并对外输出，由于其工作条件恶劣，在工作一定时间后就要进行更换，所以熟练地掌握其拆装顺序是汽车维修技师必要的技能。本任务主要学习曲轴飞轮组零部件的构成、工作原理及拆装等。

相关知识

1．曲轴飞轮组

曲轴飞轮组（如图 2-113 所示）主要由曲轴、飞轮、凸轮轴、止推环、正时齿轮（链轮）和一些附件组成。

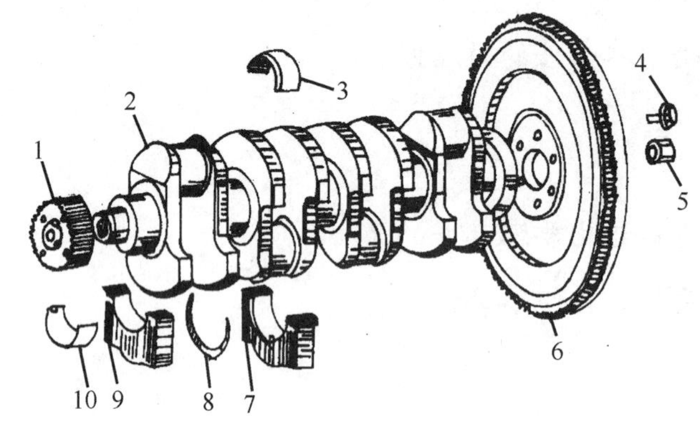

1—正时齿轮；2—曲轴；3—主轴承瓦片；4—凸轮轴；5—凸轮轴螺栓；
6—飞轮；7—主轴承盖；8—止推环（止推垫片）；9—主轴承盖；10—主轴承瓦片

图 2-113　曲轴飞轮组

2．曲轴

曲轴的作用是把活塞连杆组传来的气体压力转变为转矩并对外输出，同时，它还能驱动发动机的配气机构和其他辅助装置（如发电机、水泵、转向油泵等）。

曲轴的基本组成包括前端轴、主轴颈、曲柄、平衡重、连杆轴颈、后端凸缘等，如图 2-114 所示。

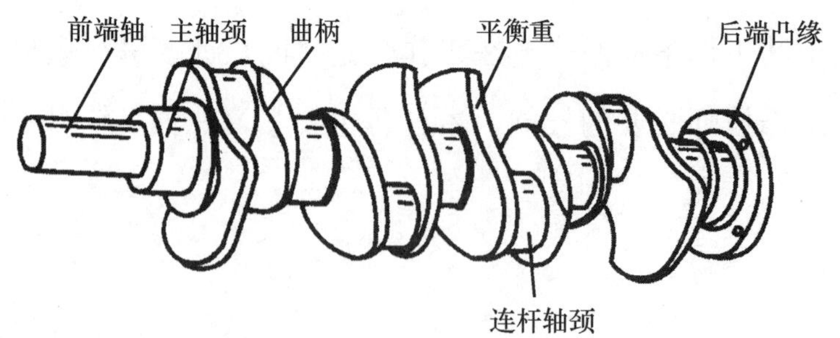

图 2-114　曲轴的基本组成

曲轴一般由 45Cr、40Cr、35Mn 等中碳钢和中碳合金钢模锻而成，轴颈表面经高频淬火或氮化处理，最后进行精加工。目前汽车发动机广泛采用球墨铸铁曲轴。球墨铸铁价格

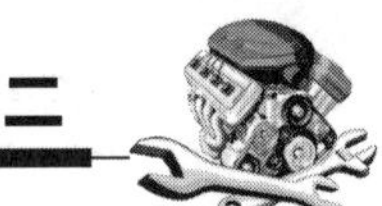

便宜，耐磨性能好，轴颈不需要硬化处理，同时消耗金属量少，机械加工量也少。为提高曲轴的耐疲劳强度，消除应力集中，轴颈表面应进行喷丸处理，圆角处要经滚压处理。

前端轴指曲轴第一道主轴颈之前的部分，它用于安装正时齿轮（或正时齿形带轮或链轮）、皮带轮等。为防止机油外漏，在曲轴前端有油封装置。为减小扭转振动，曲轴前端还装有扭转减振器。

工作时，曲轴在周期性变化的气体力、惯性力及其力矩的共同作用下工作，承受弯曲和扭转交变载荷。同时，曲轴又是高速旋转件，因此曲轴应有足够的抗弯曲、抗扭转的疲劳强度和刚度，具有良好的承受冲击载荷的能力，耐磨损且润滑良好。轴颈应有足够大的承压表面和耐磨性，曲轴的质量应尽量小，对各轴颈应充分润滑。

3．曲轴的支承方式

主轴颈是曲轴的支承部分，通过主轴承支承在曲轴箱的主轴承座中。曲轴的支承方式一般有两种：一种是全支承曲轴，另一种是非全支承曲轴。

全支承曲轴（如图 2-115 所示）：曲轴的主轴颈数比气缸数目多一个，即每一个连杆轴颈两边都有一个主轴颈。如六缸发动机的全支承曲轴有七个主轴颈，四缸发动机的全支承曲轴有五个主轴颈。这种支承曲轴的强度和刚度都比较好，并且减轻了主轴承载荷，减小了磨损，因此柴油发动机和大部分汽油发动机多采用这种形式。

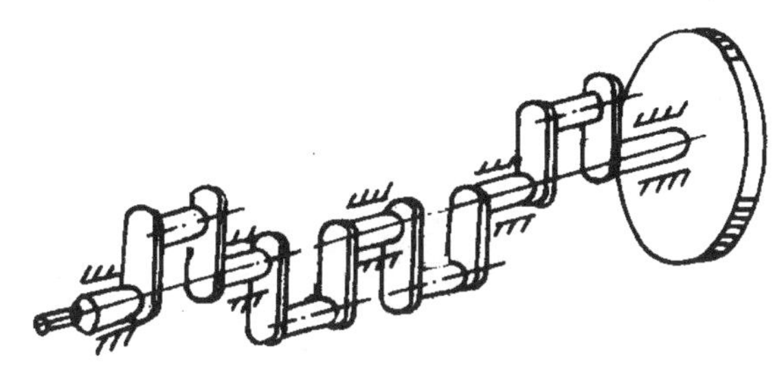

图 2-115　全支承曲轴

非全支承曲轴（如图 2-116 所示）：曲轴的主轴颈数比气缸数目少或与气缸数目相等，这种支承方式叫非全支承曲轴。虽然这种支承的主轴承载荷较大，但缩短了曲轴的总长度，使发动机的总体长度有所减小。有些汽油发动机承受载荷较小，可以采用这种曲轴。

曲轴的后端用来安装飞轮，为了防止漏油在其后端装有自紧式油封。

连杆轴颈是曲轴和连杆相连的部分，连杆大头安装在曲轴的连杆轴颈上。

曲柄是连接曲轴主轴颈和连杆轴颈的部分。在曲轴的主轴颈、曲柄、连杆轴颈上钻有贯通的油道，以使主轴颈内的机油经此油道流至连杆轴颈进行润滑。

4．曲拐

曲拐（如图 2-117 所示）由一个连杆轴颈及其两端的两个主轴颈组成。

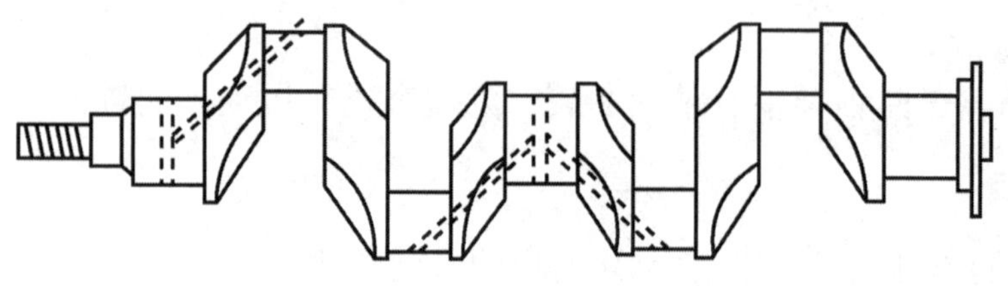

图 2-116　非全支承曲轴

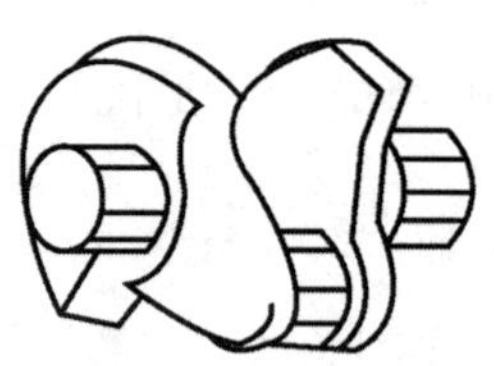

图 2-117　曲拐

5．飞轮

（1）飞轮的作用及工作原理。

飞轮是转动惯量很大的盘形零件，其作用如同一个能量存储器。在做功行程中发动机传输给曲轴的能量，除了对外输出，还有部分能量被飞轮吸收，从而使曲轴的转速不会升高很多。在排气、进气和压缩三个行程中，飞轮将其存储的能量释放出来补偿这三个行程所消耗的功，从而使曲轴的转速不会降低太多。

除此之外，汽车离合器也装在飞轮上，利用飞轮后端面作为驱动件的摩擦面，用来对外传递动力。

飞轮是摩擦式离合器的主动件，在飞轮轮缘上镶嵌有供起动发动机用的飞轮齿圈，在飞轮上还刻有上止点记号，用来校准点火定时或喷油正时及调整气门间隙。

（2）飞轮的构造（如图 2-118 所示）。

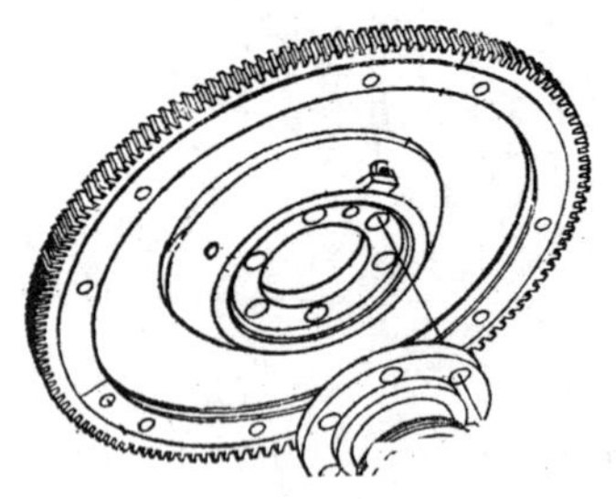

图 2-118　飞轮的构造

① 外缘较厚、中间较薄。

② 装有起动用的齿圈。

③ 与曲轴间有定位销，或螺栓孔不对称。

④ 有点火正时标记。

飞轮与曲轴在制造时一起进行过动平衡实验，在拆装时为了不破坏它们之间的平衡关系，飞轮与曲轴之间应有严格不变的相对位置。通常用定位销和不对称布置的螺栓来定位。

6．曲轴扭转减振器

曲轴是一种扭转弹性系统，其本身具有一定的自振频率。在发动机工作过程中，经连杆传给连杆轴颈的作用力大小和方向都是周期性变化的，所以曲轴各个曲拐的旋转速度也是忽快忽慢呈周期性变化。安装在曲轴后端的飞轮转动惯量最大，可以认为是匀速旋转，由此造成曲轴各曲拐的转动相比飞轮时快时慢，这种现象称之为曲轴的扭转振动。当振动强烈时甚至会扭断曲轴。扭转减振器的功用就是吸收曲轴扭转振动的能量，消减扭转振动，避免发生强烈的共振及其引起的严重后果。一般低速发动机不易达到临界转速，但曲轴刚度小、旋转质量大、缸数多及转速高的发动机由于自振频率低，强迫振动频率高，容易达到临界转速而发生强烈的共振，因而加装扭转减振器就很有必要。

7．曲轴轴承（如图 2-119 所示）

（1）作用：减少摩擦，减轻曲轴磨损。

（2）基本组成：钢背和减磨层。

（3）结构特点：主轴承上有与曲轴油道对应的压力油孔，以及防止窜动的定位凸键和定位凹键。

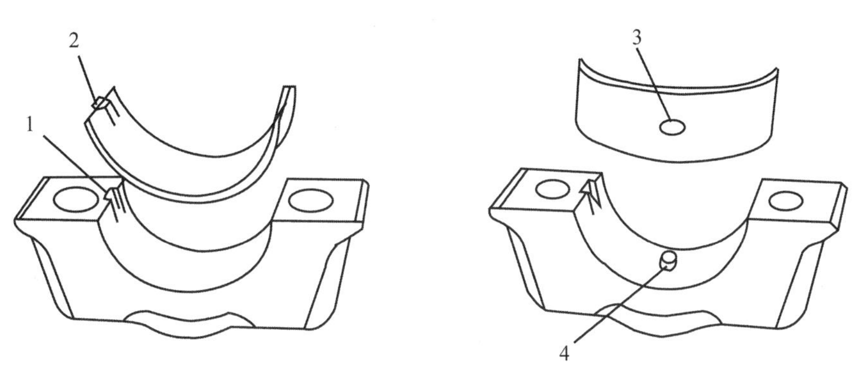

1—定位凹键；2—定位凸键；3、4—压力油孔

图 2-119　曲轴轴承

主轴承均由上、下两片轴瓦对合而成。每一片轴瓦均由钢背和减磨合金层二者或钢背、减磨合金层和软镀层三者构成，前者称为二层结构轴瓦，后者称为三层结构轴瓦。钢背是轴瓦的基体，由 1～3 mm 厚的低碳钢板制造，以保证有较高的机械强度。在钢背上浇铸减磨合金层，减摩合金材料主要有白合金、铜基合金和铝基合金。含锡 20%以上的高锡铝合

金轴瓦因为有较好的承载能力、抗疲劳强度和减磨性能而被广泛用于汽油发动机和柴油发动机。

软镀层是指在减磨合金层上电镀一层锡或锡铅合金，其主要作用是改善轴瓦的磨合性能并作为减磨合金层的保护层。

8．止推环

为了保证曲轴轴向的正确定位，在曲轴上装有止推环。止推环和轴瓦做成一体则叫翻边轴瓦。

翻边轴瓦（如图 2-120 所示）是将轴瓦两侧翻边作为止推面，在止推面上浇铸减磨合金层。翻边轴瓦的止推面与曲轴止推面之间留有 0.06～0.25 mm 的间隙，从而限制了曲轴的轴向窜动量。

半圆环止推片一般为四片，上、下各两片，分别安装在机体和主轴承盖上的浅槽中，用定位舌或定位销定位，防止其转动。装配时，需将有减磨合金层的止推面朝向曲轴的止推面，不能装反。止推轴承环（如图 2-121 所示）为两片止推圆环，分别安装在第一主轴承盖的两侧。

有一些发动机的半圆环止推片（如图 2-122 所示）是两片的，分别安装在曲轴的中间位置。

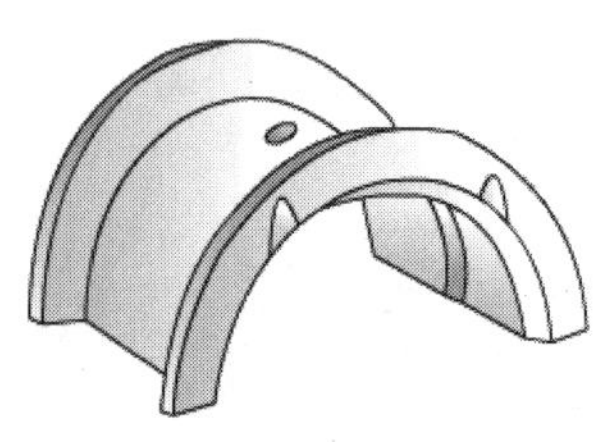

图 2-120　翻边轴瓦

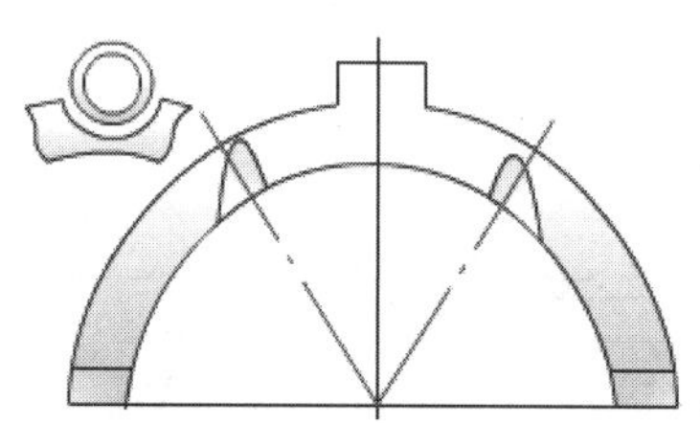

图 2-121　止推轴承环

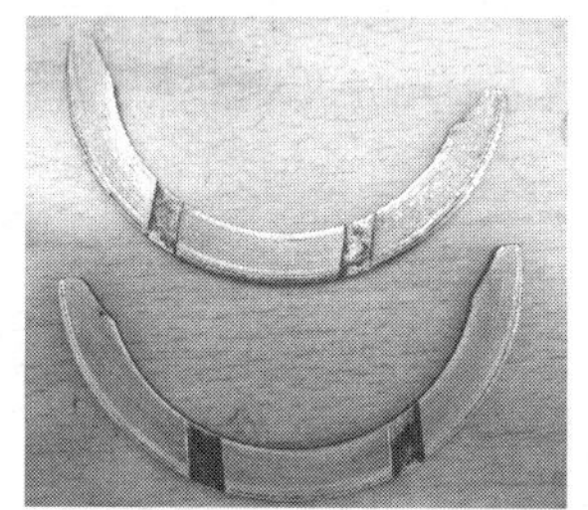

图 2-122　半圆环止推片

任务实施

一、曲轴飞轮组的拆卸

（1）拆卸曲轴飞轮组（如图 2-123 所示），注意螺栓应对角交叉拆卸。拆卸前看清楚飞轮的安装形式，有销钉定位的，不需要检查记号，如没有则要做好记号。

图 2-123 拆卸曲轴飞轮组

（2）拆卸曲轴前机油泵壳体总成（如图 2-124 所示）和曲轴后油封壳体总成（如图 2-125 所示）。

图 2-124 拆卸曲轴前机油泵壳体总成

图 2-125 拆卸曲轴后油封壳体总成

（3）检查主轴承盖是否有顺序号（如图 2-126 所示），如果没有应做好记号，用扭力扳手按从两端到中间的顺序分 2～3 次拧松螺栓（五菱 LJ462Q 发动机的拆卸顺序示意图如图 2-127 所示）。

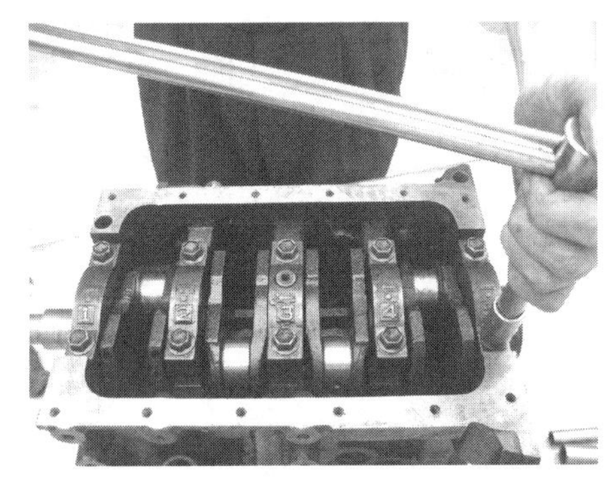

图 2-126 检查主轴承盖是否有顺序号

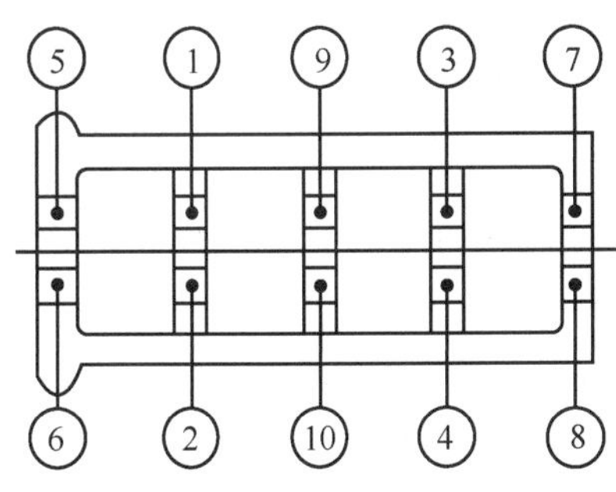

图 2-127 拆卸顺序示意图

（4）用手卡住两螺栓（如图 2-128 所示）用力前后摆动，主轴承盖松动后，将螺栓和主轴承盖一起拆下并按顺序放好（如图 2-129 所示）。注意螺栓不能互换。

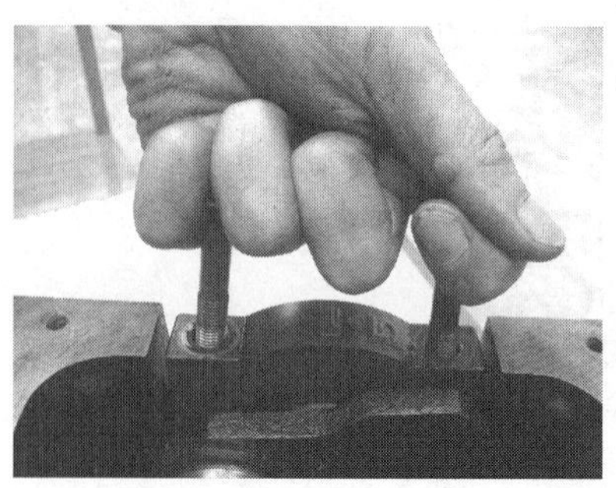
图 2-128　用手卡住两螺栓

图 2-129　按顺序放好

（5）将曲轴垂直拿出气缸体（如图 2-130 所示），放在干净的台面上。注意不要损伤主轴颈和连杆轴颈。

图 2-130　将曲轴垂直拿出气缸体

（6）取出止推环，拆下曲轴下主轴承（下瓦），如图 2-131 所示，并将轴承盖、轴承与止推环按顺序放好，如图 2-132 所示。

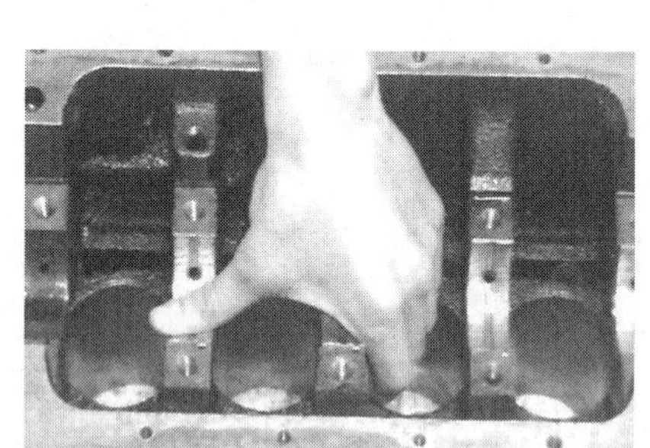
图 2-131　拆下曲轴下主轴承（下瓦）

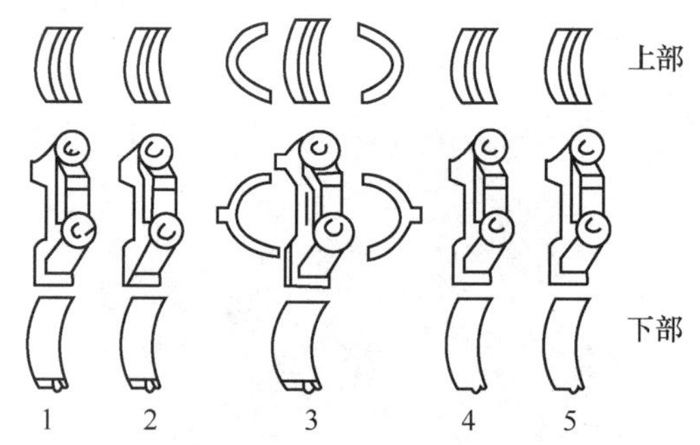

图 2-132　将轴承盖、轴承与止推环按顺序放好

二、曲轴飞轮组的装配

（1）清洁零部件。将零部件用柴油或清洗剂清洗干净，并用压缩空气吹干。注意清干

主轴承螺纹孔内的机油和水。

（2）装配主轴承（如图 2-133 所示）。按顺序将主轴承装到缸体和轴承盖上，注意有油孔的装在缸体上，油孔与轴瓦上的定位凸键要和缸体（或轴承盖）上的定位凹键相对应。

（3）装配止推环（如图 2-134 所示）。将止推环安装在缸体上，止推环上的油槽应朝外，安装时可以在止推环的背面（光滑的一面）涂上机油或润滑脂以防止止推环从缸体上脱落。

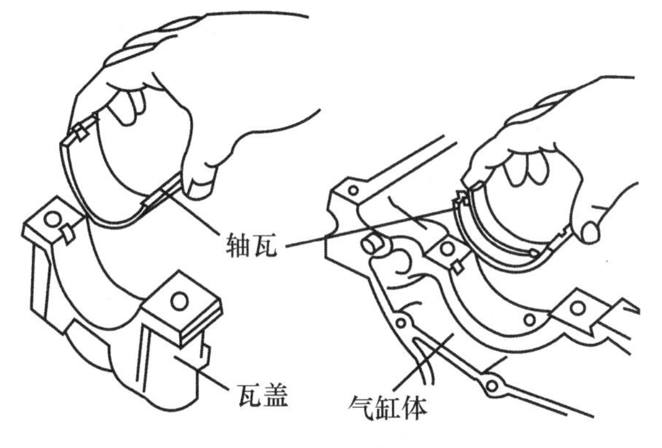

图 2-133 装配主轴承

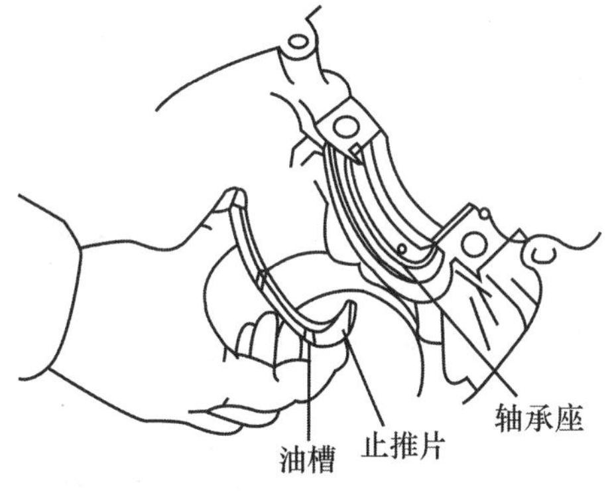

图 2-134 装配止推环

（4）加机油（如图 2-135 所示）。把主轴承涂上机油，将曲轴垂直放置于气缸体上，然后将曲轴主轴颈涂上机油（如图 2-136 所示）。

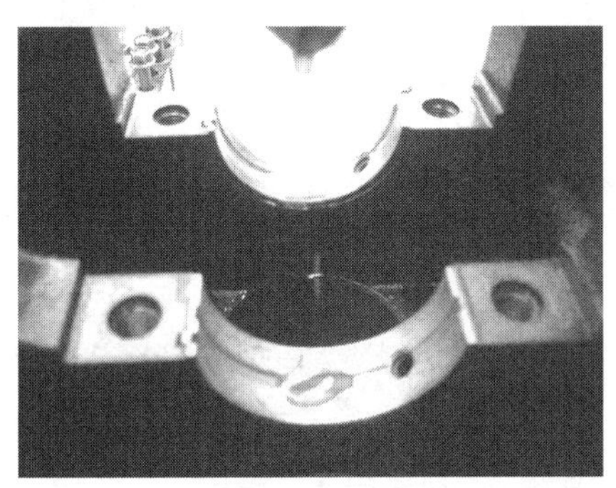

图 2-135 加机油

图 2-136 将曲轴主轴颈涂上机油

（5）装配主轴承盖（如图 2-137 所示）。按编号顺序装上每个主轴承盖，注意主轴承盖上的箭头应朝向发动机的头部。同时将螺栓头部下端及螺纹部位均匀地涂上一层机油后，按顺序放在主轴承盖的螺栓孔中，检查螺栓（如图 2-138 所示）是否一样高。

（6）紧固螺栓。先用 T 形扳手（或快速摇手和套筒）将螺栓预紧（如图 2-139 所示），然后用预置式扭力扳手分别用 30 N·m、45 N·m 按顺序将螺栓紧固（如图 2-140 所示）。每次紧固一遍主轴承盖后，将曲轴旋转一周，检查曲轴转动是否灵活，如有卡滞现象，则要排除故障方可继续。

图 2-137　装配主轴承盖

图 2-138　检查螺栓

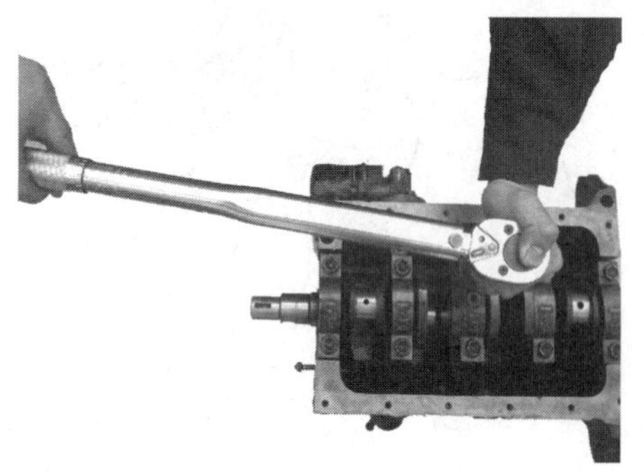
图 2-139　将螺栓预紧

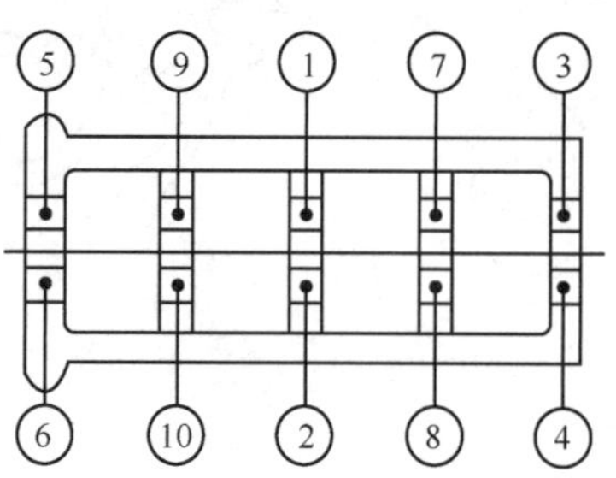

图 2-140　按顺序将螺栓紧固

（7）装配机油泵和后端盖总成（如图 2-141 所示）。装配这两个部件时要注意保护好油封，装配机油泵时要注意曲轴上机油泵的安装位置，安装时要转动曲轴或者机油泵的内齿圈以便将机油泵内齿圈正确地装配到曲轴的头部机油泵的安装位置，还要注意定位销应对准定位销孔（如图 2-142 所示）。

图 2-141　装配机油泵和后端盖总成

图 2-142　对准定位销孔

（8）检查曲轴轴向间隙（如图 2-143 所示）。用百分表检查曲轴轴向间隙，用螺丝刀或撬棍前后撬动曲轴，百分表的摆差值即为轴向间隙。轴向间隙正常为 0.07～0.17 mm，允许极限为 0.25 mm。

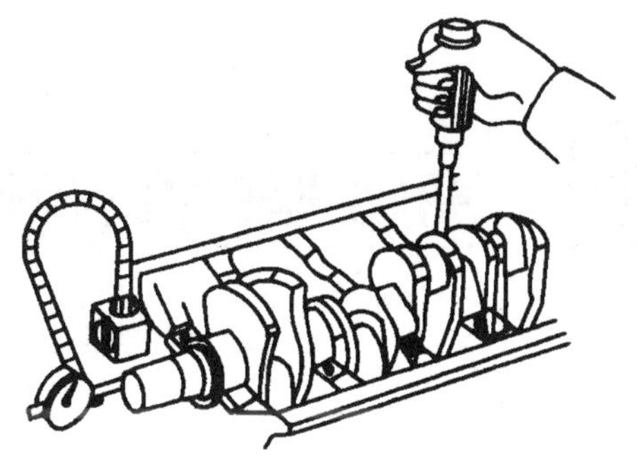

图 2-143 检查曲轴轴向间隙

（9）安装飞轮（如图 2-144 所示）。按记号或定位销孔装上飞轮，按对角交叉的顺序将螺栓分两次紧固，紧固力矩为 40～50 N·m。

图 2-144 安装飞轮

素养与思政

本任务要求分组训练，各小组必须按照规范的操作方式精确快速地进行拆装曲轴飞轮组零部件，力求做到精益求精，弘扬大国工匠精神。各小组在实训过程中必须团结一致、相互合作，操作过程中注意安全，要求全程实现“7S”管理。

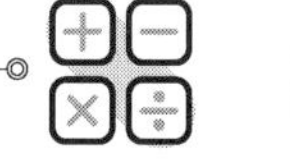

技能训练

在实训车间完成以下工作：

1．根据汽车维修手册的技术要求，拆装曲轴飞轮组零部件。

2．根据汽车维修手册的技术要求，调整好曲轴的轴向间隙。

3．按照规范的工艺要求拆装，注意安全，全程要求“7S”管理。

任务6 曲轴飞轮组的检修

知识目标

1. 了解常用的检测仪器及修理的技术标准。
2. 了解发动机曲轴飞轮组零部件常用的检修方法。

能力目标

1. 能对曲轴飞轮组主要零部件进行测量。
2. 能对曲轴飞轮组主要零部件进行简单修理。

思政目标

1. 通过学习曲轴飞轮组零部件的规范检修流程，培养学生精益求精的工匠精神。
2. 通过学生小组合作学习，培养学生爱岗敬业、团结互助的价值观。
3. 通过观看“大国工匠”等视频，培养学生的爱国情怀。

任务引入

曲轴飞轮组的工作条件差，摩擦损失大，磨损严重，在发动机工作一定时间后，就要对活塞环等零部件进行更换。所以对其零部件的检查就显得尤为重要，本任务主要介绍曲轴飞轮组主要零部件的检修方法。

相关知识

检修原则：根据国家标准《汽车发动机大修竣工出厂技术条件》GB/T 3799—2021 的规定，往复活塞式汽车发动机曲轴的修理，经过修理的曲轴应符合本标准的要求。

一、曲轴的检修

曲轴的主要损坏形式有弯曲变形、扭转变形、产生裂纹、折断、表面烧伤和擦伤等。曲轴损坏会造成发动机功率下降、相连接的零件磨损、发动机异响等故障，最终导致发动机损坏。所以在对曲轴修理之前，必须对曲轴进行认真的检查。

1. 曲轴裂纹的检查

裂纹部位一般在轴颈两端过渡圆角处或油孔处。

检查方法有观察法、锤敲法、磁力探伤法等。

锤敲法是在曲轴清洗后，将其置于煤油中浸泡一会儿，然后取出擦干净表面并均匀地涂上白色粉末，再用小锤子分段轻轻敲击，如有明显的油迹出现，则表明该处有裂纹。

磁力探伤法则是在曲轴清洗后，将其安装在磁力探伤仪上进行检查。

根据国家标准，轴颈上沿油孔四周有长度不超过 5 mm 的短浅裂纹或有未延伸到轴颈圆角和油孔处的纵向裂纹（轴颈长度小于或等于 40 mm，裂纹长度不超过 10 mm；轴颈长度大于 40 mm，裂纹长度不超过 15 mm）时，仍允许修复。

2. 曲轴轴颈的维修

曲轴滑动轴承轴颈磨损后，应按表 2-5 的曲轴分级修理尺寸修理。组合式曲轴滚动轴承轴颈磨损极限，滑动轴承轴颈超过其允许的使用极限尺寸时，允许进行补偿修理，恢复至原设计尺寸（原设计是指制造厂和按规定程序批准的技术文件）。

表 2-5　曲轴分级修理尺寸　　单位：mm

名称	级别												
	1 级	2 级	3 级	4 级	5 级	6 级	7 级	8 级	9 级	10 级	11 级	12 级	13 级
曲轴主轴颈及连杆轴颈直径	0	−0.25	−0.50	−0.75	−1.00	−1.25	−1.50	−1.75	−2.00	−2.25	−2.50	−2.75	−3.00

注：① 各级修理尺寸仍采用原设计尺寸的极限偏差。
② 9 级及 9 级以后为不常用尺寸级。
③ 分级有特殊规定的曲轴，应按其原设计执行。

（1）曲轴轴颈检测。

曲轴修磨后，同名轴颈必须为同级修理尺寸，测量方法是用千分尺测量，如图 2-145 所示。

用千分尺检查曲轴主轴承轴颈和连杆轴颈的最大磨损量、圆度误差、圆柱度误差。圆度和圆柱度误差一般不超过 0.01～0.012 5 mm。

检查位置是每个轴颈两端两个方向，如图 2-146 所示。

图 2-145　曲轴轴颈测量

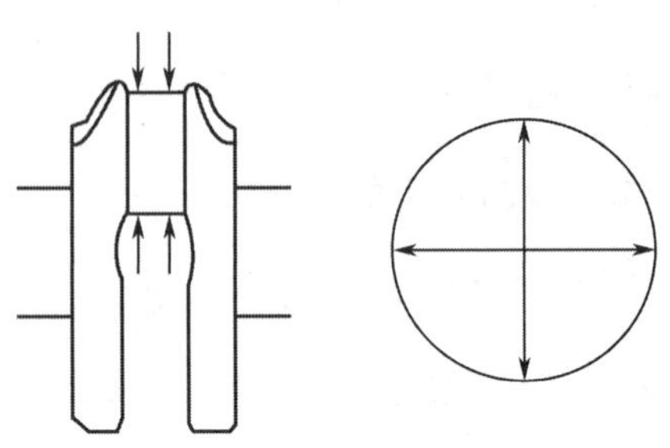

图 2-146　检查位置

（2）压力油道检查。

压力油道以清洗为主，用一根细小的铁丝和汽油将油道清洗干净，然后用清洁的高压气体将孔吹干。若气体流畅无阻，则证明油道畅通。压力油道检查如图 2-147 所示。

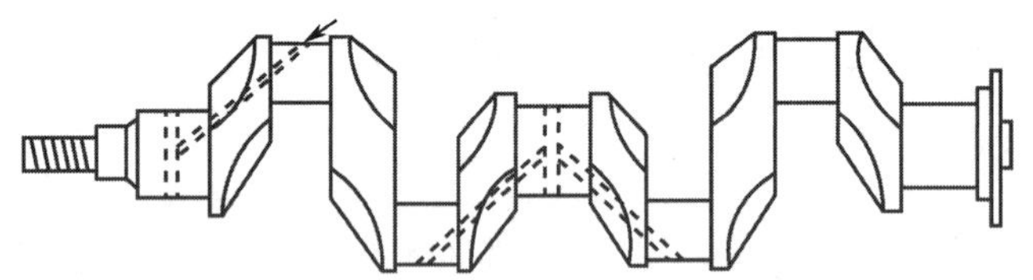

图 2-147　压力油道检查

（3）曲轴弯曲检查与修理。

以两端主轴颈的公共轴线为基准，做如下检查。

① 中间各主轴颈的径向跳动公差为 0.05 mm。

② 止推轴颈及正时齿轮配合端面的端面圆跳动公差为 0.05 mm。

③ 飞轮突缘的径向圆跳动公差为 0.04 mm，外端面的端面圆跳动公差为 0.06 mm。

检查方法：将曲轴放在 V 形块中，然后整体放在检测平台上，用百分表测量曲轴中间的轴颈。

检测轴颈的径向圆跳动误差，如图 2-148 所示。

曲轴校正方法：将曲轴放在 V 形块中，然后整体放在检测平台上，装上百分表，用专用设备压曲轴，直到曲轴符合要求为止，如图 2-149 所示。

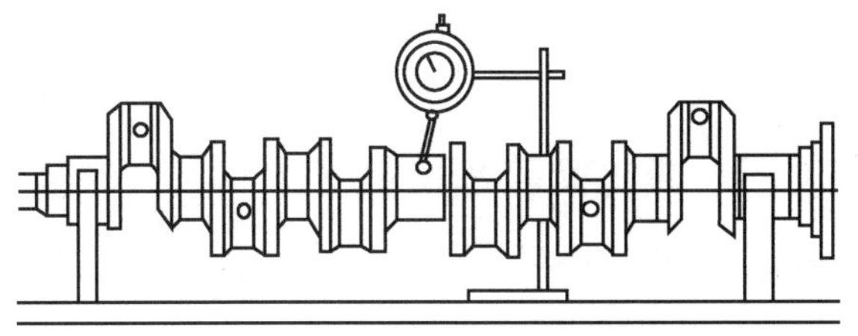

图 2-148 检测轴颈的径向圆跳动误差

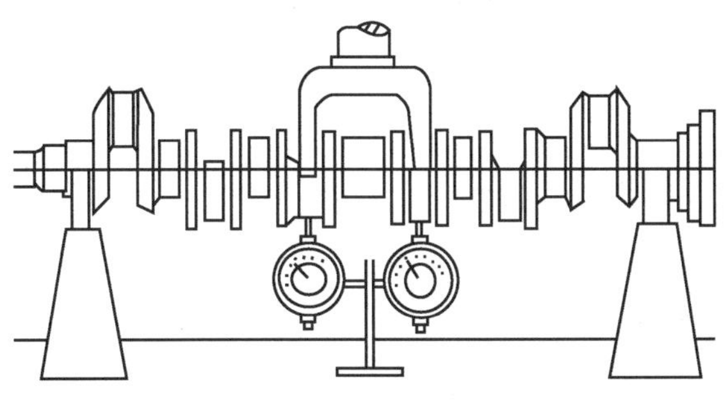

图 2-149 曲轴校正方法

（4）曲轴轴向间隙的检查与调整。

曲轴轴向间隙过大会引起曲轴的轴向窜动，从而加速止推环的磨损，使发动机产生异响。

用螺丝刀前后撬动曲轴（如图 2-150 所示）的同时，用百分表测量轴向间隙，轴向间隙标准值为 0.07～0.17 mm，最大值为 0.25 mm。若轴向间隙大于最大值，则测量止推垫圈厚度。若厚度不符合标准，则更换止推垫圈。止推垫圈厚度标准为 2.43～2.48 mm。

调整方法是更换止推垫片或翻边轴承。

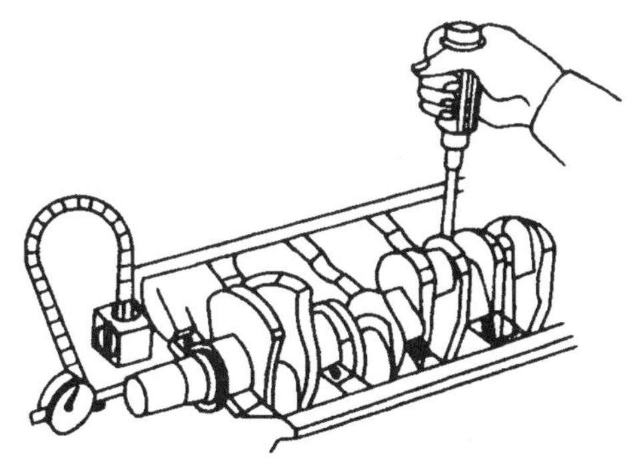

图 2-150 撬动曲轴

（5）曲轴径向间隙的检查与调整。

曲轴径向间隙过大会引起曲轴的径向窜动，从而加速主轴承的磨损，使发动机产生异响。

首先清洁曲轴主轴颈、连杆轴颈、轴瓦和轴承盖，将塑料间隙塞尺（或软金属丝）放置在曲轴轴颈上（不要将油孔盖住），盖上轴承盖并按规定扭力紧固螺栓，紧固前后检查如

图 2-151 所示。注意：不要转动曲轴。然后取下轴承盖和塑料间隙塞尺，用被压扁的塑料间隙塞尺和间隙条宽度相对照，查得间隙塞尺宽度（或测量软金属丝厚度）对应的间隙值即为曲轴的径向间隙（五菱 LJ462Q 发动机连杆大端孔径与连杆轴颈间隙为 0.02～0.043 mm）。

如果径向间隙不符合规定，应重新选配轴承。

对照间隙值如图 2-152 所示。

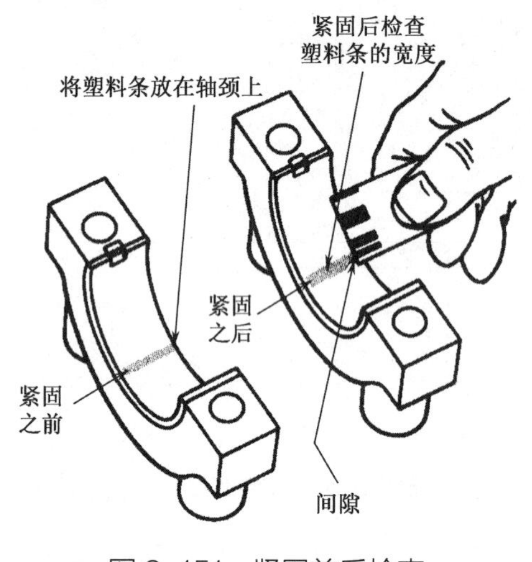

图 2-151　紧固前后检查

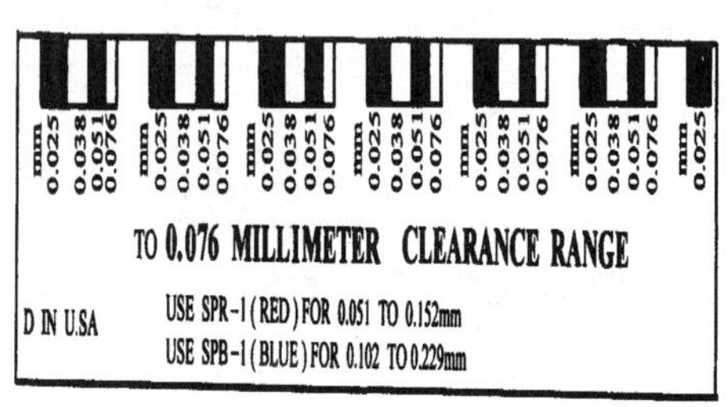

图 2-152　对照间隙值

（6）曲轴各项技术指标检查后还要进行动平衡试验，其不平衡量应符合原设计规定。

（7）检查曲轴轴瓦盖固定螺栓，用游标卡尺测量螺栓张力部位直径（如图 2-153 所示）。直径标准值为 7.3～7.5 mm，直径最小值为 7.2 mm，若直径小于最小值，则更换螺栓。

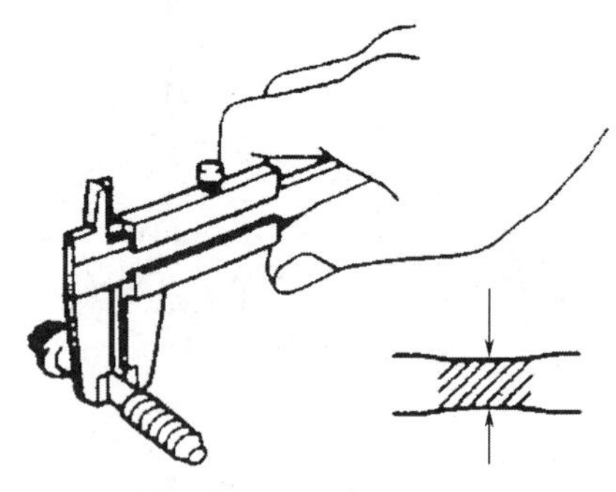

图 2-153　用游标卡尺测量螺栓张力部位直径

二、飞轮的检修

若飞轮齿圈磨损严重或断齿，会与发动机啮合困难，使发动机难以起动，此时应更换齿圈（分开式）或飞轮（整体式）。

更换方法：

（1）用铜冲和锤子拆装齿圈。

（2）新齿圈先加热后安装，温度不超过 400℃，然后压入飞轮。

（3）齿圈有导角的一面应朝向曲轴。

飞轮工作表面有严重烧灼或磨损沟槽深度大于 0.5 mm 时应进行维修，维修后工作表面的平面度应小于 0.10 mm，飞轮厚度磨削总量不能超过 1 mm，后端面圆跳动应小于 0.15 mm。

在新飞轮上做正时标记，安装后进行动平衡。

三、曲轴轴承的选配

（1）选择轴承内径。根据曲轴轴颈的直径和规定的轴承径向间隙选择合适内径的轴承。

（2）检验轴承钢背质量。轴承钢背应光滑、完整、无损耗，横向定位凸键完好。

（3）检验轴承弹开量。轴承高出量过小，自锁能力差，在工作中容易产生转动引起烧瓦；轴承高出量过大，装配后局部可能会凸起，容易造成合金层剥落，引起烧瓦。

任务实施

一、用千分尺测量曲轴轴颈的圆度及圆柱度

（1）将曲轴用干净的汽油（或其他清洗剂）清洗干净。

（2）用干净的压缩空气将曲轴吹干净。

（3）目测检查曲轴轴颈是否有划伤、不平或其他缺陷。

（4）用 25～50 mm 的千分尺测量曲轴轴颈（如图 2-154 所示），记录好数据，填在表 2-6 内。

（5）测量位置为每个轴颈两端两个方向，如图 2-155 所示。

图 2-154　测量曲轴轴颈

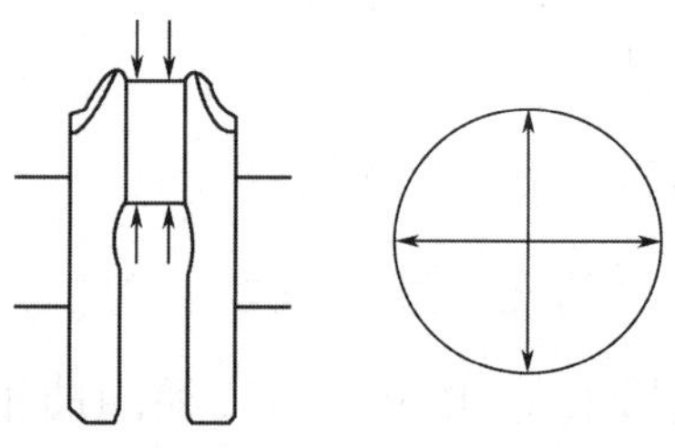

图 2-155　测量位置

表 2-6　数据记录

<table>
<tr><th rowspan="3">位置</th><th colspan="10">轴颈</th></tr>
<tr><th colspan="2">第一轴颈</th><th colspan="2">第二轴颈</th><th colspan="2">第三轴颈</th><th colspan="2">第四轴颈</th><th colspan="2">第五轴颈</th></tr>
<tr><th>直径 1
（纵向）</th><th>直径 2
（横向）</th><th>直径 1
（纵向）</th><th>直径 2
（横向）</th><th>直径 1
（纵向）</th><th>直径 2
（横向）</th><th>直径 1
（纵向）</th><th>直径 2
（横向）</th><th>直径 1
（纵向）</th><th>直径 2
（横向）</th></tr>
<tr><td>位置一</td><td></td><td></td><td></td><td></td><td></td><td></td><td></td><td></td><td></td><td></td></tr>
<tr><td>位置二</td><td></td><td></td><td></td><td></td><td></td><td></td><td></td><td></td><td></td><td></td></tr>
<tr><td>圆度</td><td colspan="2"></td><td colspan="2"></td><td colspan="2"></td><td colspan="2"></td><td colspan="2"></td></tr>
<tr><td>圆柱度</td><td colspan="10"></td></tr>
</table>

二、用百分表测量曲轴中间轴颈的径向圆跳动

（1）将曲轴用干净的汽油（或其他清洗剂）清洗干净。

（2）用干净的压缩空气将曲轴吹干净。

（3）目测检查曲轴轴颈是否有划伤、不平或其他缺陷。

（4）测量步骤如图 2-156 所示，在测量平板 2 上放置支撑曲轴用的 V 形块 1，将百分表 5 和磁力表座 4 连接好，把百分表压在曲轴主轴颈上，使百分表的指针转动一圈以上，并将指针对准“0”位。

（5）缓慢转动曲轴，观察指针的读数并记录在表 2-7 中。

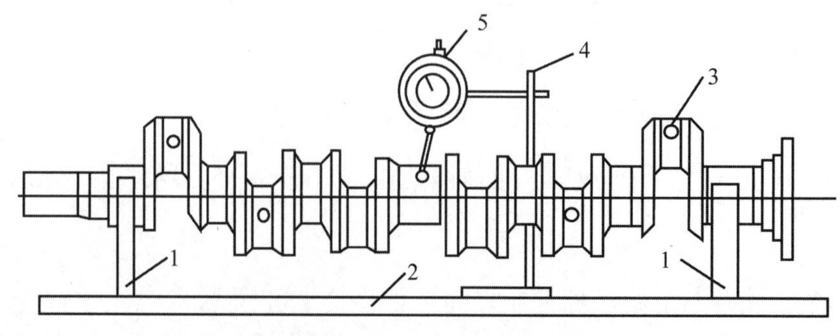

图 2-156　测量步骤

表 2-7 数据记录

	第一轴颈	第二轴颈	第三轴颈	第四轴颈	第五轴颈
测量数据					
结论					

提示

圆度和圆柱度误差一般不超过 0.01 ~ 0.012 5 mm。

径向圆跳动误差一般不超过 0.04 ~ 0.06 mm。

素养与思政

本任务要求分组训练，各小组必须按照规范的操作方式精确快速地进行安装、检修，力求将发动机曲轴的检测精度做到精益求精，弘扬大国工匠精神。各小组在实训过程中必须团结一致、相互合作，操作过程中注意安全，要求全程实现“7S”管理。

技能训练

在实训车间完成以下工作：

1. 根据汽车维修手册的技术参数，检测曲轴飞轮组零部件。
2. 按照规范的工艺要求拆装，注意安全，全程要求“7S”管理。

配气机构的构造与维修

项目描述

发动机的配气机构是按照发动机每一气缸内所进行的工作循环和点火顺序的要求，定时开启和关闭各气缸的进、排气门，使新鲜的可燃混合气（汽油发动机）或空气（柴油发动机）得以及时进入气缸，废气得以及时从气缸排出的。因此，配气机构首先要保证进气充分，排气尽可能干净。

本项目主要介绍气门组和气门传动组零部件的构造及检修方法等。

任务1 气门组的构造与拆装检修

知识目标

1. 了解配气机构的类型及其安装位置。
2. 掌握配气相位、配气正时等专业术语。
3. 了解气门组的构造及工作原理。
4. 掌握气门组零部件的检修方法。

能力目标

1. 能说出气门组主要零部件的名称。
2. 能正确拆装气门组零部件。
3. 能正确检测气门组主要零部件。

思政目标

1. 通过学习气门组零部件拆装、检测的规范流程，培养学生精益求精的工匠精神。
2. 通过学生小组合作学习，培养学生爱岗敬业、团结互助的价值观。
3. 通过观看“大国工匠”等视频，培养学生的爱国情怀。

任务引入

一辆小轿车行驶几万千米后，有一天发动机突然出现异响，同时排气管冒黑烟，经维修技师诊断后确认是气门锁片坏了，需要更换。本任务主要介绍如何拆装气门组零部件及如何检修气门组零部件。

相关知识

一、配气机构的作用及构造

（1）配气机构的作用：配气机构是进、排气管道的控制机构，它按照气缸的工作顺序和工作过程的要求，及时开闭进、排气门，向气缸供给可燃混合气（汽油发动机）或新鲜空气（柴油发动机），并及时导出废气。另外，当进、排气门关闭时，保证气缸密封，废气排净。

（2）配气机构的构造（如图 3-1 所示）：配气机构由气门组和气门传动组构成。

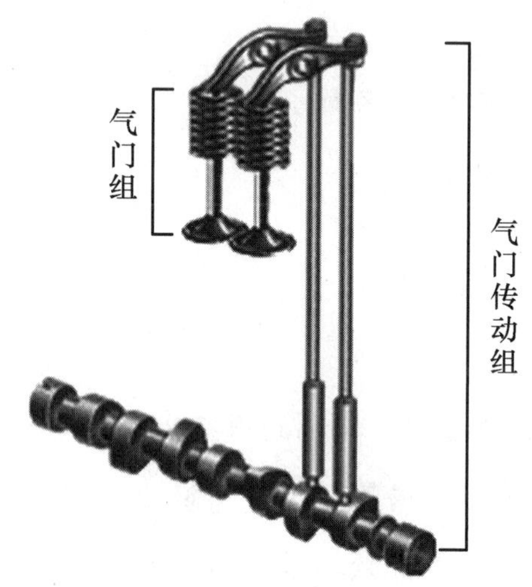

图 3-1　配气机构的构造

（3）四冲程发动机每完成一个工作循环，每个气缸进、排气一次，这时曲轴转两周，而凸轮轴只旋转一周，所以曲轴与凸轮轴的转速比或传动比为 2∶1。

二、配气机构的分类

（1）按照气门安装位置，配气机构可分为气门顶置式、气门侧置式。

（2）按照凸轮轴布置位置（如图 3-2 所示），配气机构可分为凸轮轴下置式、凸轮轴中置式、凸轮轴上置式。

① 凸轮轴置于曲轴箱内的配气机构为凸轮轴下置式配气机构，其中气门组零部件包括

气门、气门座圈、气门导管、气门弹簧、气门弹簧座和气门锁夹等，气门传动组零部件则包括凸轮轴、挺柱、推杆、摇臂、摇臂轴、摇臂轴座和气门间隙调整螺钉等。

图 3-2　凸轮轴布置位置

② 凸轮轴置于机体上部的配气机构为凸轮轴中置式配气机构。与凸轮轴下置式配气机构的组成相比，减少了推杆，从而减小了配气机构的往复运动质量，增大了机构的刚度，更适用于较高转速的发动机。

③ 凸轮轴置于气缸盖上的配气机构为凸轮轴上置式配气机构。其主要优点是运动件少，传动链短，整个机构的刚度大，适用于高速发动机。由于气门排列和气门驱动形式的不同，凸轮轴上置式配气机构有多种结构形式。

（3）配气机构按凸轮轴与曲轴的传动方式（如图 3-3 所示），可分为齿轮传动式、链条传动式、齿带传动式。

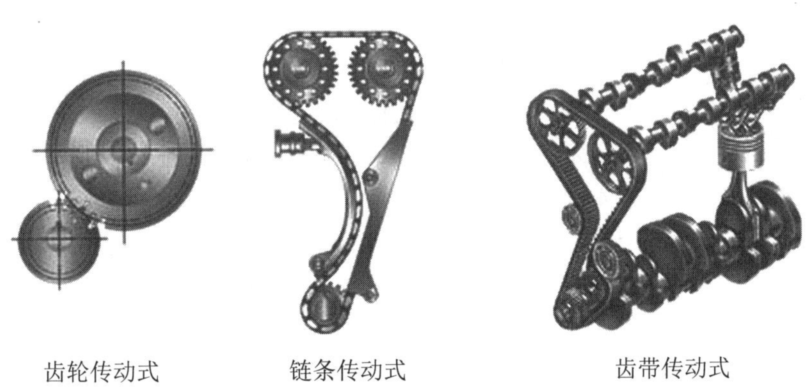

图 3-3　凸轮轴与曲轴的传动方式

齿轮传动式：应用于下置式凸轮轴发动机，采用斜齿齿轮。

链条、齿带传动式：传动噪声小，用于中置式或上置式凸轮轴发动机。

（4）配气机构按每缸气门数，可分为二气门式（如图 3-4 所示）、多气门式（如图 3-5 所示）。

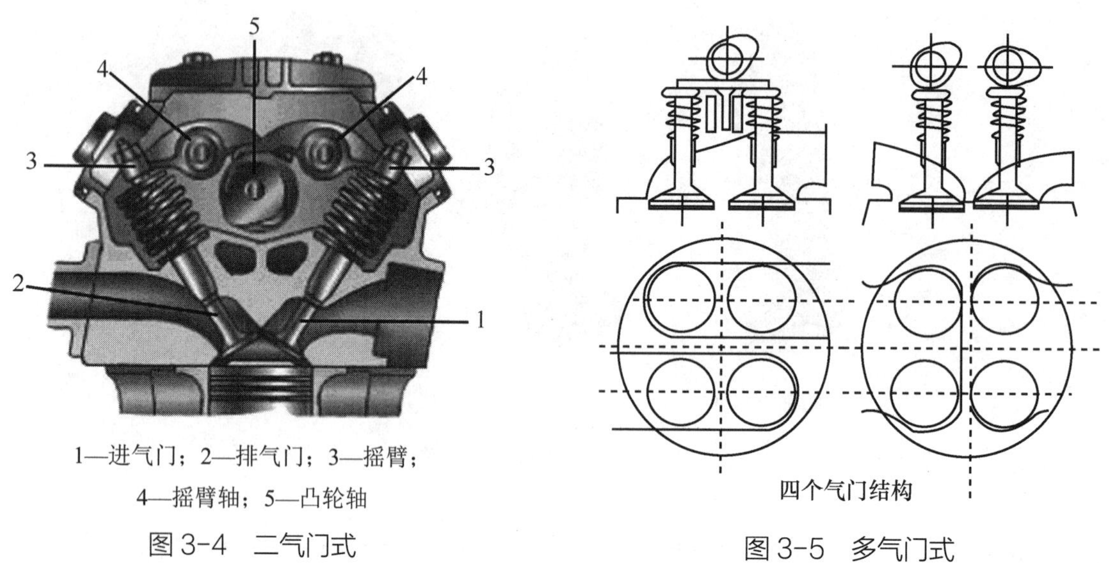

1—进气门；2—排气门；3—摇臂；4—摇臂轴；5—凸轮轴

图 3-4　二气门式

图 3-5　多气门式

三、配气相位

配气相位是指进、排气门实际开启或关闭的时刻和开启持续时间，用曲轴转角表示，如图 3-6 所示。

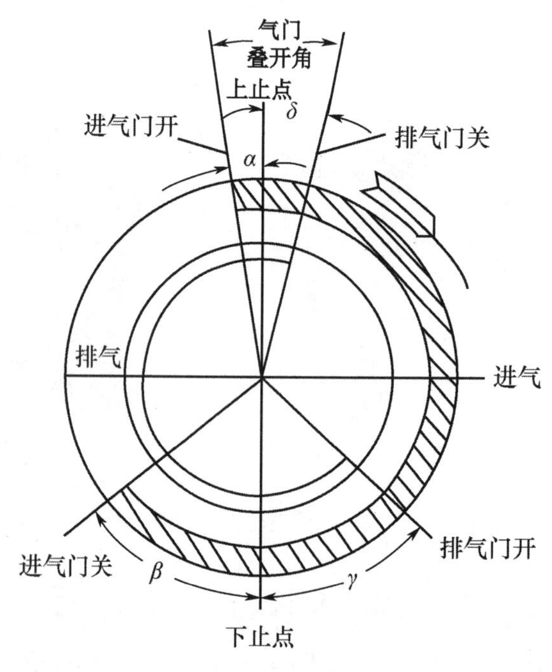

图 3-6　配气相位

（1）进气门配气相位。

进气门提前开启角α，从进气门开始开启到活塞运行到上止点，曲轴转过的角度一般为10°～30°。

排气门的退后关闭角度β，从进气行程下止点到进气门完全关闭，曲轴转过的角度一般为40°～80°。

排气门开启持续角，从进气门开始开启到完全关闭，曲轴转过的角度为α+180°+β。

（2）排气门配气相位。

排气门提前开启角γ，从排气门开始开启到活塞运行到下止点，曲轴转过的角度一般为40°～80°。

排气门的退后关闭角度δ，从排气行程上止点到排气门完全关闭，曲轴转过的角度一般为10°～30°。

排气门开启持续角，从排气门开始开启到完全关闭，曲轴转过的角度为γ+180°+δ。

（3）气门叠开角。

气门叠开是指在上止点附近，进、排气门同时开启的现象。

气门叠开角是指气门叠开过程中曲轴转过的角度，即$\alpha+\delta$。

四、可变配气正时机构

采用可变配气正时机构（如图 3-7 所示）可以改善发动机的性能。发动机转速不同，要求的配气正时也不同，这是因为当发动机转速改变时，进气流速和强制排气时的废气流速也随之改变，因此在气门晚关期间利用气流惯性增加进气和促进排气的效果就会不同。例如：当发动机在低速运转时，气流惯性小，若此时配气正时保持不变，则部分进气将被活塞推出气缸，使进气量减少，气缸内残余废气增多；当发动机在高速运转时，气流惯性大，若此时增大进气退后角和气门叠开角，则会增加进气量和减少残余废气量，使发动机的换气过程臻于完善。总之，四冲程发动机的配气正时应该是进气退后角和气门叠开角随发动机转速的升高而加大。如果气门升程也能随发动机转速的升高而加大，则会更有利于获得发动机的高速性能。

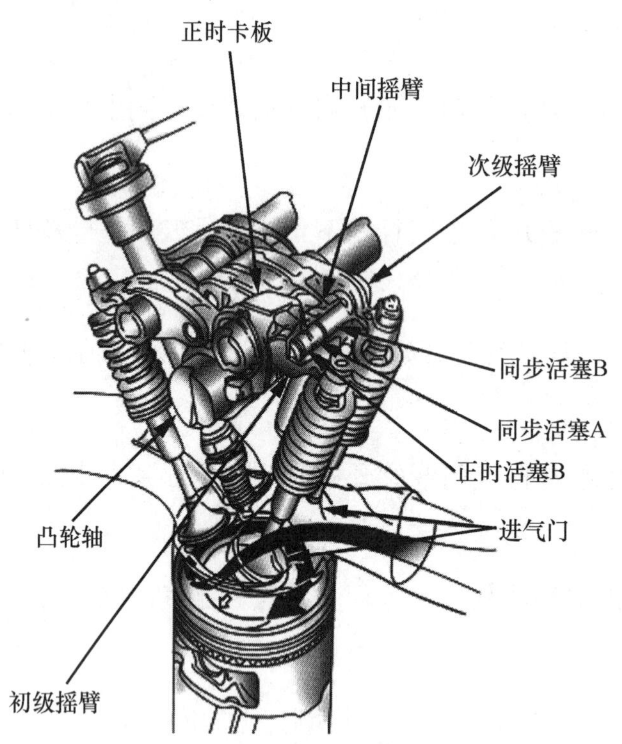

图 3-7　可变配气正时机构

五、气门间隙

发动机在冷态下，当气门处于关闭状态时，气门与传动件之间的间隙称为气门间隙（如图 3-8 所示）。发动机工作时，气门及其传动件如挺柱、推杆等都将因受热膨胀而伸长。若气门与其传动件之间在冷态时不预留间隙，则在热态下由于气门及其传动件受热膨胀伸长而顶开气门，会破坏气门与气门座之间的密封，造成气缸漏气，从而使发动机功率下降，起动困难，甚至不能正常工作。为此，在装配发动机时，在气门与其传动件之间需预留适当的间隙，即气门间隙。气门间隙既不能过大，也不能过小。间隙过小，不能完全消除上述弊病；间隙过大，在气门与气门座以及各传动件之间会产生撞击和响声。最适当的气门间隙由发动机制造厂根据试验确定。

图 3-8　气门间隙

六、气门组的构造

（1）气门组由气门、气门座圈、气门导管、气门弹簧、气门锁片、气门弹簧座等零部件组成，如图 3-9 所示。

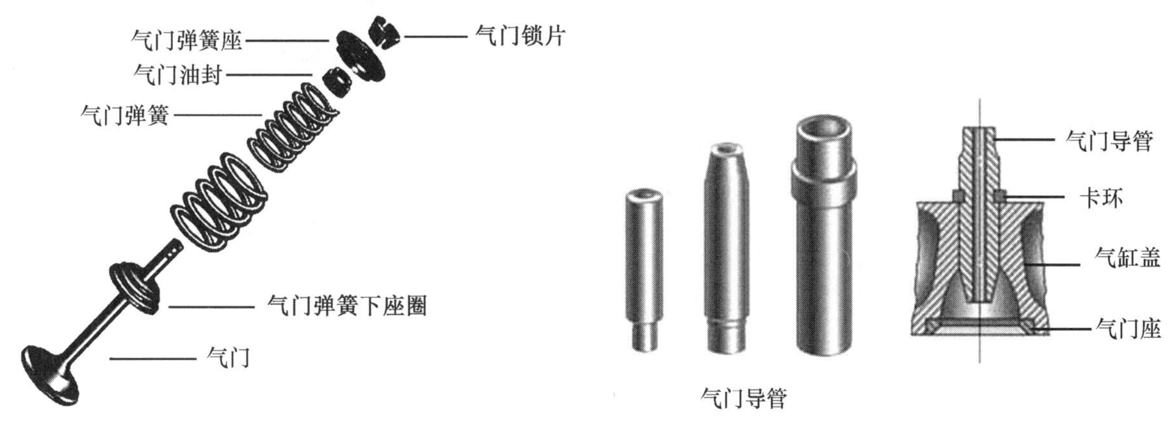

图 3-9 气门组

进气门一般用中碳合金钢制造，如铬钢、铬钼钢和镍铬钢等。排气门则采用耐热合金钢制造，如硅铬钢、硅铬钼钢、硅铬锰钢等。

汽车发动机的进、排气门均为菌形气门，由气门头部和气门杆两部分构成。气门顶面有平顶、凹顶和凸顶等形状。目前应用最多的是平顶气门，其结构简单，制造方便，受热面积小，进、排气门都可采用。气门结构及各部分名称如图 3-10 所示。

气门头部与气门座配合，密封气道。

气门杆与气门导管配合，给气门运动导向。

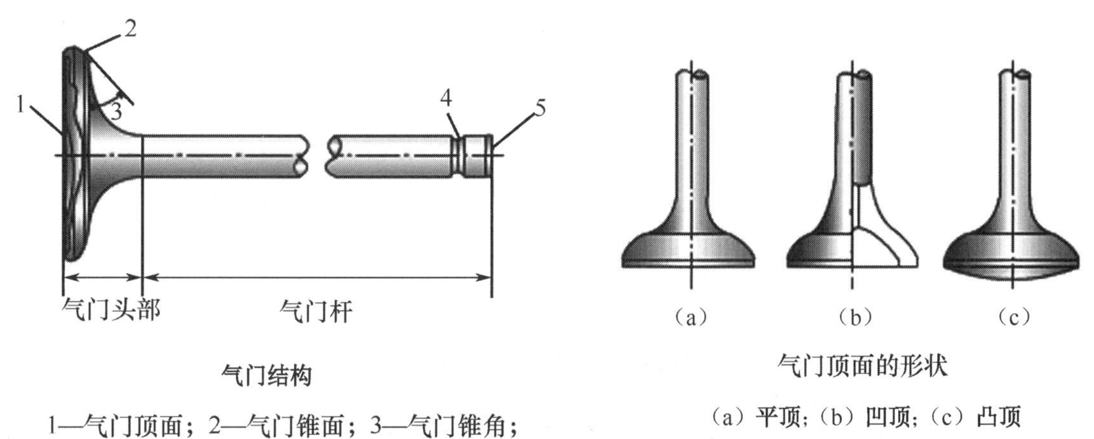

图 3-10 气门结构及各部分名称

气门与气门座或气门座圈之间靠锥面密封。气门锥面与气门顶面之间的夹角称为气门锥角。进、排气门的气门锥角一般均为 45°，只有少数发动机的气门锥角为 30°，气门锥角角度如图 3-11 所示。

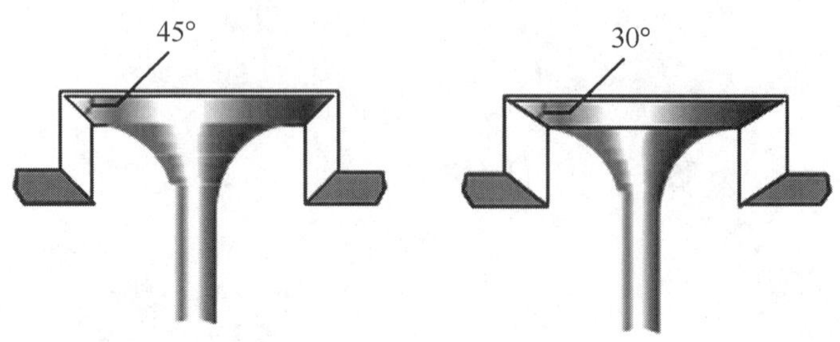

图 3-11　气门锥角角度

（2）气门传动组零部件包括凸轮轴、挺柱、推杆、摇臂、摇臂轴、摇臂轴座和气门间隙调整螺钉等，气门传动组的基本组成如图 3-12 所示。

（3）多数发动机进气门的头部直径比排气门的大，当两气门一样大时，气门上一般有标记。进气门的头部直径比排气门的大，目的是减少进气阻力，提高气缸的充气效率。进气门与排气门如图 3-13 所示。

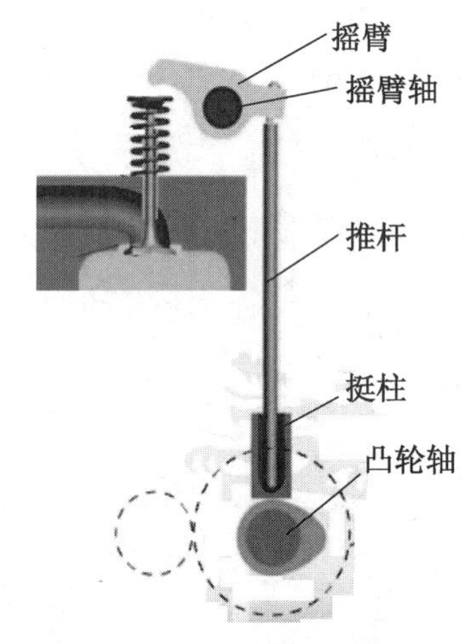

图 3-12　气门传动组的基本组成

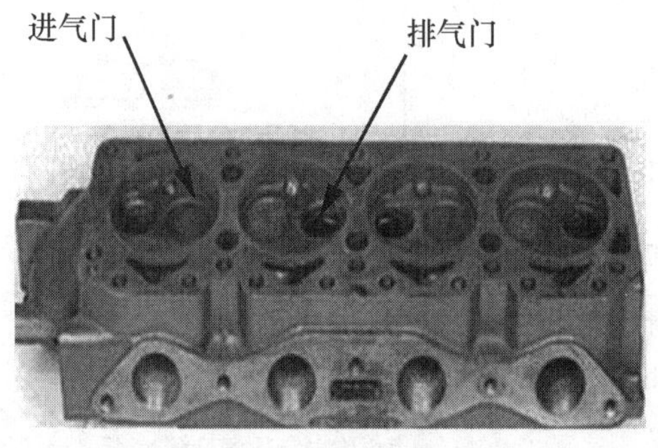

图 3-13　进气门与排气门

七、气门与气门座的配合

气门与气门座的配合要求包括以下几个方面。

（1）气门与气门座工作锥面角度应一致。

（2）气门与气门座的密封带位置在中部靠里。位置过于靠外会使气门的强度降低，位置过于靠里会造成与气门座接触不良。

（3）气门与气门座的密封带宽度应符合原设计规定，一般为 1.2～2.5 mm，并且排气门大于进气门的宽度，柴油发动机大于汽油发动机的宽度。

（4）气门工作锥面与杆部的同轴度和气门座与导管的同轴度应不大于 0.05 mm。

（5）气门杆与导管的配合间隙应符合原厂规定。

八、气门的检修

检修原则：根据国家标准《汽车发动机大修竣工出厂技术条件》GB/T 3799—2021 中的规定并结合维修企业在实际操作中的经验，检修气门。

（1）气门的常见损坏形式有气门杆部及尾部的磨损、气门工作面磨损与烧蚀、气门杆的弯曲变形等。

气门磨损后就会产生发动机漏气、异响、烧机油、功率下降等后果。

（2）气门直线度的检查。

① 当轿车的气门杆的磨损量大于 0.05 mm、载货汽车的气门杆的磨损量大于 0.10 mm 或者出现明显的台阶形磨损时，气门应予以更换。气门各尺寸测量如图 3-14 所示。

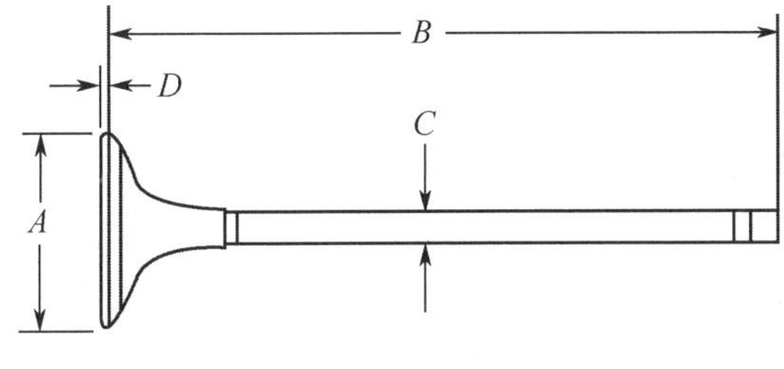

图 3-14 气门各尺寸测量

② 当气门头圆柱面的厚度小于 1.0 mm 时，气门应予以更换。

③ 当气门尾端磨损大于 0.5 mm 时，气门应予以更换。

④ 当气门杆的直线度误差大于 0.05 mm 时，应予以更换或校直，校直后的直线度误差不得大于 0.02 mm，校直气门杆直线度如图 3-15 所示。

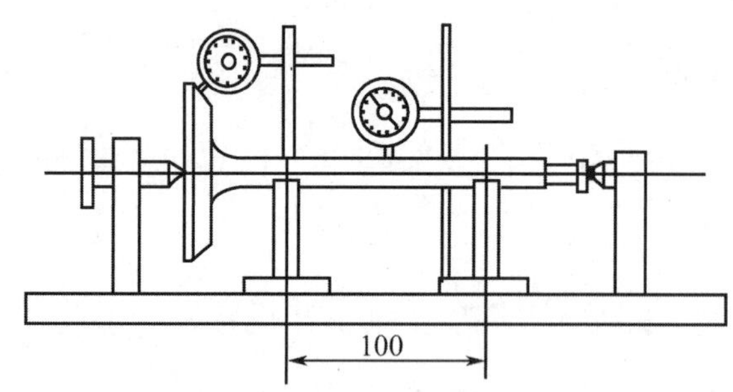

图 3-15　校直气门杆直线度

（3）检查进气门（如图 3-16 所示）。

检查气门总长度，总长度标准值为进气门 88.65 mm，排气门 88.69 mm。总长度最小值为进气门 88.35 mm，排气门 88.39 mm。

检查气门头边缘厚度，用千分尺测量边缘厚度标准值为 1 mm，边缘厚度最小值为 0.7 mm。

（4）检查气门座（如图 3-17 所示）。

在气门面上涂一层薄薄的红丹合模油，气门轻轻地压在气门座上，若气门面上呈现一整圈红色，则气门是同心的，否则更换气门。若气门座呈现一整圈红色，则导管和气门面是同心的，否则应重修气门座。

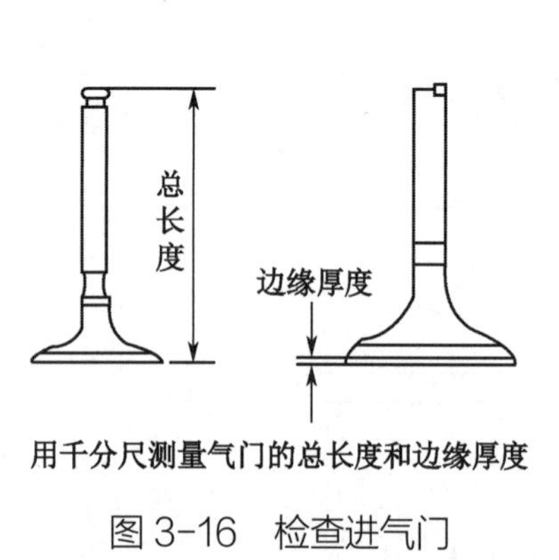

图 3-16　检查进气门

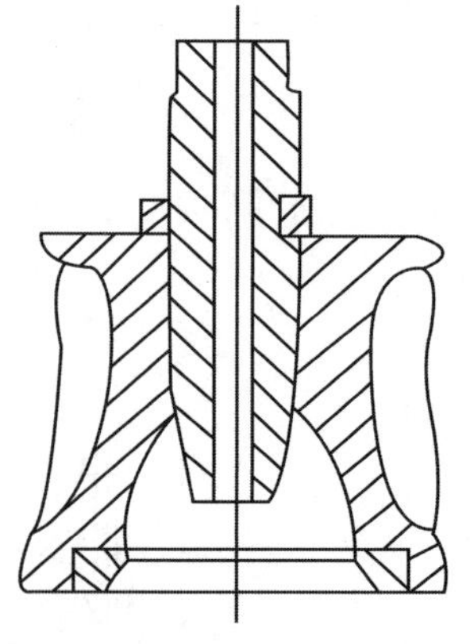

图 3-17　检查气门座

检查气门座接触面是否在气门面中间，其宽度为 1.4 mm。

（5）检查气门导管衬套油隙。

① 用一测径规测量导管衬套内径（如图 3-18 所示），衬套内径为 5.51～5.53 mm。

② 测量导管衬管内径。

用千分尺测量气门杆直径（如图 3-19 所示）。进气门杆直径为 5.47～5.485 mm，排气门杆直径为 5.465～5.48 mm。

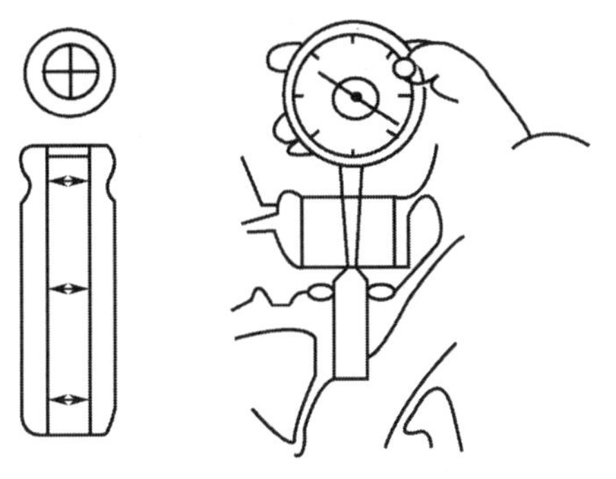

图 3-18 测量导管衬套内径

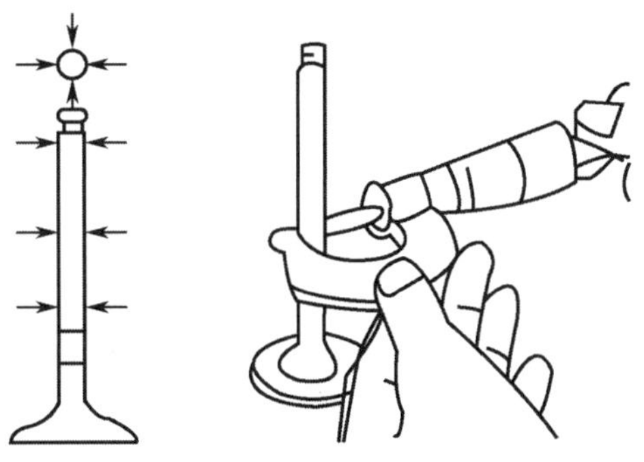

图 3-19 测量气门杆直径

③ 导管衬管内径测量值减去气门杆直径测量值，即为导管衬套油隙。油隙标准值：进气为 0.025～0.06 mm，排气为 0.03～0.065 mm。油隙最大值：进气为 0.08 mm，排气为 0.01 mm。

九、气门座的修理

气门和气门座经过修理后，通常要进行气门的密封性检验。气门的密封性检验方法有画线法、拍击法、涂红丹合模油法、渗油法、气压试验法。

十、检查内压缩弹簧

压缩弹簧变形、弹力不足时，气门就会产生异响。

（1）用游标卡尺测量气门弹簧的自由长度（如图 3-20 所示），自由长度为 43.40 mm。

（2）用直尺测量气门弹簧偏差（如图 3-21 所示），弹簧外径在同一平面上的误差不超过 1 mm，误差最大值为 2.0 mm，气门弹簧的垂直度不得超过最大角度 2°（参考值）。

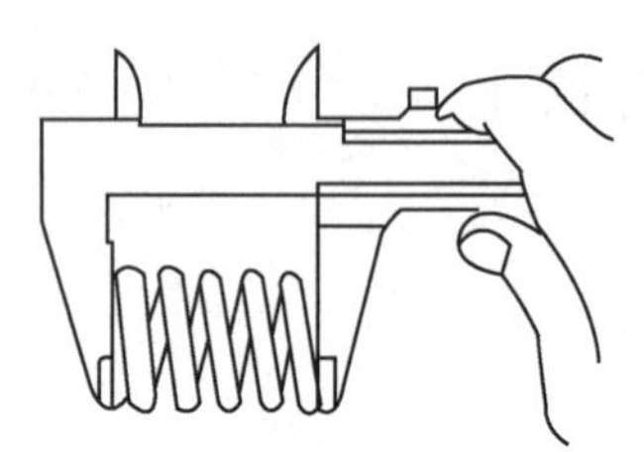

图 3-20　测量气门弹簧的自由长度

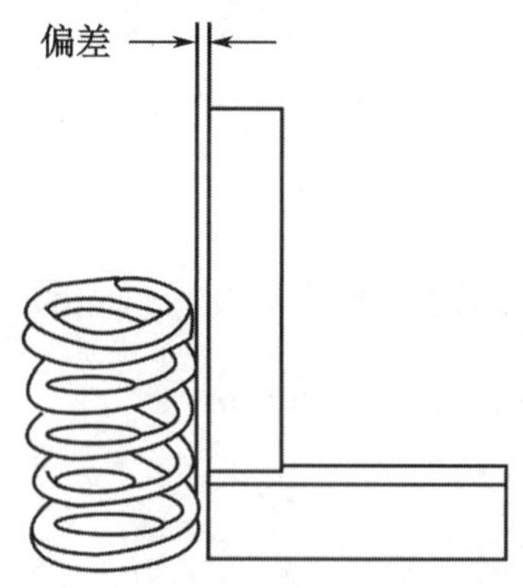

图 3-21　测量气门弹簧偏差

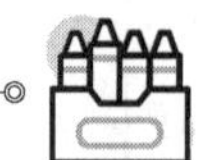 任务实施

 B12 发动机气门组零部件的拆装

1．气门组零部件的拆卸

（1）用 T 形扳手（或套筒扳手）按顺序将螺栓拧松，然后拆下螺栓和轴承盖并按顺序放置。螺栓拆装顺序如图 3-22 所示，拧松轴承盖螺栓如图 3-23 所示。

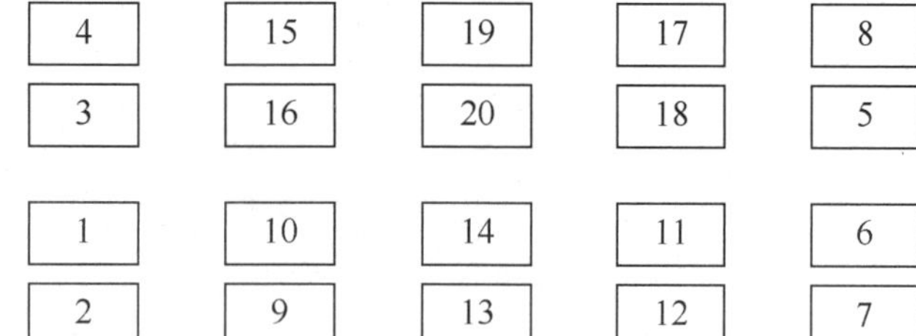

图 3-22　螺栓拆装顺序

图 3-23　拧松轴承盖螺栓

（2）取下凸轮轴轴承盖并注意上面的标记，取下进气、排气凸轮轴并注意凸轮轴的标记。凸轮轴轴承盖的标记如图 3-24 所示，凸轮轴的标记如图 3-25 所示。

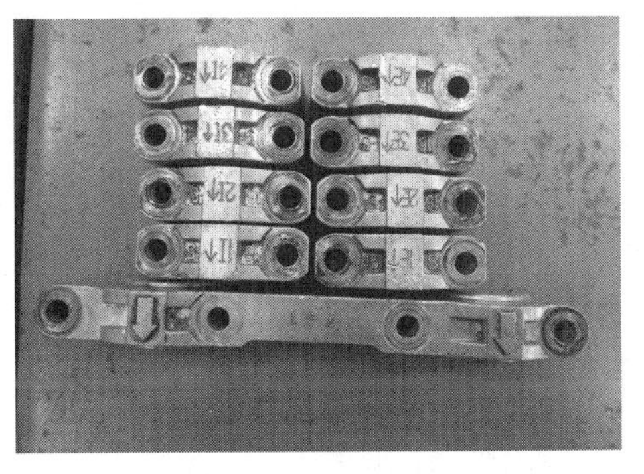

图 3-24　凸轮轴轴承盖的标记

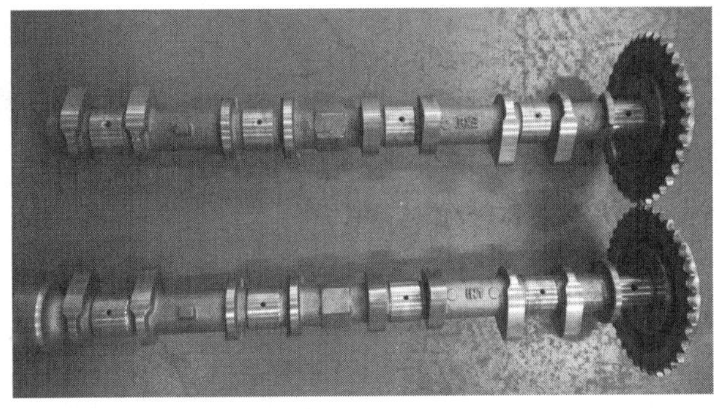

图 3-25　凸轮轴的标记

（3）用磁力棒（或钳子）取出气门顶杯（如图 3-26 所示）并按顺序放置顶杯（如图 3-27 所示）。

图 3-26　取出气门顶杯

图 3-27　按顺序放置顶杯

（4）用气门拆装夹具固定端顶住气门头，活动端顶住气门弹簧座，转动螺杆手柄（如图 3-28 所示），压缩气门弹簧至露出气门锁片。

（5）用磁力棒（或一字螺丝刀）吸出气门锁片（如图 3-29 所示）。

图 3-28　转动螺杆手柄

图 3-29　吸出气门锁片

（6）转动螺杆手柄，放松气门弹簧后，移出气门拆装夹具，即可拿出气门弹簧、弹簧座、气门及气门油封。注意，油封可用鲤鱼钳夹住拔出来。

（7）逐一拆卸气门后，注意按顺序将拆下的零部件放好，如图 3-30 所示。排气门和进气门都要做好记号，锁片、气门弹簧、气门弹簧座都要按缸放在一起，以免在装配时混装。

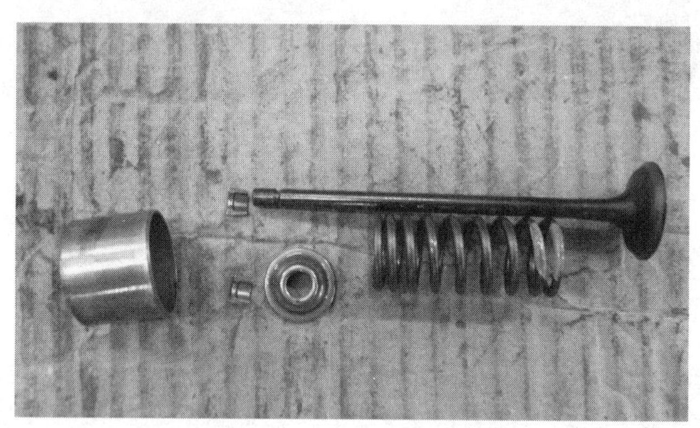

图 3-30　配对放好拆下的零部件

2. 气门组零部件的安装

（1）清洗气门导管及燃烧室，并用压缩空气吹干净。

（2）分别在气门杆、气门导管上涂上一层机油。

（3）将气门按顺序插进气门导管内，安装气门弹簧座与新的气门油封。

（4）安装弹簧，用气门拆装夹具压缩气门弹簧至气门杆露出气门锁片槽。

（5）用尖嘴钳夹住气门锁片（蘸些润滑脂）放入气门弹簧座中，可使锁片粘在气门杆上。

（6）放松气门拆装夹具，使气门锁片进入气门弹簧座的锥形内圈。

（7）用方木垫起气缸盖，使气门头部有松动余地，用塑料锤或木槌轻轻敲气门杆端部，检查气门锁片是否装好，多敲几次后，锁片没有松出，即为装好。

（8）安装凸轮轴，注意进气凸轮轴和排气凸轮轴的位置。

（9）安装凸轮轴轴承盖，按顺序及规定力矩分两次拧紧凸轮轴轴承盖螺栓，螺栓紧固顺序如图 3-31 所示

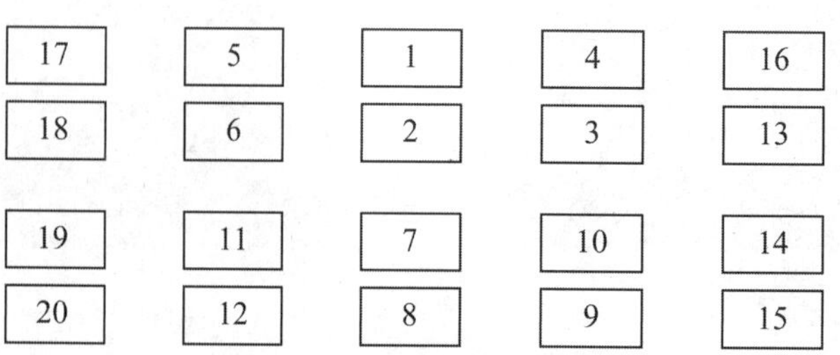

图 3-31　螺栓紧固顺序

素养与思政

本任务要求分组训练，各小组通过规范的气门组零部件拆装检修操作流程，力求对气门组零部件拆装工艺、对零部件的检测精度做到精益求精，弘扬大国工匠精神，各小组在完成技能实训后观看大国重器等视频，讨论如何践行社会主义核心价值观。各小组在实训过程中必须团结一致、相互合作，操作过程中注意安全，要求全程实现“7S”管理。

知识拓展

气门异响故障分析及排除

1．现象

发动机怠速时，在气门室侧能清晰地听到有节奏的“嗒、嗒、嗒”响声，转速提高，响声也随之增大，且响声与温度变化无关，单缸断火，响声亦无变化。

2．原因

气门间隙过大，气门杆与气门导管磨损松旷，气门座与气门接触不良，气门弹簧弹力不足。

3．诊断与排除

（1）听诊气门响时，不打开机油口盖就能在发动机周围听得清楚。当发动机怠速运转时，可听到有节奏的“嗒、嗒、嗒”响声。逐渐加大力度踩加速踏板时，响声随转速的提高而节奏加快，可初步断定为气门声响。

（2）检查气门间隙。

发动机运转时，用塞尺插入气门间隙处，如果响声减小或消失，即可确定是该缸气门响，且响声是由于间隙太大造成的，应调整气门间隙。

（3）检查气门杆与气门导管间隙。

若间隙超过极限值，应更换气门杆与气门导管。

（4）检查气门与气门座接触情况。

在气门的表面涂一薄层蓝油（或白铅粉），轻轻地将气门压在气门座上，不可转动气门。如果蓝油在气门面的一周都有，则气门与气门座是同轴的，否则，更换气门。如果气门座一周都有蓝油，则气门导管和气门座是同轴的，否则，应加工气门座。若气门与气门座的接触面是连续的圆环，并在气门面与气门座中间，则为正常，否则，应加工气门座。

（5）检测气门弹簧。

使用游标卡尺测量气门弹簧的自由长度，应符合要求，否则，应更换气门弹簧。使用弹簧试验机测量气门弹簧的弹力，应符合规定，否则应更换气门弹簧。

技能训练

在实训车间完成以下工作：

1．根据汽车维修手册的技术要求，拆装气门组零部件。

2．根据汽车维修手册的技术参数，检测气门组零部件。

3．按照规范的工艺要求拆装，注意安全，全程要求“7S”管理。

任务2 气门传动组的构造与拆装检修

知识目标

1．了解气门传动组的构造及工作原理。

2．掌握气门传动组零部件的检修方法。

能力目标

1．能说出气门传动组主要零部件的名称。

2．能正确拆装气门传动组零部件。

3．能正确检测气门传动组主要零部件。

思政目标

1．通过学习气门传动组零部件拆装、检测的规范流程，培养学生精益求精的工匠精神。

2．通过学生小组合作学习，培养学生爱岗敬业、团结互助的价值观。

3．通过观看“大国工匠”等视频，培养学生的爱国情怀。

任务引入

一辆北京现代瑞纳小轿车，发动机出现异响，怠速时声响清晰，中速时声响明显，高速时声响有杂乱并逐渐减弱以致消失。经维修技师查明是气门传动组零部件出了问题。本任务主要介绍如何拆装气门传动组零部件及如何检修气门传动组零部件。

相关知识

一、气门传动组的构造

（1）气门传动组（如图 3-32 所示）包括凸轮轴、正时齿轮（正时齿带或正时链条）、挺柱、推杆、摇臂、摇臂轴、气门间隙调整螺钉等。

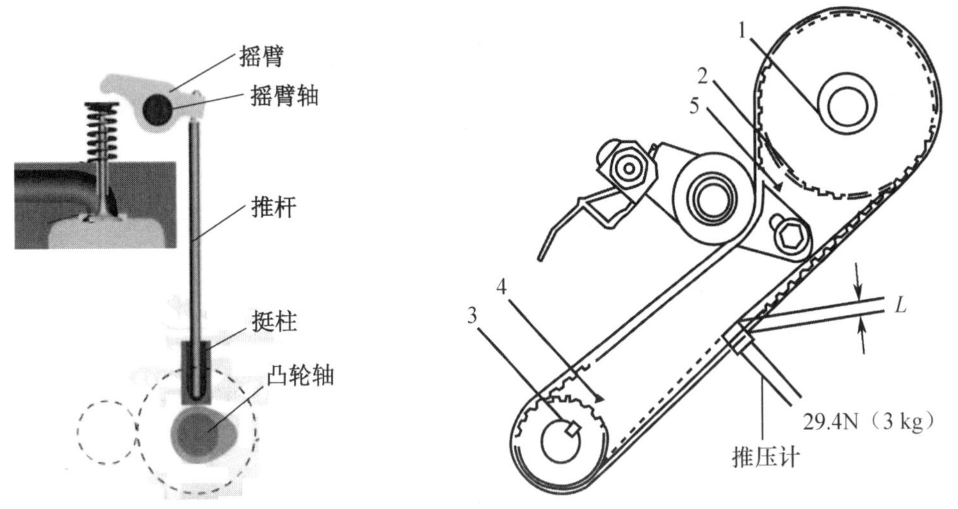

1—凸轮轴；2—凸轮轴正时齿轮；3—安装标记；4—安装标记；5—曲轴

图 3-32 气门传动组

（2）凸轮轴通常由曲轴通过一对正时齿轮驱动，其与曲轴正时齿轮的传动比为 2∶1。

（3）在装配时必须将正时记号对正，以保证正确的配气正时和点火时刻。

（4）采用液力挺柱，可消除配气机构中的间隙，减小各零部件的冲击载荷和噪声。

二、凸轮轴

（1）凸轮轴的工作条件及材料。

凸轮轴承受周期性的冲击载荷。凸轮与挺柱之间的接触应力很大，相对滑动速度也很高，因此，凸轮工作表面的磨损比较严重。凸轮轴的常用材料有优质钢、合金铸铁、球墨铸铁等。

（2）凸轮轴的构造。

凸轮轴是通过凸轮轴轴颈支承在凸轮轴轴承孔内的，因此凸轮轴轴颈数目的多少是影响凸轮轴支承刚度的重要因素。凸轮轴由凸轮和轴颈组成，有些带有斜齿轮和偏心轮，凸轮轴的构造如图 3-33 所示。

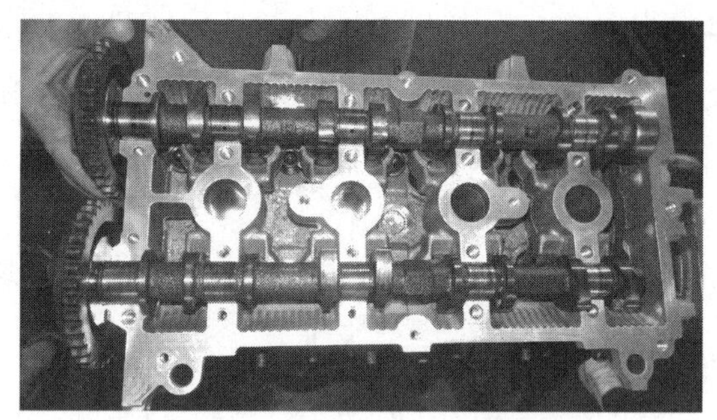

图 3-33　凸轮轴的构造

（3）凸轮轴的作用。

凸轮轴的作用是驱动和控制各缸气门的开启和关闭，使其符合发动机的工作顺序、配气相位和气门开度的变化规律要求。有些还可以驱动分电器等。

（4）凸轮轴的工作原理。

进、排气门开启和关闭的时刻、持续时间及开闭的速度等分别由凸轮轴上的进、排气凸轮控制。转速较低的发动机，其凸轮轮廓由几段圆弧组成，这种凸轮称为圆弧凸轮。高转速发动机则采用函数凸轮，其轮廓由某种函数曲线构成。如图 3-34 所示，*O* 点为凸轮轴回转中心，凸轮轮廓上的 *AB* 段和 *DE* 段为缓冲段，*BCD* 段为工作段。挺柱在 *A* 点开始升起，在 *E* 点停止运动，凸轮转到 *AB* 段内某一点处，气门间隙消除，气门开始开启。此后随着凸轮继续转动，气门逐渐开大，至 *C* 点气门开度达到最大。随后气门逐渐关闭，在 *DE* 段内某一点处气门完全关闭，接着气门间隙恢复。气门最迟在 *B* 点开始开启，最早在 *D* 点完全关闭。由于气门开始开启和关闭落座时均在凸轮升程变化缓慢的缓冲段内，其运动速度较小，因此可以防止强烈的冲击。

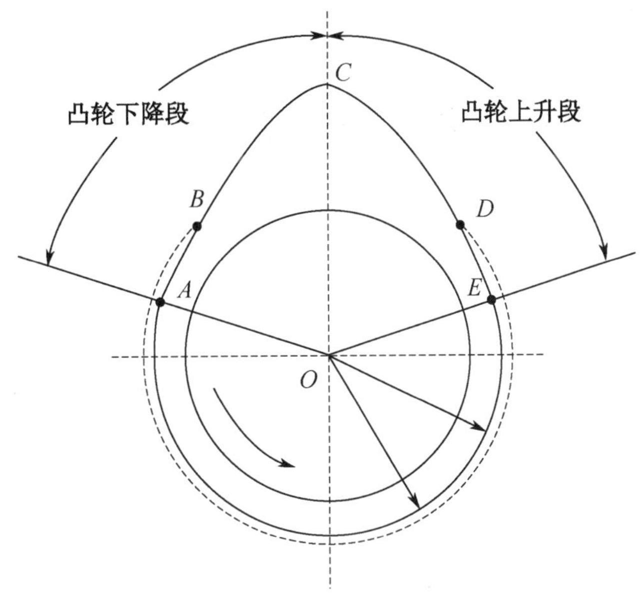

图 3-34 凸轮轴的工作原理

凸轮轴上各同名凸轮（各进气凸轮或各排气凸轮）的相对角位置与凸轮轴旋转方向、发动机工作顺序及气缸数或做功间隔角有关。如果从发动机风扇端看凸轮轴逆时针方向旋转，则工作顺序为 1-3-4-2 的四缸发动机其做功间隔角为 720° /4＝180° 曲轴转角，相当于 90° 凸轮轴转角，即各同名凸轮间的夹角为 90°（如图 3-35 所示）。对于工作顺序为 1-5-3-6-2-4 的六缸发动机，其同名凸轮间的夹角为 60°（如图 3-36 所示）。同一气缸的进、排气凸轮的相对角位置即异名凸轮相对角位置，决定于配气正时及凸轮轴旋转方向。

（5）凸轮轴轴承。

为了减少凸轮轴轴颈与座孔的磨损，使凸轮轴能灵活转动，在其中间装有凸轮轴轴承（也叫凸轮轴瓦）。轴承是一个圆形管状物，用钢带或无缝钢管做钢壳，与轴颈接触的一面浇有软合金。它安装在气缸体的轴承座孔内，每道轴承在相应位置上钻有油孔。为防止钢壳锈蚀，常镀有防锈层。

中置式和下置式凸轮轴的轴承一般制成衬套压入整体式轴承座孔内，再加工轴承内孔，使其与凸轮轴轴颈相配合。上置式凸轮轴的轴承多由上、下两片轴瓦对合而成，装入剖分式轴承座孔内。

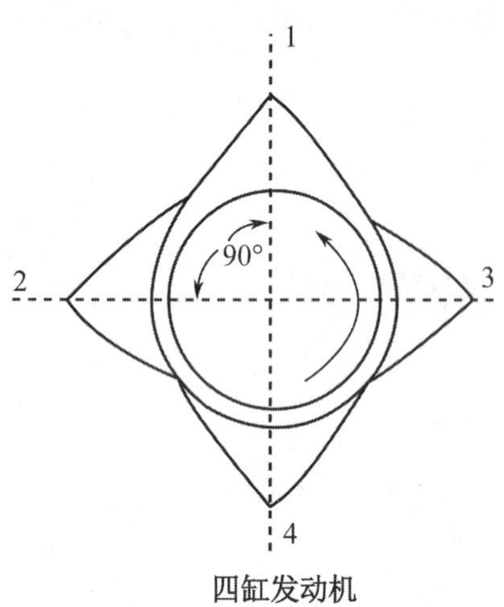

图 3-35　90° 同名凸轮间夹角

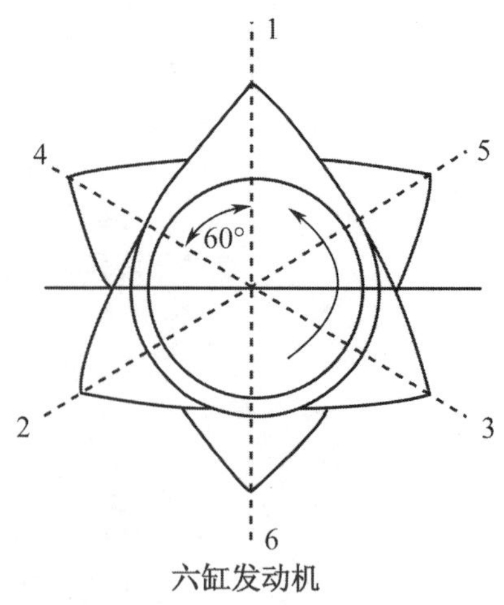

图 3-36　60° 同名凸轮间夹角

轴承材料多与主轴承相同，在低碳钢钢背上再浇敷减摩合金层。也有的凸轮轴轴承采用粉末冶金衬套或青铜衬套。

（6）凸轮轴传动机构。

凸轮轴由曲轴驱动，其传动机构有链条式（如图 3-37 所示）、齿形带式（如图 3-38 所示）及齿轮式（如图 3-39 所示）。

图 3-37　链条式

图 3-38　齿形带式

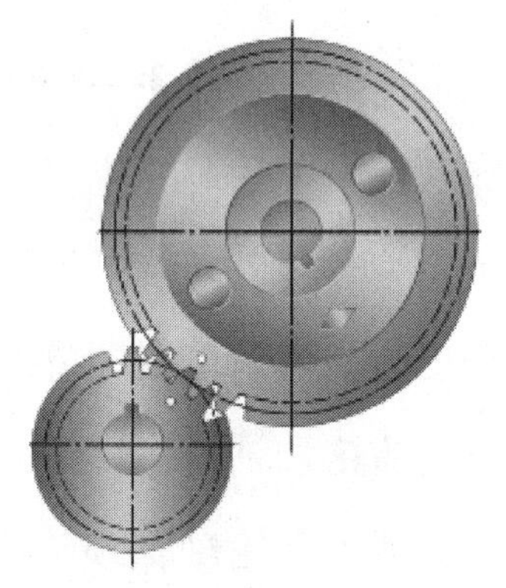
图 3-39　齿轮式

齿轮传动机构用于下置式和中置式凸轮轴的传动。为了保证正确的配气正时和喷油正时，在传动齿轮上刻有正时记号，装配时必须对正记号。

链条传动机构用于中置式和上置式凸轮轴的传动，尤其是上置式凸轮轴的高速汽油发动机采用的较多。链条一般为滚子链，工作时应保持一定的张紧度，不使其产生振动和噪声，为此在链条传动机构中装有导链板并在链条的松边设置张紧器。

齿形带传动机构用于上置式凸轮轴的传动。与齿轮和链条传动机构相比具有噪声小、

质量轻、成本低、工作可靠和不需要润滑等优点。另外，齿形带伸长量小，适合有精确定时要求的传动，因此被越来越多的汽车发动机特别是轿车发动机所采用。齿形带由氯丁橡胶制成，中间夹有玻璃纤维，齿面粘覆尼龙编织物。在使用中不能使齿形带与水或机油接触，否则容易引起跳齿。齿形带轮由钢或铁基粉末冶金制造。为了确保传动可靠，齿形带需保持一定的张紧力，为此在齿形带传动机构中也设置由张紧轮与张紧弹簧组成的张紧器。

（7）凸轮轴的轴向定位。

为了限制凸轮轴在工作中产生的轴向移动或承受螺旋齿轮在传动时产生的轴向力，凸轮轴需要轴向定位。凸轮轴轴向移动量过大，对于由螺旋齿轮传动的凸轮轴，会影响配气正时。上置式凸轮轴通常利用凸轮轴承盖的两个端面和凸轮轴轴颈两侧的凸肩进行轴向定位。中、下置式凸轮轴的轴向定位通常采用止推板。止推板用螺栓固定在机体前端面上。第三种轴向定位的方法是利用止推螺钉。凸轮轴轴向定位方式如图 3-40 所示。

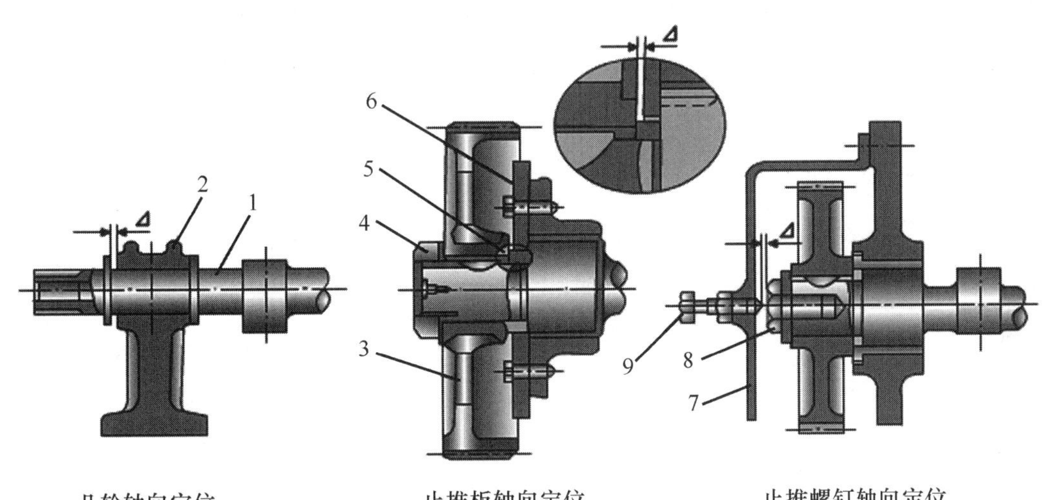

1—凸轮轴；2—凸轮轴承盖；3—凸轮轴正时齿轮；4—螺母；
5—调整环；6—止推板；7—正时传动室盖；8—螺栓；9—止推螺钉

图 3-40 凸轮轴轴向定位方式

三、挺柱

挺柱的功用是将来自凸轮的运动和作用力传给推杆或气门，并承受凸轮所施加的侧向力，将其传给机体或气缸盖。

挺柱分为普通挺柱和液力挺柱。常见的挺柱类型有筒式、滚轮式和菌式三种。

常用的筒式结构（如图 3-41 所示）内外底部为球面，分别与凸轮和推杆配合，侧面有泄油孔，外圆与导向孔配合。

1．液力挺柱

液力挺柱（如图 3-42 所示）是发动机配气机构中的关键零部件，主要由挺柱体、柱塞、球头柱塞（推杆支座）、单向阀、单向阀弹簧及回位弹簧等零件组成。单向阀位于液力挺柱内部下端，将其分隔为上、下两个工作腔，上腔为低压腔，与发动机供油系统相通，下腔为封闭的、有支撑作用的高压腔。

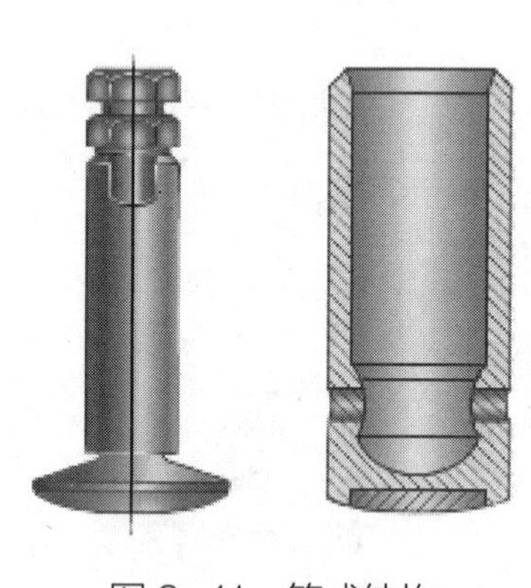

图 3-41　筒式结构

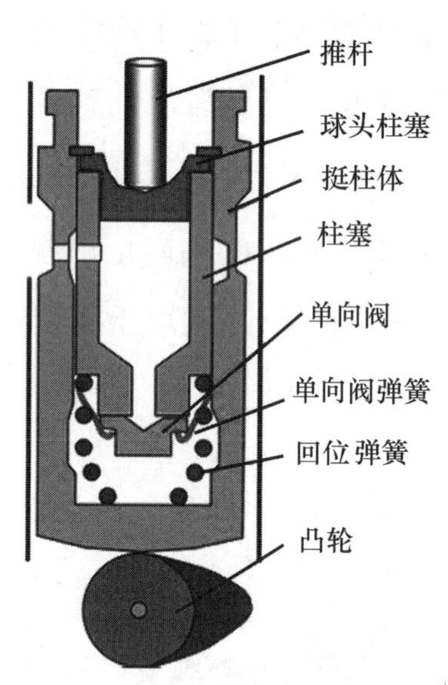

图 3-42　液力挺柱

在配气机构中预留气门间隙会使发动机工作时配气机构产生撞击和噪声。为了消除这一弊端，采用液力挺柱，以实现零气门间隙。气门及其传动件因温度升高而膨胀，或因磨损而缩短时，都会由液力作用来自行调整或补偿。

液力挺柱的工作原理：液力挺柱时刻与凸轮轴接触，无间隙运行，挺柱内部则运用液力来达到间隙调节的作用。液力挺柱主要由柱塞、单向阀和单向阀弹簧等组成，利用单向阀的作用储存或释放机油，通过改变挺柱体腔内的机油压力就可以改变液力挺柱的工作长度，从而起到自动调整气门间隙的作用。

发动机工作时，气门关闭，机油经挺柱体和柱塞的孔道进入柱塞腔，推开单向阀直入挺柱体腔，柱塞便在挺柱体腔的油压及弹簧的作用下上升，压紧气门推杆。此时柱塞的上升力不足以克服单向阀弹簧的张力，气门不会被打开而仅是消除了整个气门机构中的间隙。此时挺杆体腔已充满油，单向阀在油压及弹簧的作用下关闭，切断油路。凸轮轴不驱动时的状态如图 3-43 所示。

当凸轮转到工作面时挺柱上升，单向阀弹簧张力通过气门推杆作用在柱塞上，但此时单向阀已关闭使油液无法溢出，而油液具有的不可压缩性使得挺柱像一个整体一样推动着气门开启。在此过程中，由于挺柱体腔油压很高，有少许油液通过挺柱体与柱塞的间隙处泄漏出去而使挺柱工作长度“缩短”。当凸轮转过工作面时挺柱下降，气门关闭，挺柱体腔内的油压也随之下降，于是主油道的机油又再次推开单向阀注入挺柱体腔内，补充油液，重复循环以上动作。凸轮轴驱动时的状态如图 3-44 所示。

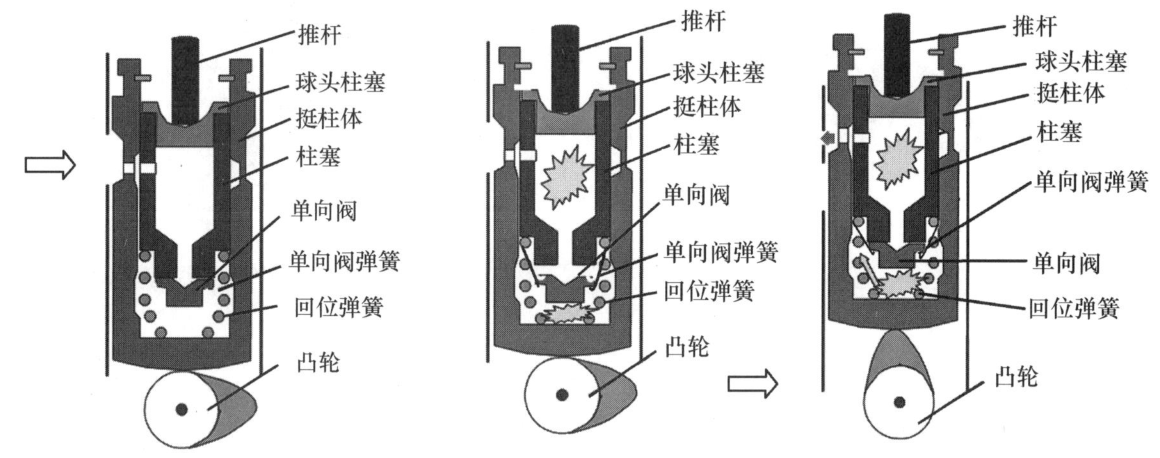

图 3-43 凸轮轴不驱动时的状态

图 3-44 凸轮轴驱动时的状态

2. 推杆

推杆（如图 3-45 所示）处于挺柱和摇臂之间，其功用是将挺柱传来的运动和作用力传给摇臂。推杆一般用冷拔无缝钢管制造，两端焊上球头和球座。也可以用中碳钢制成实心推杆，这时两端的球头或球座与推杆锻成一个整体。

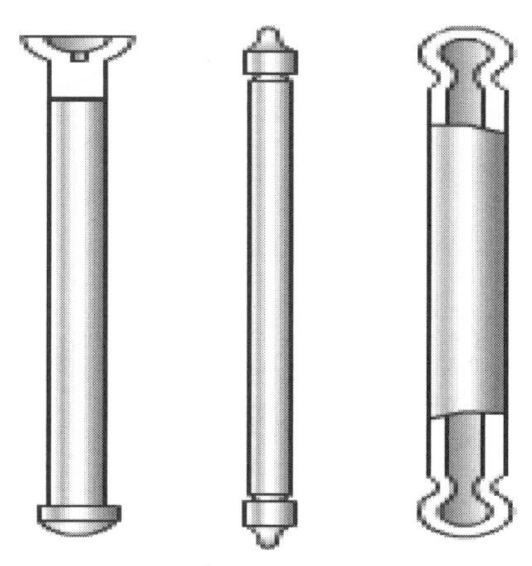

图 3-45 推杆

3．摇臂

摇臂（如图 3-46 所示）的功用是将推杆和凸轮传来的运动和作用力改变方向传给气门使其开启。摇臂是一个双臂杠杆，以摇臂轴为支点，两臂不等长。短臂端加工有螺纹孔，用来拧入气门间隙调整螺钉。长臂端加工成圆弧面，是推动气门的工作面。摇臂实物如图 3-47 所示。

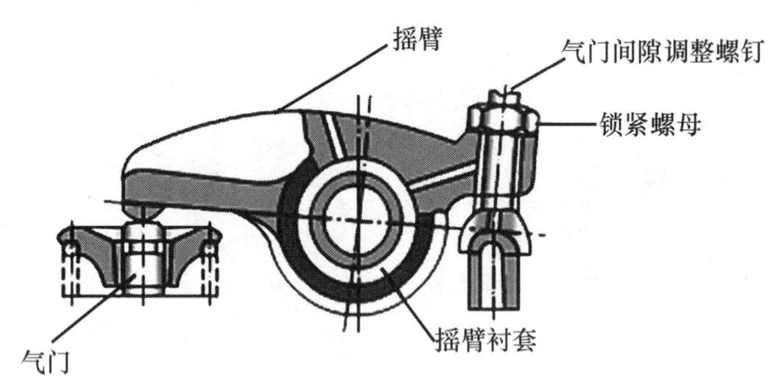

图 3-46　摇臂

图 3-47　摇臂实物

四、气门传动组零部件检修

检修原则：根据根据国家标准《汽车发动机大修竣工出厂技术条件》GB/T 3799—2021 中的规定并结合维修企业在实际操作中的经验。

1．凸轮轴的配合间隙检修

如图 3-48 所示，用百分表检查凸轮轴的轴向间隙，一般允许极限间隙为 0.30～0.35 mm。

用塑料塞尺检查凸轮轴径向间隙，其配合间隙一般为 0.035～0.072 mm，极限值为 0.10 mm。

图 3-48　凸轮轴的配合间隙检修

2. 凸轮轴的检修

(1) 目测检查要求凸轮轴的所有表面不得有毛刺、氧化皮、焊渣、气孔、渣眼、油垢和脱壳等缺陷。螺纹损伤不得超过两牙。

(2)当凸轮轮廓的升程曲线误差大于 0.02 mm 或凸轮表面累积磨损量超过 0.80 mm 时，应更换凸轮。

(3) 正时齿轮轴颈键槽磨损后，可堆焊重新开键槽。在实际工作中一般不检修此键槽，只是用键来配合键槽，能满足要求就可以。

(4) 用千分尺测量凸轮轴轴颈（如图 3-49 所示），其圆度误差应小于 0.015 mm，圆柱度误差应小于 0.005 mm。

(5) 用千分尺测量凸轮轴汽油泵驱动偏心轮的直径，其极限磨损量为 1 mm。

(6) 以两端支承轴颈的公共轴线为基准，如图 3-50 所示用千分表检测，中间各支承轴颈的径向圆跳动公差为 0.025 mm，各轴颈的同轴度应小于 0.05 mm，修磨后轴颈的圆柱度为 0.005 mm。

图 3-49 用千分尺测量凸轮轴轴颈

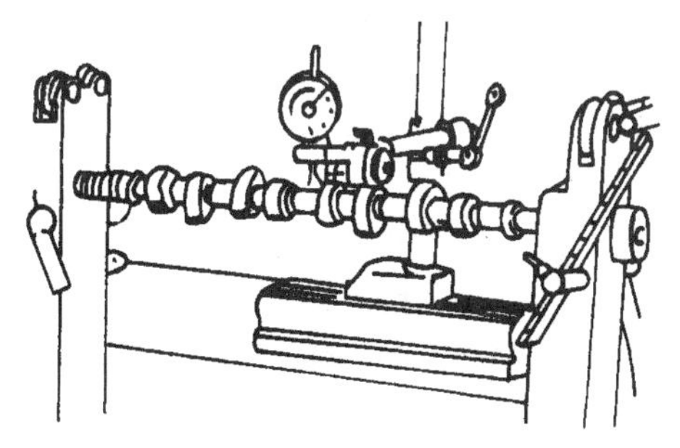

图 3-50 用千分表检测

同一根凸轮的各支承轴颈的直径应修磨为同一级修理尺寸。凸轮轴支承轴颈分级修理尺寸见表 3-1。

表 3-1 凸轮轴支承轴颈分级修理尺寸 单位：mm

级别	0 级	1 级	2 级	3 级	4 级	5 级	6 级
轴颈直径缩小量	0	0.1	0.2	0.3	0.4	0.5	0.6

注：① 各级修理尺寸仍采用原设计规定的极限偏差。
② 有特殊要求的凸轮轴，按原设计要求执行。

(7) 机油泵驱动齿轮不得缺损，轮齿工作表面不得有剥落，齿厚用千分尺测量不小于原设计规定的最小极限尺寸的 0.50 mm。

3. 气门挺柱的检查

（1）挺柱的圆柱部分与导孔的配合间隙为 0.03～0.10 mm。

（2）液力挺柱与导孔的配合间隙为 0.01～0.04 mm，使用极限为 0.10 mm。

（3）检查各部件有无损坏，液力挺柱有无泄漏，回降时间是否在规定时间内。

4. 摇臂轴及摇臂的检修

（1）上下、前后、左右摆动各摇臂，检查摇臂与轴之间的间隙（如图 3-51 所示），只能有轻微的松动或基本上不松动。若感到有明显松旷，则应修整或更换。

（2）用内径千分尺测量摇臂轴内径和用外径千分尺测量摇臂轴外径（如图 3-52 所示），两个尺寸差即为摇臂轴与摇臂孔的配合间隙，当间隙超过允许值时，应更换摇臂孔衬套或镀铬修复摇臂轴。一般配合间隙为 0.020～0.063 mm，使用极限为 0.15 mm。

图 3-51　检查摇臂与轴之间的间隙

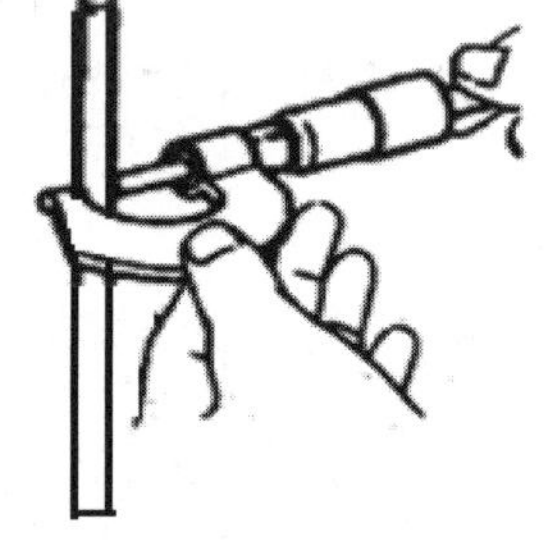

图 3-52　用内、外径千分尺测量摇臂轴内、外径

（3）检查摇臂和气门杆尾端接触面的磨损情况，如有轻微花纹状的磨损痕迹，可用细砂轮或油石修整接触面。若接触面有凹痕，磨损严重，则进行修磨或更换摇臂。

（4）摇臂轴的损坏主要是轴颈磨损与弯曲。摇臂轴的轴颈磨损，以致和摇臂的配合间隙过大，常用涂镀法修复，或磨小摇臂轴的直径，配换镶套的摇臂。摇臂轴的弯曲，直线度误差在 100 mm 长度上应不大于 0.03 mm。摇臂轴弯曲应校直，摇臂轴的圆度和圆柱度误差应不大于 0.01 mm。摇臂轴的轴直线度测量如图 3-53 所示。

图 3-53　摇臂轴的轴直线度测量

5．正时链轮、齿轮的检查

（1）正时链轮的检查应测量全链长。

（2）正时链轮的检查应测量最小的链轮直径，如图 3-54 所示。

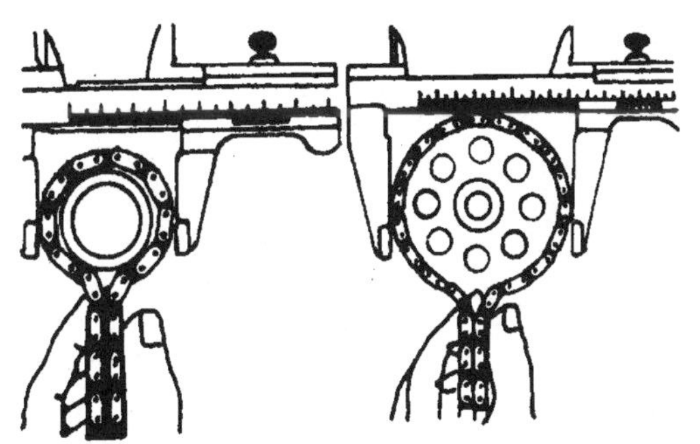

图 3-54 测量正时链轮直径

（3）正时齿轮的检查应测量最小的齿轮直径，如图 3-55 所示。

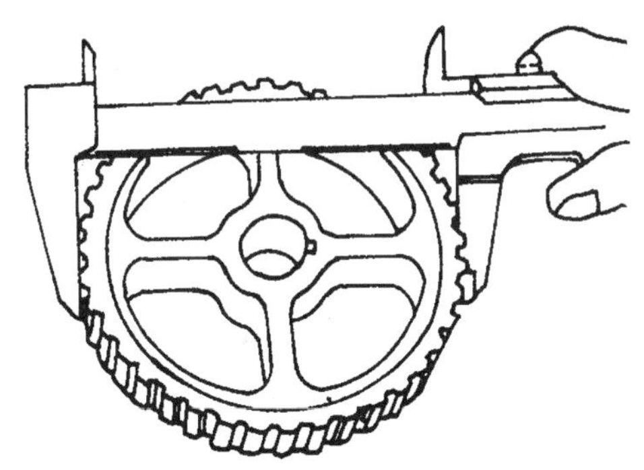

图 3-55 测量正时齿轮直径

（4）检查正时齿轮的啮合间隙。用铅丝（如图 3-56 所示）或用百分表检查（如图 3-57 所示），一般为 0.04～0.08 mm。

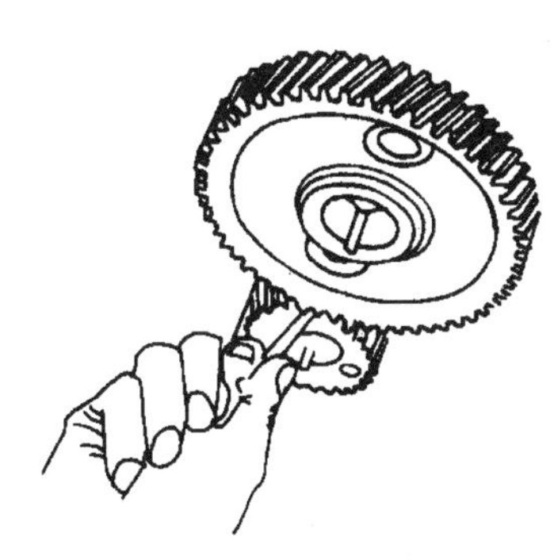

图 3-56 用铅丝检查

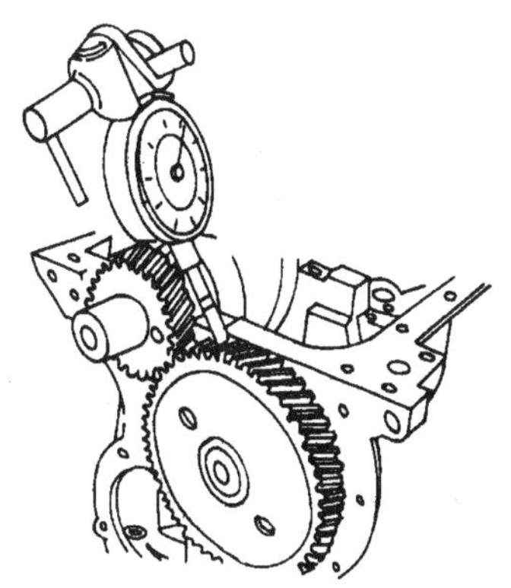

图 3-57 用百分表检查

6．正时皮带的检查

（1）检查正时皮带是否过松、断裂、磨损或拉长，必要时进行更换。

（2）检查发电机皮带、空调压缩机皮带是否过松、断裂、磨损或拉长，必要时进行更换。

（3）检查正时齿轮、皮带的安装位置是否正确。

（4）用 29.4 N 的力压紧皮带，皮带的挠度为 7～9 mm，正时皮带检查如图 3-58 所示。

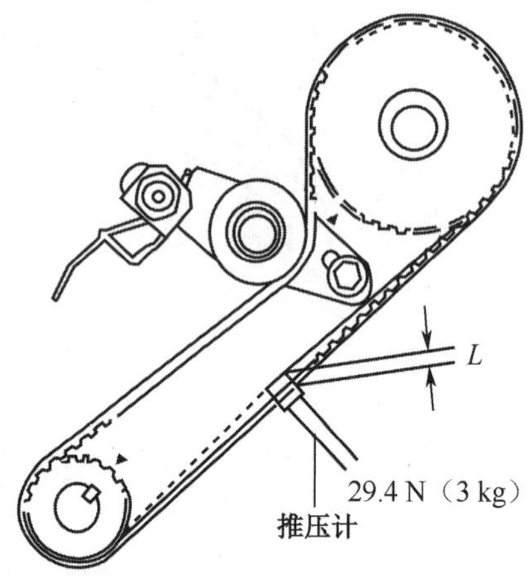

图 3-58　正时皮带检查

7．正时链条的检修

（1）检查凸轮轴正时齿轮总成。目测凸轮轴正时齿轮是否有崩齿及变形。

（2）检查链条分总成（如图 3-59 所示）。

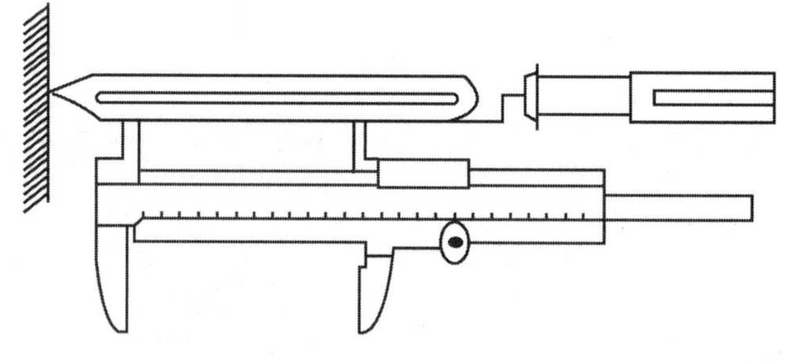

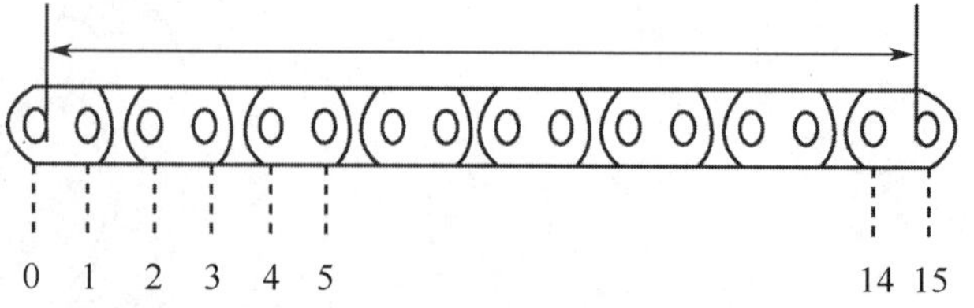

图 3-59　检查链条分总成

①（五菱 B 系列发动机链条）用 147 N 的力拉链条。

② 用游标卡尺测量 15 个链节的长度。

最大链条伸长率为 227.20 mm。

注意：在任意 3 个位置测量，使用测量值的平均值。如果伸长率大于最大值，则更换链条。

③ 检查曲轴正时齿轮，目测其是否有崩齿及变形。

④ 检查张紧器是否能灵活工作。

任务实施

一、五菱 B12 发动机配气正时机构的拆装、检测

（1）清洁发动机外部，目视检查正时链条盖是否有变形、裂纹。

（2）将 1 号气缸设置到压缩上止点。

① 转动曲轴，使曲轴正时链轮键槽处与缸体上的三角标记“△”对齐（四缸活塞处于上止点），正时链条标记与凸轮轴链轮标记“O”对齐。对齐“△”标记如图 3-60 所示，对齐“O”标记如图 3-61 所示。

图 3-60　对齐“△”标记

图 3-61　对齐“O”标记

② 检查并确认凸轮轴正时齿轮和链轮上的各正时标记和位于 1 号和 2 号轴承盖上的各正时标记对准。如果没对准，则转动曲轴一周（360°）对准正时标记。

（3）拆卸曲轴皮带轮。

（4）按顺序拆卸正时链条盖螺栓。

① 按顺序拆卸发动机前盖螺栓，如图 3-62 所示。

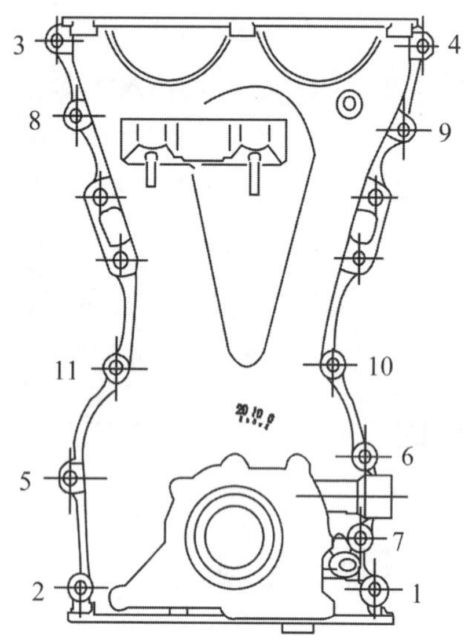

图 3-62　按顺序拆卸发动机前盖螺栓

② 用螺丝刀撬动正时链条盖与缸体之间的部位，拆下正时链条盖。

注意：不要损坏正时链条盖、气缸体和缸盖的接触面。

提示：使用螺丝刀前，在螺丝刀头部缠上胶带。

（5）拆卸链条张紧器、链条导板，如图 3-63 所示。

① 拆卸张紧器的 2 个螺栓和导板的 1 个螺栓。

② 拆卸张紧器及导板。

（6）拆卸链条减振器，如图 3-64 所示。

图 3-63　拆卸链条张紧器、链条导板

图 3-64　拆卸链条减振器

① 拆卸链条减振器的 2 个螺栓。

② 拆卸链条减振器。

（7）拆卸链条分总成。

① 用扳手固定住凸轮轴的六角头部分，顺时针转动凸轮轴正时齿轮总成，以松开凸轮轴正时齿轮之间的链条。

② 链条松开时，将链条从凸轮轴正时齿轮总成上松开，并将其放在凸轮轴正时齿轮总成上。

③ 逆时针转动凸轮轴，使其回到原位，并拆下链条（如图 3-65 所示）。

图 3-65　拆下链条

（8）凸轮轴总成的拆装。

用 T 型扳手（或套筒扳手）按顺序将螺栓拧松，螺栓拆装顺序如图 3-66 所示，然后拆下螺栓和轴承盖（如图 3-67 所示）并按顺序放置。

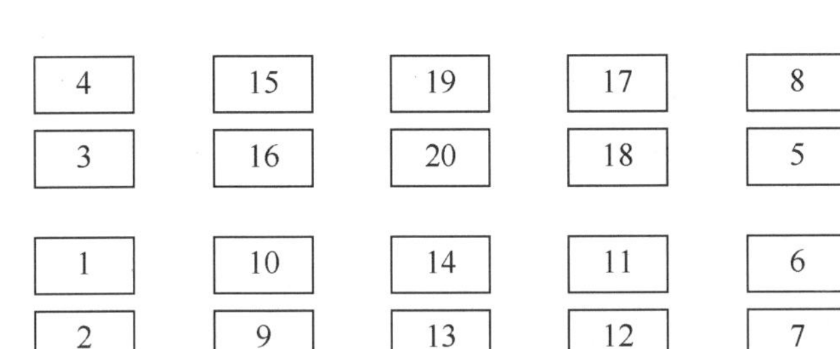

图 3-66　螺栓拆装顺序

图 3-67　拆下螺栓和轴承盖

（9）检查凸轮轴正时齿轮总成。目测凸轮轴正时齿轮是否有崩齿及变形。

（10）检查链条分总成（如图 3-68 所示）。

① 用 147 N 的力拉链条。

② 用游标卡尺测量 15 个链节的长度。最大链条伸长率为 227.20 mm。

注意：在任意 3 个位置测量，使用测量值的平均值。如果伸长率大于最大值，则更换链条。

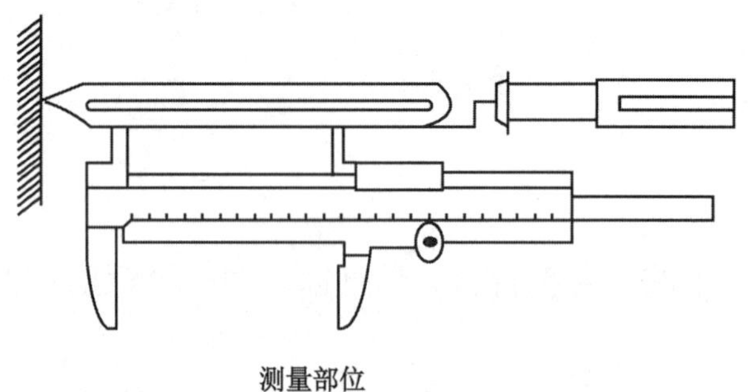

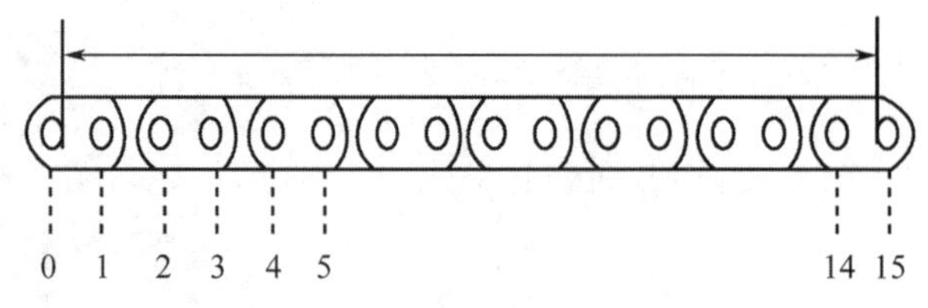

图 3-68　检查链条分总成

（11）检查曲轴正时齿轮，目测其是否有崩齿及变形。

（12）检查张紧器是否能灵活工作。

二、B12 发动机配气正时机构的安装

（1）安装凸轮轴总成：注意进气凸轮和排气凸轮的位置，凸轮轴安装位置如图 3-69 所示。

（2）安装凸轮轴轴承盖。

（3）按顺序分两次拧紧凸轮轴轴承盖螺栓，螺栓紧固顺序如图 3-70 所示。

图 3-69　凸轮轴安装位置

17	5	1	4	16
18	6	2	3	13
19	11	7	10	14
20	12	8	9	15

图 3-70　螺栓紧固顺序

（4）安装减振器。用两个螺栓安装减振器，扭矩为 10±2.0 N·m。

（5）安装链条分总成。

① 检查 1 号气缸的压缩上止点。

- 暂时紧固曲轴皮带轮螺栓。
- 逆时针转动曲轴，以使正时齿轮键位于顶部。

- 拆下曲轴皮带轮螺栓。
- 检查每个凸轮轴齿轮上的正时标记。

② 将链条正时标记和凸轮轴齿轮正时标记对准并安装链条。

- 将链条正时标记和凸轮轴齿轮正时标记对准。
- 将链条穿过减振器。
- 用扳手固定凸轮轴的六角头部分，顺时针转动凸轮轴正时齿轮总成，以对准正时标记。
- 将链条安装到曲轴正时齿轮上。

③ 在 1 号气缸的压缩上止点时，重新检查每个正时标记。

（6）安装张紧器总成。

① 安装张紧器导板：预紧力矩为 6±1.0 N·m。

② 安装张紧器：预紧力矩为 6±1.0 N·m。

③ 顺时针转动曲轴两圈，当确认链条无松弛后，按规定力矩拧紧张紧器导板（力矩为 12±2.0 N·m）和张紧器固定螺栓（力矩为 12±2.0 N·m）。

（7）安装正时齿轮盖（如图 3-71 所示）。按规定力矩和顺序拧紧正时齿轮盖螺栓。位置 1、2、3、4 的螺栓拧紧力矩为 20±2.0 N·m，其余螺栓拧紧力矩为 10±1.0 N·m。

（8）安装曲轴皮带轮（如图 3-72 所示）。曲轴皮带轮紧固螺栓力矩为 85±5.0 N·m。

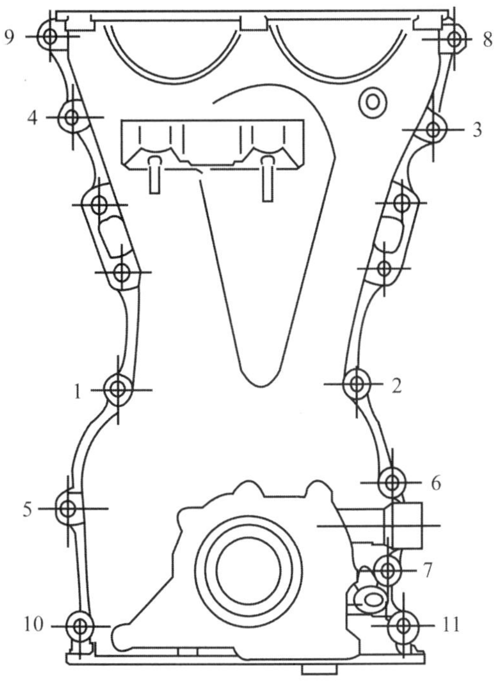

图 3-71 安装正时齿轮盖

图 3-72 安装曲轴皮带轮

（9）清洁机体、工具及场地。

素养与思政

本任务要求分组训练，各小组必须按照规范的操作方式精确快速地对气门传动组零部件进行拆装、检修，力求对气门传动组零部件的拆装工艺做到精益求精，弘扬大国工匠精神。各小组在实训过程中必须团结一致、相互合作，操作过程中注意安全，要求全程实现“7S”管理。

知识拓展

1．发动机可变气门正时技术

发动机可变气门正时（Variable Valve Timing，VVT）技术的原理是根据发动机的运行情况，调整进气（排气）量和气门的开合时间及角度，使进入的空气量达到最佳，提高燃烧效率。优点是省油、功升比大，缺点是中端转速扭矩不足。

2．丰田的 VVT-i

虽然可变气门正时技术在各个厂商的称谓略有不同，但是实现的方式却大同小异。以丰田的 VVT-i 技术为例，其工作原理为该系统由 ECU 协调控制，发动机各部位的传感器实时向 ECU 报告运转情况。由于在 ECU 中储存有气门最佳正时参数，所以 ECU 会随时对正时机构进行调整，从而改变气门的开启和关闭时间，或提前、或滞后、或保持不变。简单地说，VVT 系统就是通过在凸轮轴的传动端加装一套液力机构，从而实现凸轮轴在一定范围内的角度调节，相当于对气门的开启和关闭时刻进行了调整。

3．本田的 i-VTEC

本田的 i-VTEC 系统工作原理如图 3-73 所示。当发动机达到某一设定的转速时，电脑即会发出指令控制电磁阀起动液压系统，推动摇臂内的小活塞，使三根摇臂锁成一体，一起由高角度凸轮驱动，这时气门的升程和开启时间都相应增大了，使得单位时间内的进气量更大，发动机动力也更强。这种在一定转速后突然的动力爆发极大地提升了驾驶乐趣。当发动机转速降到某一转速时，摇臂内的液压也随之降低，活塞在回位弹簧作用下退回原位，三根摇臂分开。

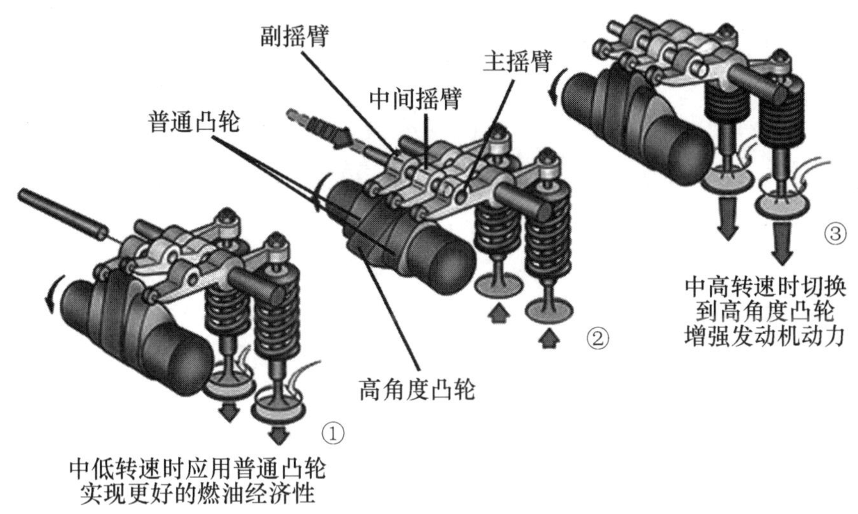

图 3-73 本田的 i-VTEC 系统工作原理

4. 三菱的 MIVEC

MIVEC 全称为“Mitsubishi Innovative Valve timing Electronic Control system”，中文解释为三菱智能可变气门正时与升程管理系统。

5. 宝马的 Valvetronic

Valvetronic 系统在传统的配气相位机构上增加了一根偏心轴、一个步进电机和中间推杆等部件，该系统借由步进电机的旋转，在一系列机械传动后很巧妙地改变了进气门升程的大小。

6. 宝马的 Double-VANOS

Double-VANOS 是双凸轮轴可变气门正时系统，这是宝马技术发展领域中的又一项成就，双凸轮轴可变气门正时系统根据加速踏板和发动机转速控制扭矩曲线，进气和排气气门正时则根据凸轮轴上可控制的角度按照发动机的运行条件进行无级的精准调节。

7. 奥迪的 AVS

奥迪的 AVS 指可变气门升程系统，其在设计理念上与本田的 i-VTEC 有着异曲同工之妙，只是在实施手段上略有不同。这套系统为每个进气门设计了两组不同角度的凸轮，同时在凸轮轴上安装有螺旋沟槽套筒。螺旋沟槽套筒由电磁驱动器加以控制，用以切换两组不同的凸轮，从而改变进气门的升程。

8. 菲亚特的 Multiair

菲亚特的 Multiair（电控液压进气系统）相比宝马的 Valvetronic 和英菲尼迪的 VVEL 结构来说更为复杂，复杂的配气机构也会在一定程度上增加制造成本。菲亚特的 Multiair

采用了一种相对独特的手段实现了气门升程的无级调节，在技术上可谓另辟蹊径。

拓展训练

一、气门传动组的拆卸

（1）拆卸风扇，如图 3-74 所示。

（2）拆卸正时皮带罩上盖，拆卸曲轴紧固螺栓（如图 3-80 所示）。

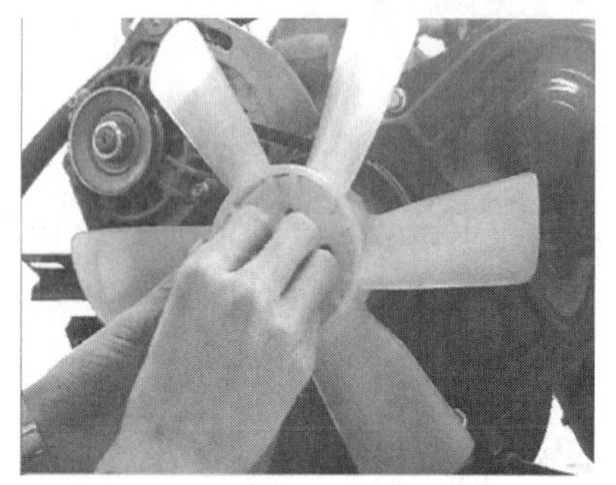

图 3-74　拆卸风扇

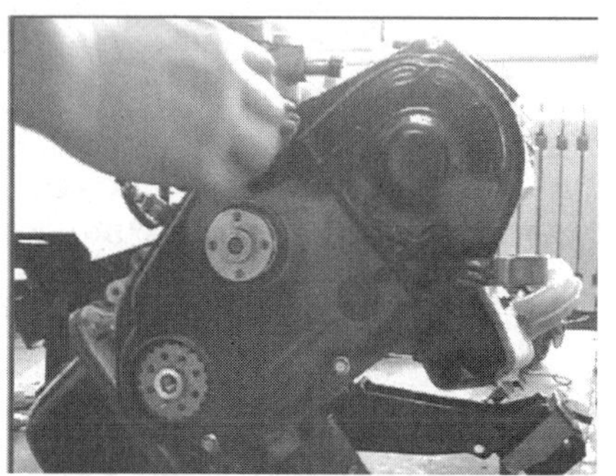

图 3-75　拆卸曲轴紧固螺栓

（3）拆卸皮带张紧轮（如图 3-76 所示）、正时皮带。

（4）拆卸正时齿轮（如图 3-77 所示）。检查正时齿轮安装记号，如无记号或记号不清，应标出相应的装配记号（一缸活塞位于压缩行程上止点）。如果正时齿轮过紧，则要用拉拔器将其拉出。

图 3-76　拆卸皮带张紧轮

图 3-77　拆卸正时齿轮

（5）拆卸正时皮带下罩（如图 3-78 所示）。

（6）拆卸气门室罩（如图 3-79 所示）。拆卸时要按对角交叉交替的顺序拆卸。

图 3-78 拆卸正时皮带下罩

图 3-79 拆卸气门室罩

（7）拆卸气缸盖（如图 3-80 所示）。由两边向中间交叉交替拧松气缸盖螺栓。

（8）拆卸凸轮轴后端盖、凸轮轴固定环（如图 3-81 所示）。取出凸轮轴后端盖时应注意其安装方向。

图 3-80 拆卸气缸盖

图 3-81 拆卸凸轮轴后端盖、凸轮轴固定环

（9）拆卸凸轮轴前端盖（如图 3-82 所示）。取出前端盖时要注意不要损坏油封。

（10）拆卸摇臂轴螺钉（如图 3-83 所示）。螺钉如果过紧，可以用冲击螺丝刀拆卸，也可以用锤子敲击穿心螺丝刀后再拧出。

图 3-82 拆卸凸轮轴前端盖

图 3-83 拆卸摇臂轴螺钉

（11）拆卸摇臂轴、摇臂弹簧、摇臂（如图 3-84 所示）。注意摇臂的方向和位置。用心轴或者 8 mm 的 T 形套筒敲击摇臂轴。

（12）将摇臂轴、摇臂弹簧、摇臂按顺序放置（如图 3-85 所示）。摇臂轴与摇臂由于其磨损不一样而不能互换。

图 3-84　拆卸摇臂轴、摇臂弹簧、摇臂

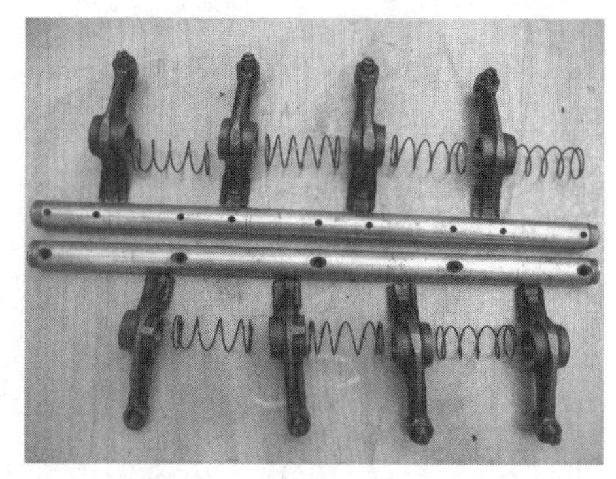
图 3-85　按顺序放置

（13）拆卸凸轮轴。拆卸凸轮轴止推片（如图 3-86 所示），取出凸轮轴（如图 3-87 所示）。取出凸轮轴时一定要平稳地取出，并注意凸轮轴的方向。

图 3-86　拆卸凸轮轴止推片

图 3-87　凸轮轴

二、气门传动组的安装

（1）清洁所有的零部件，并用压缩空气将其吹干。

（2）用清洁的机油涂在凸轮轴、摇臂轴、摇臂等零部件的表面上。

（3）安装凸轮轴（如图 3-88 所示）。将凸轮轴有齿轮的一端先装入气缸体内，然后安装止推环。

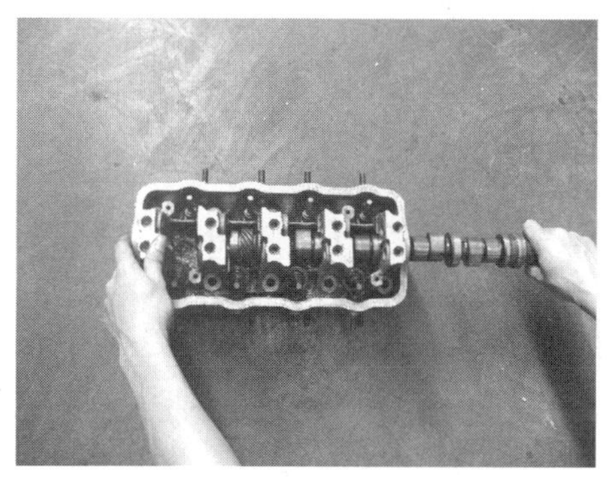

图 3-88 安装凸轮轴

（4）安装摇臂轴、摇臂弹簧、摇臂。安装摇臂轴（如图 3-89 所示）时要注意其润滑油孔和固定螺栓孔。如果装入的摇臂轴的固定螺栓孔的位置有偏移现象，则用扳手转动开有凸台的一端，直到其位置对准，然后扭紧螺钉。调整摇臂轴如图 3-90 所示。

图 3-89 安装摇臂轴

图 3-90 调整摇臂轴

（5）依次安装前端盖、后端盖、气门室罩、正时齿轮后盖、正时齿轮、皮带张紧轮、正时齿轮前罩、皮带轮、风扇等零部件。

三、凸轮轴异响故障分析与排除

1. 现象

（1）在发动机上部发出有节奏较钝重的“嗒嗒”声。

（2）中速时明显，高速时响声杂乱或消失。

2. 原因

（1）凸轮轴轴向间隙过大，产生轴向窜动。

（2）凸轮轴有弯、扭变形。

（3）凸轮工作表面磨损。

（4）凸轮轴轴颈磨损，径向间隙过大。

3．诊断与排除

检查凸轮轴轴向间隙。如轴向间隙过大，则应更换止推板，严重时应更换凸轮轴；如轴向间隙正常，则表明有凸轮轴弯扭变形、磨损或凸轮轴轴颈磨损等不良现象，此时应分解配气机构，查明具体原因，视情况更换凸轮轴。

四、气门脚异响故障分析与排除

1．现象

（1）发动机怠速时，气缸盖罩内发出有节奏的“嗒嗒嗒”的响声。

（2）发动机转速升高，响声增大。

（3）发动机温度变化或做断火试验，响声不变。

2．原因

（1）气门间隙调整不当。

（2）气门杆尾端与气门间隙调整螺钉磨损。

（3）气门间隙调整螺钉的锁紧螺母松动。

（4）凸轮磨损或摇臂圆弧工作面磨损。

3．诊断与排除

（1）拆下气缸盖罩，检查气门间隙调整螺钉的锁紧螺母是否松动，检查气门间隙值，并视情况重新调整。

（2）检查气门杆尾部端面和调整螺钉的磨损情况，必要时更换气门或调整螺钉。

（3）检查凸轮与摇臂圆弧工作面的磨损情况，视情况更换凸轮轴或摇臂。

五、气门弹簧异响故障分析与排除

1．现象

（1）发动机怠速时有明显的“嚓嚓”的响声。

（2）各转速下均有清脆的响声，多根气门弹簧不良，机体有震抖现象。

2. 原因

气门弹簧过软或折断。

3. 诊断与排除

（1）拆下气缸盖罩，用旋具撬住气门弹簧，若弹簧折断可明显看出。弹簧折断应予以更换。

（2）仍用旋具撬住气门弹簧，怠速运转发动机，若响声消失，即为该弹簧过软。弹簧过软则必须更换。

六、气门座圈异响故障分析与排除

1. 现象

（1）有节奏的类似气门脚响，但比气门脚响的声音大很多。

（2）发动机转速一定时，响声时大时小，并伴有破碎声。

（3）发动机中低速运转时，响声较清脆，高速时响声增大且变得杂乱。

2. 原因

（1）气门座圈和气缸盖气门座圈座孔配合过盈量不足。

（2）气门座圈镶入气缸盖气门座圈座孔后，滚边时没有将座圈压牢。

（3）气门座圈粉末冶金质量不佳，受热变形以致松动。

3. 诊断与排除

拆下气缸盖罩，经检查不是气门脚响和气门弹簧响，即可断定为气门座圈响。分解配气机构后进一步检查，必要时，铰削气门座圈座孔，更换松动的气门座圈，并保证其压入后有足够的过盈量。

技能训练

在实训车间完成以下工作：

1. 根据汽车维修手册的技术要求，拆装气门传动组零部件。
2. 根据汽车维修手册的技术要求，检测气门传动组主要零部件。
3. 按照规范的工艺要求拆装，注意安全，全程要求“7S”管理。

任务3 气门间隙的检修与调整

知识目标

1. 了解气门间隙的作用。
2. 掌握气缸压缩上止点的调整方法。

能力目标

1. 能正确检测气门间隙。
2. 能正确调整气门间隙。

思政目标

1. 通过学习气门间隙的规范检测、调整流程，培养学生精益求精的工匠精神。
2. 通过学生小组合作学习，培养学生爱岗敬业、团结互助的价值观。
3. 通过观看“大国工匠”等视频，培养学生的爱国情怀。

任务引入

一辆大众牌 POLO 小轿车行驶几万千米后，出现行驶无力，同时伴有“嗒嗒嗒”的响声，打开机舱盖进行检查，汽缸盖顶部响声特别明显，维修技师判断为气门间隙太大。本任务主要学习气门间隙的检查及调整等。

相关知识

一、气门间隙的作用

气门是和缸体接触的，缸体在运动的时候会产生大量的热，而气门和缸体接触以后热量就会传到气门上，从而使气门的伸长量增加。如果不预先留出气门间隙，当汽车在冷状态时气门正好与缸体紧密接触，等到缸体变热气门因受热膨胀而伸长量增加时，气门就会顶坏缸体或气门本身，所以要留出合适的气门间隙。

（1）气门间隙（如图 3-91 所示）是指气门完全关闭（凸轮的凸起部分不顶挺柱）时，气门杆尾部与摇臂或挺杆之间的间隙。

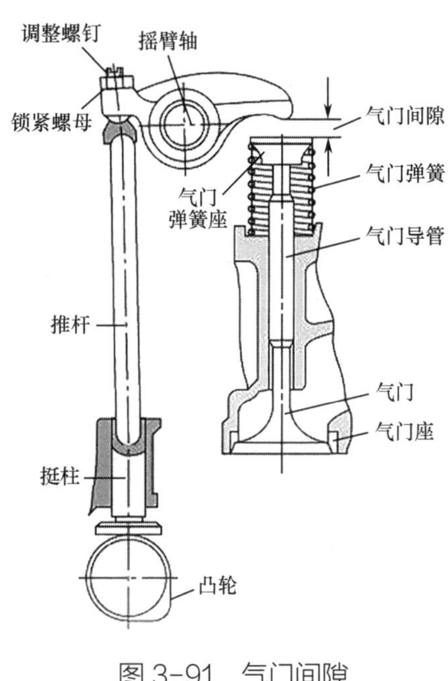

图 3-91　气门间隙

（2）气门间隙的作用是当气门受热膨胀时，防止气门顶在摇臂或凸轮上使气门关闭不严，保证气门密封。

气门间隙过大会导致进、排气门开启延迟，缩短进排气时间，降低气门的开启高度，改变正常的配气相位，使发动机因进气不足，排气不净而功率下降。此外，还可导致发动机在运行过程中产生异响，使配气机构零部件撞击增加、磨损加快。

气门间隙过小会导致发动机工作后，零部件受热膨胀，将气门推开，使气门关闭不严，造成漏气，从而使发动机功率下降，并使气门的密封表面严重积碳或烧坏，甚至气门会撞击活塞。

二、气门损坏的原因

气门损坏的形式主要有磨损、弯曲和歪斜，其损坏的原因有以下几点。

（1）气门和气门座圈受高温、高压气体的冲击和工作过程中承受的机械负荷，容易烧蚀和磨损。由于气门不停地开启和关闭，相互撞击、敲打，承受反复的冲击负荷，从而引起气门与气门座圈工作斜面的磨损、起槽、斑点和凹陷。

（2）气门杆部在气门导管内运动时不断摩擦，且润滑条件差，加上窜进的灰尘、磨料，使两者均受到磨损。

（3）气门导管内积碳结胶，从而加速气门杆与导管间的磨损。

（4）气门杆尾端与摇臂之间相互撞击，使两者都受到磨损。

（5）气门顶部受气缸内气体压力、气门杆尾端受凸轮通过挺柱的撞击，造成气门杆的弯曲。

（6）气门顶与活塞碰撞而使气门杆弯曲。

（7）气门杆尾端与摇臂间的间隙过小，受热膨胀后，顶住气门杆尾端而使其弯曲和端面不平。

（8）气门或气门座圈的工作面与气门杆不同心，或者气门座与气门导管不同心，使气门杆弯曲。

（9）气门杆与气门导管受磨损后，使配合间隙增大，气门杆在管内晃动使气门歪斜，引起气门头部的偏磨。

（10）气门杆弯曲后，形成气门顶部的歪斜和偏置。

三、确定一缸压缩上止点

发动机在最初安装时，都是按照正时标记安装，对好正时标记就能确定一缸的上止点。汽车运行一定时间后，由于气门磨损需要调整气门，这时需要重新确定一缸的上止点，相对于发动机初始安装时要麻烦一些。下面以四缸发动机为例介绍确定一缸压缩上止点的方法。

（1）看曲轴、凸轮轴（和皮带）正时标记。

（2）看摇臂。转动曲轴看第四缸的排气门回到上止点即排气门完全关闭，进气门刚要下去即进气门准备打开。

（3）看凸轮轴凸轮的朝向是上八字还是下八字。第一缸的凸轮朝下即下八字，表示第一缸在压缩上止点，反之是第四缸在压缩上止点。

（4）卸下第一缸火花塞，用大拇指或棉纱团堵住第一缸火花塞孔，然后用手摇柄摇转曲轴。当大拇指感到有压力或棉纱团“嘭”地一下跳出时，即为第一缸压缩上止点的位置。

提示

维修技师根据多年维修经验总结了一套简单而实用的方法：利用一、六缸（或四缸）活塞在同一平面上，一缸压缩终了时，六缸（或四缸）气门迭开这一规律来确定。即当一缸在压缩上止点时，六缸（或四缸）排气门接近关闭，进气门刚刚上顶，此时排气门下落不好掌握，而进气门上顶便于观察，因此只要进气门顶杆略微上行，一缸即在压缩上止点位置。

四、气门间隙的调整方法

检查和调整气门间隙的原则，应在气门处于完全关闭且气门挺柱落在最低位置时进行，顶置式气门应测量气门杆端面与摇臂之间的间隙，侧置式气门则测量气门杆端面与挺柱之间的间隙，不同机型气门间隙的大小不同。根据实验确定，一般冷态时排气门间隙大于进气门间隙，进气门间隙为0.15～0.25 mm，排气门间隙为0.25～0.30 mm。其调整方法有以下两种。

1. 逐缸调整法

由于发动机的结构复杂多变，一些有经验的维修师傅也各有各的调整方法，有人采用逐缸调整法，即先将发动机的第一缸活塞置于压缩行程终了上止点，检查调整该缸进、排气门间隙，然后再转动曲轴至下一缸处在压缩行程的上止点，检查调整该缸进、排气门间隙，如此重复多次，直到调整完所有的气门间隙。此法转动曲轴的次数较多，工作效率较低。

2. 双排不进法

双排不进法即两次调整法，其中的“双”是指该气缸的进、排气门间隙均可调整，“排”是指该气缸的排气门间隙可以调整，“不”是指该气缸的进、排气门间隙均不能调整，“进”是指气缸的进气门间隙可以调整。双排不进法的特点是简单快捷，因此现在多数人都采用这种方法来调整气门间隙。

注意：双排不进法是根据发动机的点火顺序来确定的。

常见的气门间隙用双排不进法调整的方法见表3-2。

表 3-2　气门间隙用双排不进法调整的方法

三缸	工作顺序	L	2	3
	第一遍（第一缸压缩行程上止点）	双	排	进
	第二遍（第一缸排气行程上止点）	不	进	排

四缸	工作顺序	1	3	4	2
		1	2	4	3
	第一遍（第一缸压缩行程上止点）	双	排	不	进
	第二遍（第一缸排气行程上止点）	不	进	双	排

五缸	工作顺序	1	2	4	5	3
	第一遍（第一缸压缩行程上止点）	双	排	不		进
	第二遍（第一缸排气行程上止点）	不	进	双		排

六缸	工作顺序	1	5	3	6	2	4
		1	4	2	6	3	5
	第一遍（第一缸压缩行程上止点）	双	排		不	进	
	第二遍（第六缸排气行程上止点）	不	进		双	排	

八缸	工作顺序	1	5	4	2	6	3	7	8
	第一遍（第一缸压缩行程上止点）	双	排			不	进		
	第二遍（第六缸压缩行程上止点）	不	进			双	排		

（1）调整气门间隙时，采用双排不进法的操作步骤。

① 先将发动机的气缸按工作顺序等分为两组。

② 第一遍。将一缸活塞置于压缩行程上止点，按“双”“排”“不”“进”调整其一半气门的间隙。

③ 第二遍。转动曲轴一周，使末缸达到压缩行程上止点（以四缸为例），仍按“双”“排”“不”“进”调整余下一半气门的间隙。

（2）可以调整气门间隙的时机。在气门完全关闭时即活塞位于压缩行程上止点时可以调整气门间隙。

（3）气门间隙的检测与调整。用手将摇臂向上拉起，将塞尺自左至右（或自右至左）轻轻划过，当感觉到塞尺有轻微的阻力时，所测得的间隙值即为气门间隙。调整时先将气门调整螺钉轻轻拧到和气门接触然后慢慢往回拧，调整间隙到所需要的间隙值。检查气门间隙如图 3-92 所示，调整气门间隙如图 3-93 所示。

图 3-92 检查气门间隙

图 3-93 调整气门间隙

任务实施

一、摇臂式气门间隙的调整

(1) 摇转曲轴使第一缸处于压缩行程上止点，注意看正时标记、凸轮轴或气门的开闭。先检查气门间隙（如图 3-94 所示），记录超出范围的气门间隙测量值。

(2) 根据发动机点火顺序按照二次调整法调整（如图 3-95 所示）。即调整一缸进排气门，二缸进气门，三缸排气门，四缸气门不能调整。

图 3-94 检查气门间隙

图 3-95 根据发动机点火顺序按照二次调整法调整

(3) 用扳手转动曲轴，使曲轴转过 360°，调整剩下的气门间隙。

(4) 再次检查气门间隙，直到每个气门间隙都在标准范围之内。

二、凸轮轴直接驱动气门间隙的调整

（1）摇转曲轴使第一缸处于压缩行程上止点，注意看正时标记、凸轮轴。检查气门间隙，记录超出范围的气门间隙测量值，如图 3-96 所示。

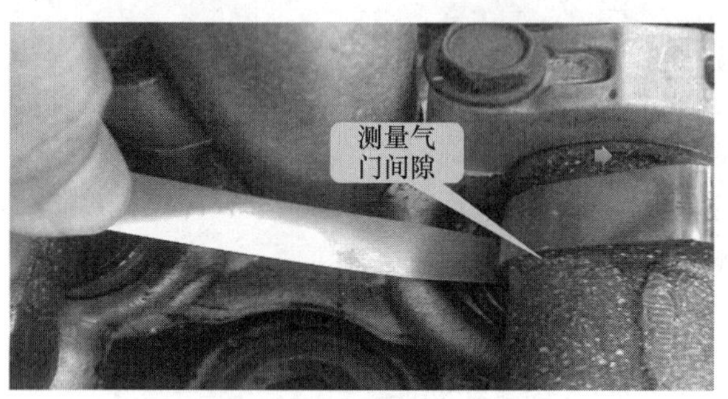

图 3-96　测量气门间隙

（2）对气门间隙符合要求的气门，转动挺杆（俗称顶杯），使其边缘上的缺口对准进、排气管侧。用专用工具（如图 3-97 所示）将挺柱向下压至最低位置，用压缩空气喷枪对准挺柱缺口喷射压缩空气，使调整垫片浮起，用夹钳取下调整垫片（如图 3-98 所示）。

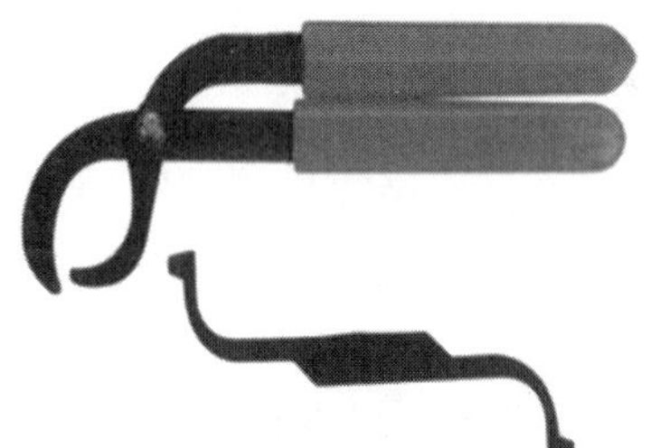

图 3-97　专用工具

图 3-98　取下调整垫片

（3）用千分尺测量垫片厚度（如图 3-99 所示）。

（4）计算垫片的厚度，找到合适的垫片更换（如图 3-100 所示）。

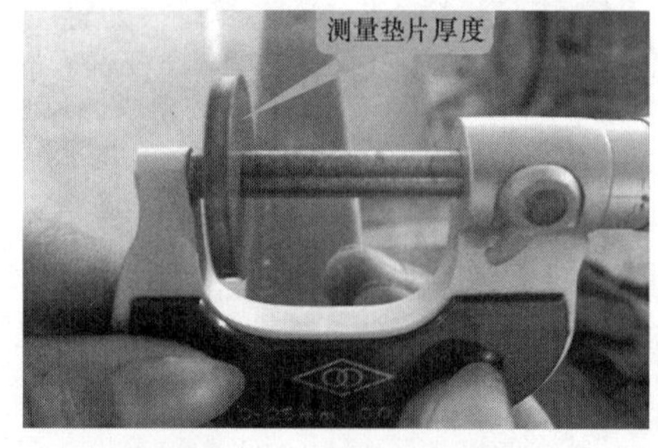

图 3-99　测量垫片厚度

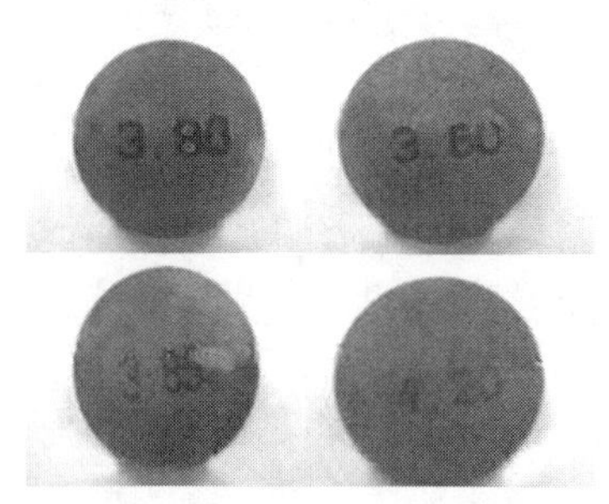

图 3-100　找到合适的垫片更换

例如，测得一缸排气门间隙为 0.45 mm，垫片厚度为 3.6 mm，而气门间隙的标准值为 0.25～0.30 mm，则

新气门应加厚：

$$0.45\ \text{mm} - 0.30\ \text{mm} = 0.15\ \text{mm},$$

$$0.45\ \text{mm} - 0.25\ \text{mm} = 0.20\ \text{mm}。$$

新的气门垫片厚度为：

$$3.60\ \text{mm} + 0.15\ \text{mm} = 3.75\ \text{mm},$$

$$3.60\ \text{mm} + 0.20\ \text{mm} = 3.80\ \text{mm}。$$

所以新气门垫片厚度的范围为：3.75～3.80 mm。

（5）再次检查气门间隙（如图 3-101 所示），直到每个气门间隙都在标准范围之内。

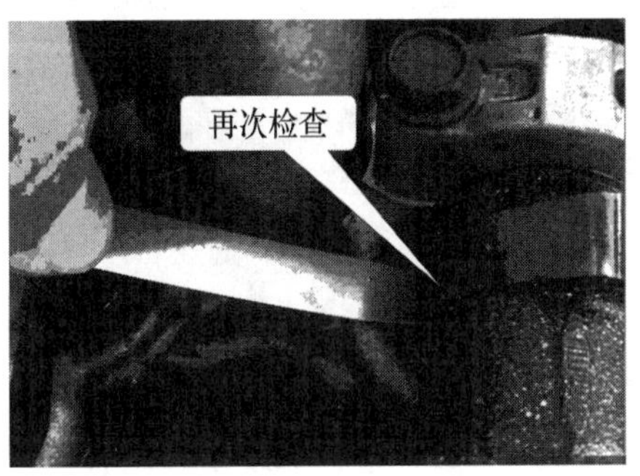

图 3-101 再次检查气门间隙

素养与思政

本任务要求分组训练，各小组必须按照规范的操作方式精确快速地调整气门间隙，力求对气门间隙的调整做到精益求精，弘扬大国工匠精神，完成技能实训后观看“大国重器”等视频，讨论社会主义核心价值观。各小组在实训过程中必须团结一致、相互合作，操作过程中注意安全，要求全程实现“7S”管理。

知识拓展

宝马应用 Valvetronic 技术的发动机是世界上第一台没有节气门的发动机，Valvetronic 电子气门结构如图 3-102 所示。Valvetronic 中的“Valve”即阀门，“tronic”即电子控制，Valvetronic 可翻译为电子可变气门。采用 Valvetronic 控制的宝马发动机直接由电子控制进

气阀门的开启深度来控制进气量，开启深度最小为 0.25 mm，最大可达到 9.7 mm，相差 38.8 倍，而从最小开启深度变到最大开启深度所需要的反应时间只要 0.3 s。

Valvetronic 发动机去除了节气门也就去除了“泵气损失”，各种标准测试结果都显示，Valvetronic 发动机可比传统发动机节省燃油 10%以上。另外，由于没有了节气门的阻碍，新鲜空气进入也更为顺畅，使燃烧更加充分，废气排放更少。

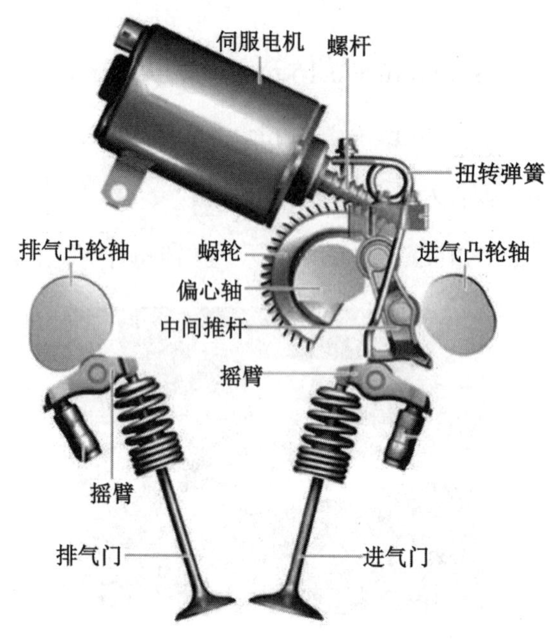

图 3-102　Valvetronic 电子气门结构

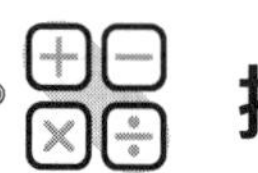 技能训练

在实训车间完成以下工作：

1. 根据汽车维修手册的技术要求，检测并调整气门间隙。
2. 按照规范的工艺要求拆装，注意安全，全程要求“7S”管理。

燃料供给系统的构造与维修

项目描述

汽油发动机的燃料供给系统用于储存和输送燃油，过滤并提高燃油压力，将燃油雾化，并根据发动机不同工况要求，适时、适量地将燃油喷进进气歧管或气缸内，与吸进的新鲜空气混合成可燃气体，为发动机提供能源。

本项目主要介绍汽油发动机燃料供给系统的组成、主要零部件的工作原理和检修方法等。

任务 燃料供给系统的构造与拆装检修

知识目标

1. 了解汽油发动机燃料供给系统的分类。
2. 掌握汽油发动机各种燃料供给系统部件的作用、组成。
3. 了解汽油发动机燃料供给系统各部件的安装位置。

能力目标

1. 能更换空气滤清器、空调滤清器。
2. 能正确拆装进、排气歧管。

思政目标

1. 通过学习燃料供给系统零部件的规范拆装流程，培养学生精益求精的工匠精神。
2. 通过学生小组合作学习，培养学生爱岗敬业、团结互助的价值观。
3. 通过观看“大国工匠”等视频，培养学生的爱国情怀。

任务引入

一辆大众牌小轿车的发动机起动后就熄火了，不管怎么起动都无法着车，经维修技师检查后判断是油路堵塞，清洗油路后故障排除。本任务主要学习汽油发动机燃料供给系统的构造与主要零部件的工作原理、拆装检修方法等。

相关知识

一、汽油发动机燃料供给系统的作用与组成

（1）汽油发动机燃料供给系统的作用是储存、输送清洁燃料，并根据发动机的不同工

况要求，配制出一定数量和浓度的可燃混合气供入气缸，最后把燃烧后的废气排出气缸。

（2）传统汽油发动机的燃料供给系统主要由化油器、汽油箱、汽油滤清器、汽油泵、油管、空气滤清器、进排气装置等组成。

（3）汽油发动机的燃料供给系统分化油器式发动机（如图 4-1 所示）和汽油喷射式发动机（如图 4-2 所示）两大类型。

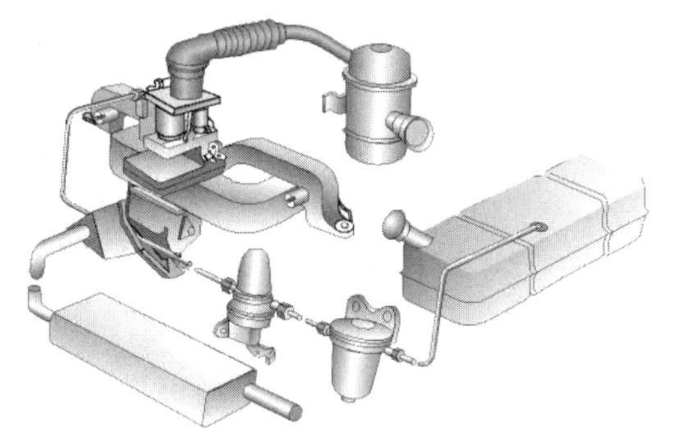

图 4-1 化油器式发动机

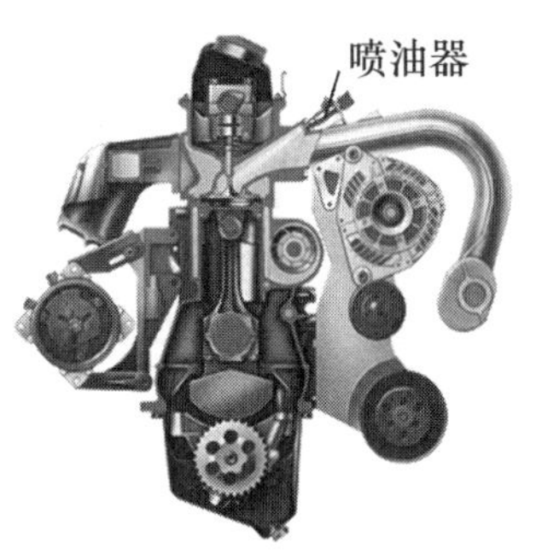

图 4-2 汽油喷射式发动机

（4）电控汽油发动机的燃料供给系统主要由汽油箱、电动汽油泵、燃油压力调节器、汽油滤清器、喷油器等组成，如图 4-3 所示。

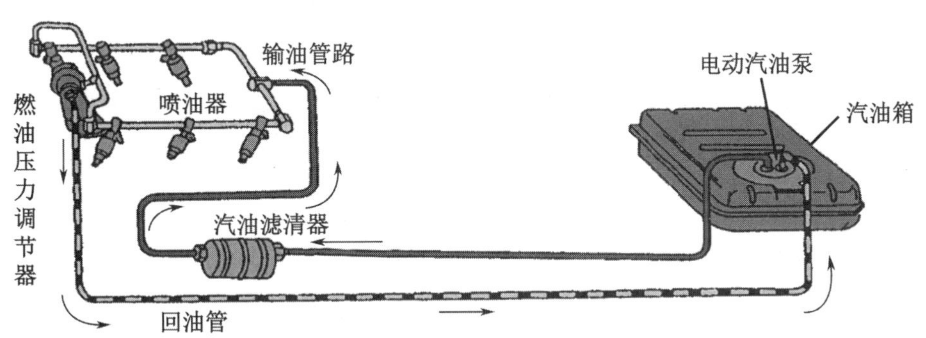

图 4-3 电控汽油发动机的燃料供给系统的组成

二、汽油喷射式燃料供给系统的分类

（1）按汽油喷射系统的控制方式分为机械控制式、电子控制式及机电混合式。

（2）按喷射部位的不同可分为缸内喷射和缸外喷射（如图 4-4 所示）。

（3）缸外喷射又分为单点喷射和多点喷射（如图 4-5 所示）。

（4）按喷射的连续性可分为连续喷射式和间歇喷射式。间歇喷射式还可按各缸喷射时

间分为同时喷射、顺序喷射和分组喷射，如图 4-6 所示。

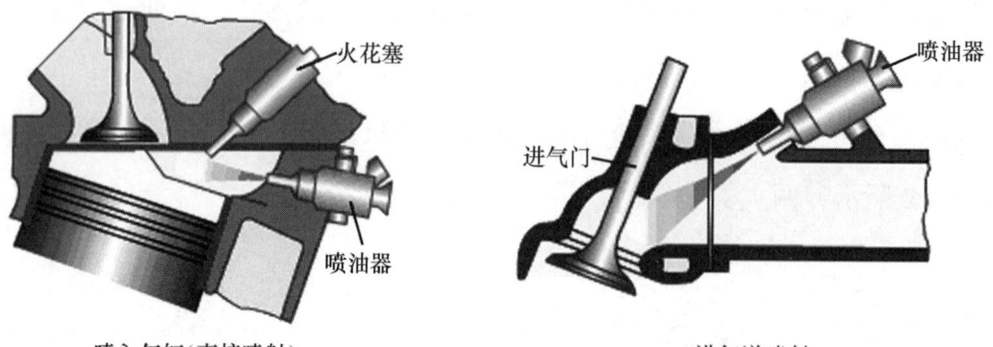

图 4-4　缸内喷射和缸外喷射

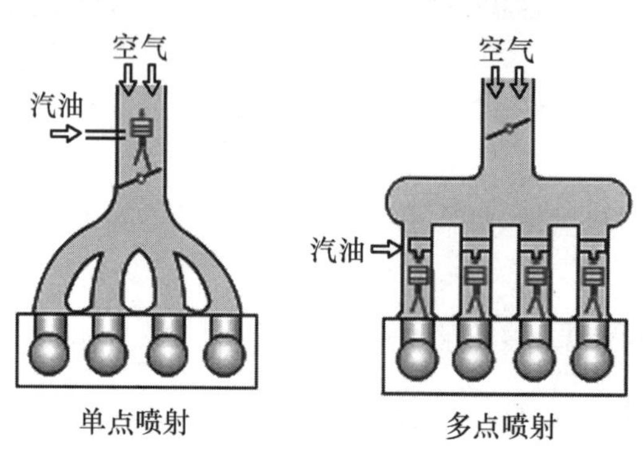

图 4-5　单点喷射和多点喷射

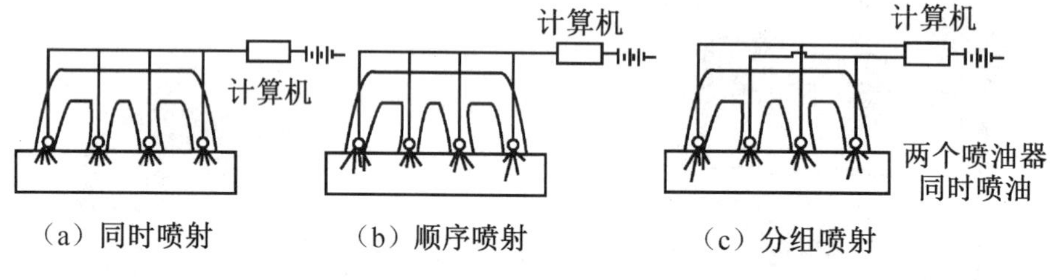

图 4-6　间歇喷射式分类

（5）按对进入气缸空气量的检测方式分为直接型（D）和间接型（L）。

汽油喷射式燃料供给系统由进气系统、燃油供给系统、排气系统、电子控制系统等子系统组成。

三、进气系统的构造与检修

1. 进气系统的作用和组成

（1）进气系统的作用是向发动机提供与负荷相适应的清洁空气，同时测量与控制进入

发动机的空气量，使它们与喷油器喷出的汽油形成符合要求的可燃混合气。

（2）进气系统（如图 4-7 所示）由空气滤清器、空气流量计或进气管绝对压力传感器、节气门体、怠速控制阀、进气总管、进气歧管等组成。

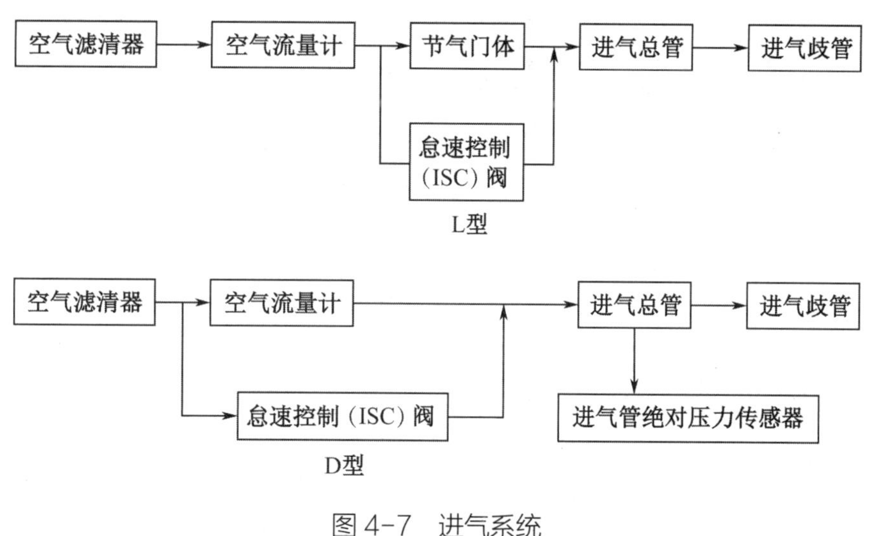

图 4-7　进气系统

（3）空气滤清器的作用是滤去空气中的尘土和沙粒，以减少气缸、活塞和活塞环的磨损，保证供给气缸足够量的清洁空气。空气滤清器分为湿式和干式两种。

湿式空气滤清器又称为油浴式空气滤清器，由壳体、壳盖、滤网芯和机油池等组成。

干式空气滤清器又称为纸质空气滤清器，由盖、衬垫、纸质滤芯、壳体底座、支架等组成。

（4）进气管绝对压力传感器用于测量节气门后进气管内的绝对压力，并以此作为电控单元计算喷油量的主要参数。在发动机工作时，节气门开大，进气量增多，进气管压力相应增加。因此，进气管压力的大小反映了进气量的多少。

（5）节气门体（如图 4-8 所示）位于空气流量计之后的进气管上，它包括节气门、节气门位置传感器、怠速调节螺钉、限位螺钉等。其主要作用是通过改变节气门开度的大小来改变进气通道截面积，控制发动机运转工况，并通过节气门位置传感器检测发动机的负荷。

2. 进气系统的检修

进气系统维修时应注意进行以下检查。

（1）检查空气滤清器滤芯是否脏污，必要时用压缩空气吹干净或更换。

（2）检查进气系统各连接部位是否连接可靠，密封垫是否完好（进气系统漏气对电控燃油喷射发动机的影响比对化油器式发动机的影响大）。

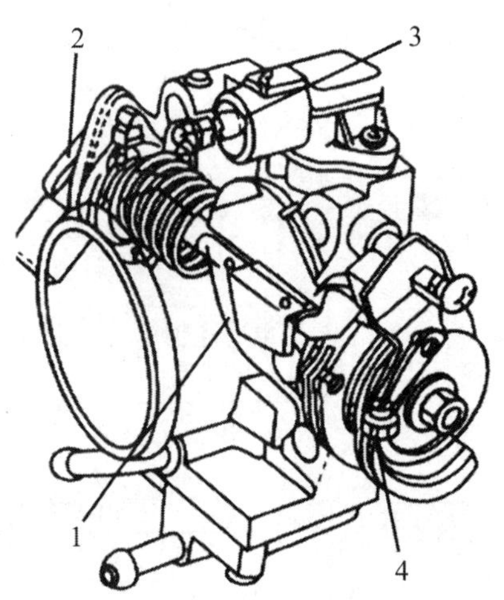

1—节气门；2—节气门位置传感器；3—怠速调节螺钉；4—限位螺钉

图 4-8　节气门体

（3）检查节气门内腔的积垢和积胶情况，必要时用清洗剂进行清洗。

（4）检查进气系统各线路连接处有无松动、脱断现象。

四、燃料供给系统的构造与检修

1．燃料供给系统的主要构造

（1）电动汽油泵。

电动汽油泵（如图 4-9 所示）是一个由永磁电动机驱动的带滚柱的转子泵，油泵内部有电动机并允许有燃油流过，称湿式电动机。因为电动机浸泡在燃油中，没有空气，因此不可能着火，但可能在无燃油且汽油泵旋转时，因转子上的滚柱与壳体内壁无法密封产生吸力及冷却不良而烧毁。

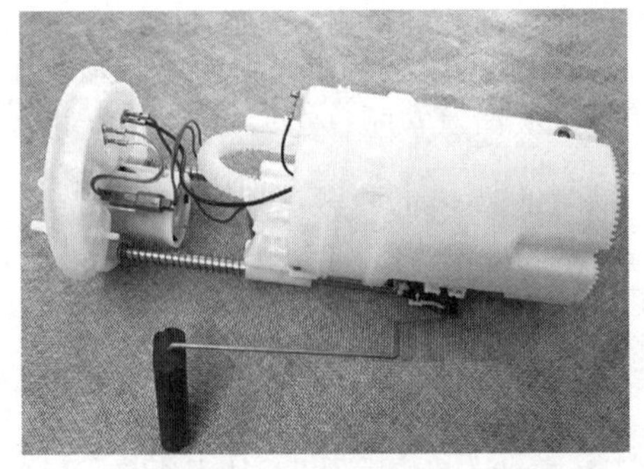

图 4-9　电动汽油泵

① 安装位置可在油箱内，也可在油箱外。目前，电动汽油泵大部分都安装在油箱内。

② 电动汽油泵的分类。

按结构不同，可分为滚柱式、涡轮式、转子式和侧槽式；按安装位置不同，可分为内置式（安装在油箱内，噪声小，不易产生气阻，不易泄漏，管路安装简单）、外置式（串接在油箱外部的输油管路中，易布置，安装自由度大，噪声大，易产生气阻）。

③ 涡轮式电动汽油泵的工作原理。

涡轮式电动汽油泵主要由电动机、涡轮泵、单向阀、安全阀组成，如图 4-10 所示。汽油泵通电时，电动机驱动涡轮泵叶片旋转，由于离心力的作用，使叶轮周围小槽内的叶片贴紧泵壳，将汽油从进油室带往出油室。由于进油室的汽油不断增多，形成一定的真空度，将汽油从进油口吸入。而出油室的汽油不断增多，燃油压力升高，当达到一定值时，顶开出油阀的出油口输出。出油阀在汽油泵不工作时阻止汽油流回油箱，保持油路中有一定的压力，便于下次起动。

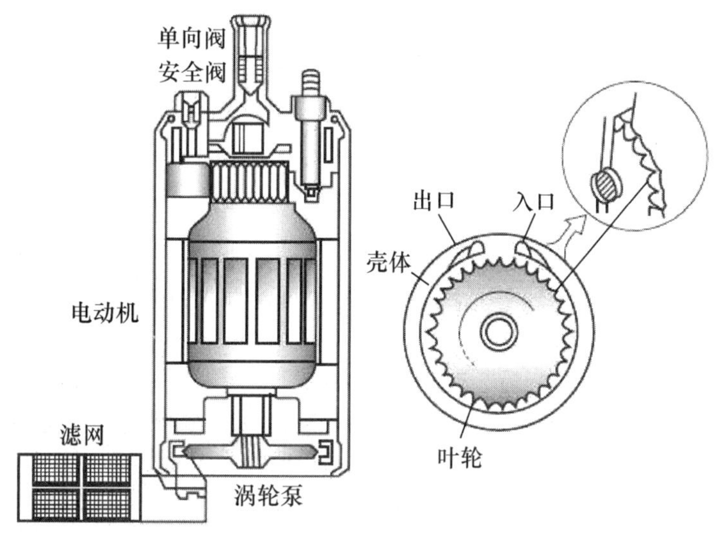

图 4-10　涡轮式电动汽油泵的结构

（2）汽油滤清器。

汽油滤清器俗称“汽油滤芯”，它的主要作用是过滤汽油中的机械杂质、胶质和水分，给发动机提供清洁的汽油，同时还可以存储少量的汽油，避免汽车在短时间大量用油时供油中断，此外还可以缓冲汽油压力的脉动，以及稳定燃油系统压力。

汽油滤清器可分为内置式和外置式两种。内置式汽油滤清器（如图 4-11 所示）安装在汽油箱里面，汽油泵进油口之前，一般和汽油泵组合在一起；外置式汽油滤清器（如图 4-12

所示）一般安装在汽车底盘下面，不过在汽油泵进油口之前一般还有一个滤网，能够过滤比较大的颗粒性杂质，因此外置式汽油滤清器本质上属于二次过滤。

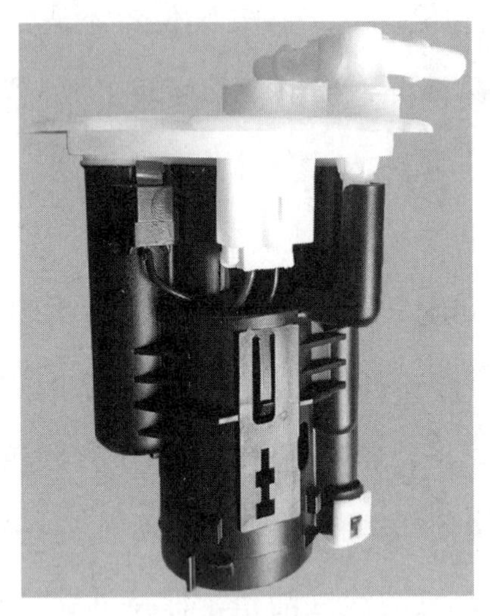

图 4-11　内置式汽油滤清器

图 4-12　外置式汽油滤清器

外置式汽油滤清器是有方向的，一般在上面有“IN”“OUT”或“→”标志。如果进、出油口被接反，汽油从出油口进入，会将滤纸从内向外顶开，导致汽油滤清器损坏，进而失去过滤作用。

（3）燃油压力调节器。

① 燃油压力调节器（如图 4-13 所示）大部分安装在燃油总管的末端，一些新款轿车中有的安装在油泵的出口处。

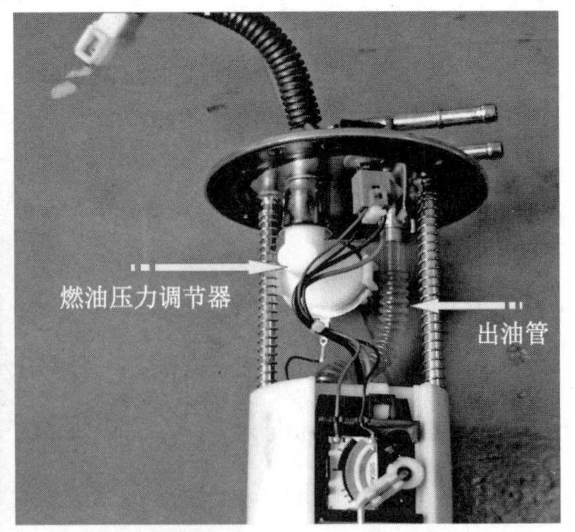

图 4-13　燃油压力调节器

② 燃油压力调节器的作用。一是利用膜片和板簧的作用吸收燃油压力的脉动，使燃油

输送管路内的脉动压力传递减弱，使燃油喷射控制更准确。二是控制燃油系统油压与进气歧管压力差保持恒定。最终目的是让发动机控制电脑能够精确控制喷油器的喷油量。未装燃油压力调节器时，电动汽油泵出口处的压力脉动约为 15 kPa；安装燃油压力调节器后，压力脉动可以降低到 2 kPa 以下。

（4）喷油器。

喷油器（如图 4-14 所示）是一种加工精度非常高的精密器件，要求其动态流量范围大，抗堵塞和抗污染能力强，雾化性能好。喷油器向发动机提供必要的、定量的、经过雾化的燃油，它一般安装在进气歧管上，单点喷油系统的喷油器安装在节气门上。

喷油器一般由针阀、回位弹簧、电磁线圈、衔铁、滤网、电插头等组成，喷油器的构造如图 4-15 所示。

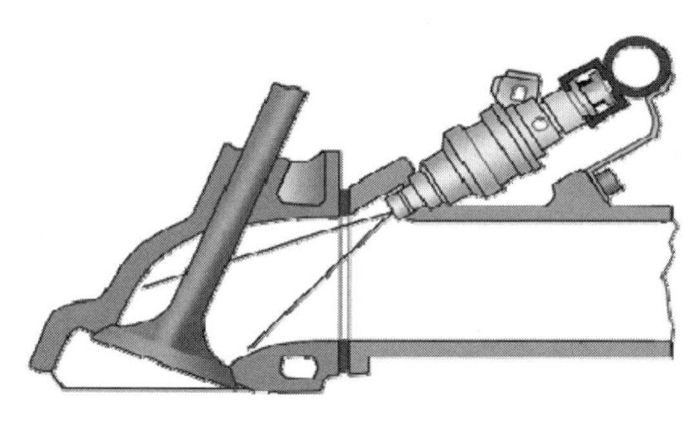

图 4-14　喷油器

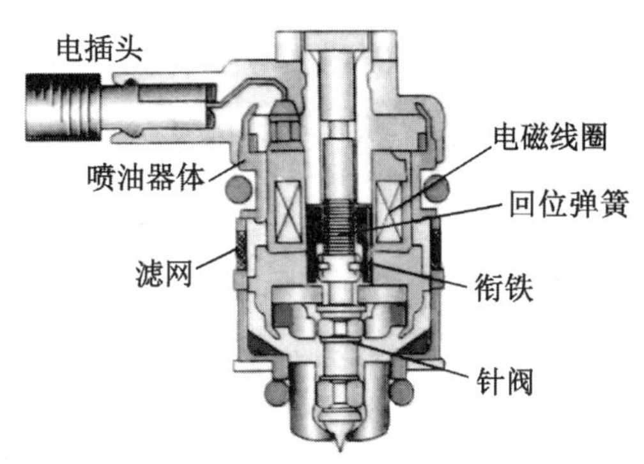

图 4-15　喷油器的构造

喷油器的分类：

① 按照安装位置可分为单点喷射、多点喷射。

② 按照喷口的形状不同可分为单喷口式、双喷口式、多喷口式。

③ 按照电阻值不同可分为低电阻喷油器、高电阻喷油器。

④ 按照作用不同可分为热起动喷油器、冷起动喷油器。

⑤ 按照结构不同可分为轴针式、球阀式、片阀式。

喷油器的工作原理：当 ECU 控制喷油器的电磁线圈通电时，电磁线圈产生的磁场带动衔铁、针阀上移，针阀打开，喷油器喷油。一般喷油器针阀升程约为 0.1 mm。当 ECU 控制喷油器的电磁线圈断电时，电磁力消失，衔铁及针阀在复位弹簧的作用下将喷孔封闭，喷油器停止喷油。

2. 燃料供给系统的检修

（1）燃油系统的压力释放。

① 拔下油泵继电器或电动燃油泵保险。

② 起动发动机，直至自行熄火。

③ 关闭点火开关，装上油泵继电器或电动燃油泵保险。

（2）燃油系统压力测试。

① 检查燃油，拆下油箱盖使油箱泄压。

② 检查蓄电池，拆下负极电缆。

③ 将专用压力表接在脉动阻尼器位置或进油管接头处。

④ 接上负极电缆，起动发动机使其维持怠速运转。

⑤ 拆下燃油压力调节器的真空软管，用手堵住进气管一侧，检查油压表指示的压力，压力范围应为 0.25～0.35 MPa。

⑥ 接上燃油压力调节器的真空软管，燃油压力表的指示应有所下降（约 0.05 MPa）。

⑦ 将发动机熄火，等待 10 min 后观察压力表的压力，多点喷射系统的压力应不低于 0.20 MPa。

⑧ 检查完毕后，释放系统压力，拆下燃油压力表，安装好燃油系统。

（3）燃油系统压力预置。

① 检查燃油系统元件和油管接头是否安装好。

② 用专用导线将诊断座上的燃油泵测试端子跨接到 12 V 电源上。

③ 将点火开关转至“ON”位置，使电动燃油泵工作约 10 s。

④ 关闭点火开关，拆下诊断座上的专用导线。

五、排气系统的构造

1. 排气系统的作用和组成

（1）排气系统的作用是汇集各气缸的废气，减小排气噪声和消除废气中的火焰和火星，使废气安全地排入大气，并对废气中的有害物质进行排放控制。

（2）排气系统（如图 4-16 所示）由排气歧管、氧传感器、三元催化转化器、排气消声器等组成。

① 排气歧管一般由铸铁铸造，其形状十分重要。为了不使各缸排气互相干扰及出现排气倒流现象，并尽可能地利用惯性排气，应将排气歧管做得尽可能长，且各缸支管相互独立、长度相等。排气歧管用螺栓固定在气缸体或气缸盖上，再接上由金属片包裹的石棉衬垫，以防漏气。排气歧管的各个支管与各缸排气门的通道相接。

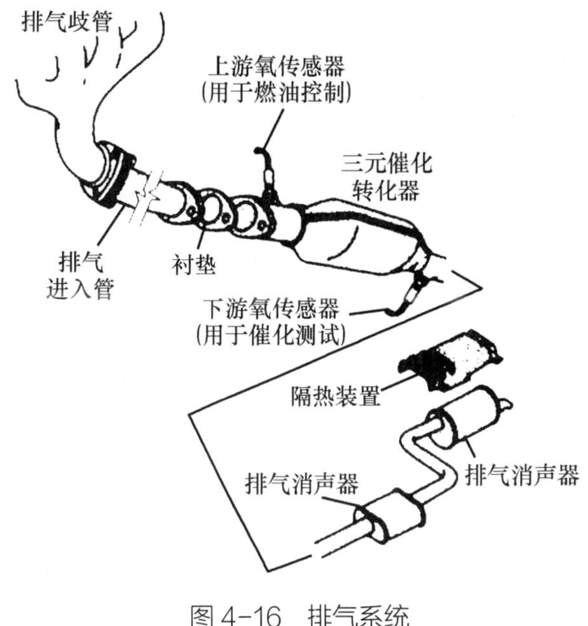

图 4-16　排气系统

② 三元催化转化器的安装位置和作用。

- 安装位置在排气消声器前面。
- 作用是利用转化器中的三元催化剂，

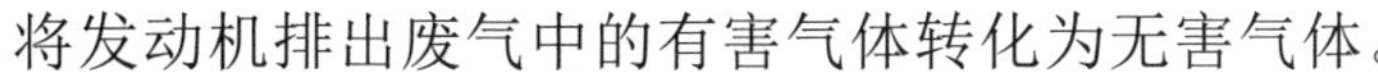

将发动机排出废气中的有害气体转化为无害气体。

③ 排气消声器的安装位置和作用。

- 安装位置在三元催化转化器后面。
- 作用是抑制发动机的排气噪声，消除废气中的火焰和火星。

目前在汽车上广泛使用的排气消声器（如图 4-17 所示）多数是综合利用不同的消声原理组合而成的，一般由前消声器、中消声器和后消声器及连接管等组成，并焊接成一个整体。

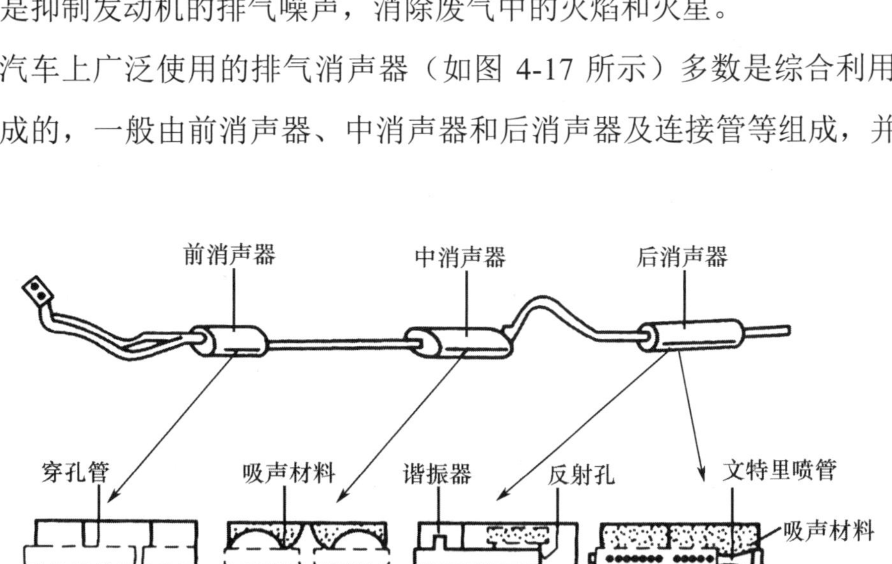

图 4-17　汽车上广泛使用的排气消声器

前消声器采用谐振原理，有三个大小不同的谐振室，彼此由穿孔管贯通。穿孔管、隔板和断面是谐振室内的基本声学元件，它们作为声源的发射体，彼此间利用声波的相互干

涉。谐振消声器通过管口与谐振腔连接，穿孔部分和空腔中的空气形成弹性共振系统。当外部噪声与其频率相同时，发生共振，声音能被穿孔部分孔壁的摩擦消耗。

2．排放控制

（1）排放污染。

汽车污染物的来源有三个方面。

① 排气管排出的废气，主要成分为一氧化碳（CO）、碳氢化合物（HC）、二氧化氮（NO_2）及二氧化硫（SO_2）和炭烟等，称为排气排放物。

② 曲轴箱窜气，即从活塞与气缸间漏出，再由曲轴箱经通气管排出的可燃气体，其主要成分是碳氢化合物（HC），称为曲轴箱排放物。

③ 汽油蒸气，即从燃油系统蒸发的汽油蒸气，其成分为碳氢化合物（HC），称为燃油蒸发排放物。

（2）排放污染控制装置。

由于一氧化碳（CO）、碳氢化合物（HC）和氮氧化合物（NO_x）是主要的污染物质，因此，目前汽车上增设的减轻排放污染的装置有曲轴箱强制通风系统、汽油蒸气回收系统、废气再循环系统和三元催化转化装置等。

3．废气再循环装置

废气再循环（EGR）系统用于降低废气中的氮氧化合物（NO_x）的排出量。将废气的6%～15%引入气缸，由于废气中含有水分、二氧化碳（CO_2）和氮气（N_2），稀释了混合气体的氧浓度，使最高燃烧温度降低，因此可减少氮氧化合物（NO_x）的生成量。

EGR 阀和三元催化器相配合，使 CO、HC、NO_x“三害气体”还原为 CO_2、H_2O、N_2，从而净化环境。

B12 发动机废气再循环装置安装位置如图 4-18 所示。

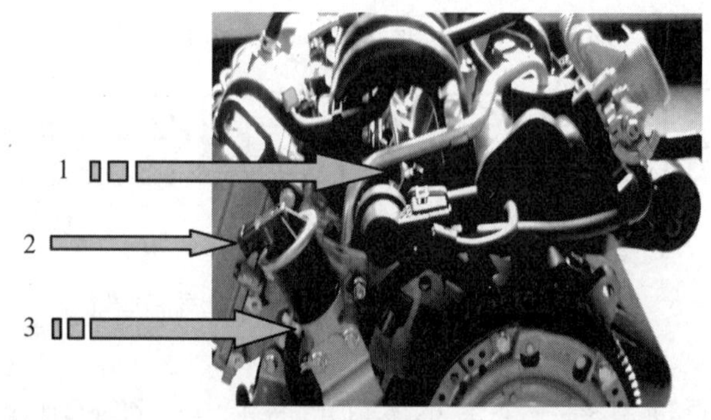

1—EGR 阀，内有 EGR 电磁线圈，EGR 位置传感器；2—EGR 阀接插器；3—连接进气管

图 4-18　B12 发动机废气再循环装置安装位置

EGR 阀通常在下列条件下开启：①发动机暖风机运转；②转速超过怠速。ECM（发动机电子控制模板）根据发动机冷却水温传感器、节气门位置传感器和空气流量传感器来控制 EGR 系统。

发动机控制电脑（ECU）根据发动机的转速、负荷（节气门开度）、温度、进气流量、排气温度等控制电磁阀适时地打开，进气管真空度经电磁阀进入 EGR 阀真空膜室，膜片拉杆将 EGR 阀门打开，排气中的少部分废气经 EGR 阀进入进气系统，与混合气混合后进入气缸参与燃烧。少部分废气进入气缸参与混合气的燃烧，降低了燃烧时气缸中的温度，因 NO_x 是在高温富氧的条件下生成的，故抑制了 NO_x 的生成，从而降低了废气中的 NO_x 的含量，EGR 阀工作原理如图 4-19 所示。但是，过度的废气参与再循环，会影响混合气的着火、性能，从而影响发动机的动力性能，特别是在发动机处于怠速、低速、小负荷及冷机时，再循环的废气会明显影响发动机的动力性能。所以，当发动机处于怠速、低速、小负荷及冷机时，ECU 控制废气不参与再循环，避免发动机性能受到影响。当发动机超过一定的转速，负荷达到一定的温度时，ECU 控制少部分废气参与再循环，而且，参与再循环的废气量会根据发动机的转速、负荷、温度及废气温度的不同而不同，以达到废气中的 NO_x 含量最低。

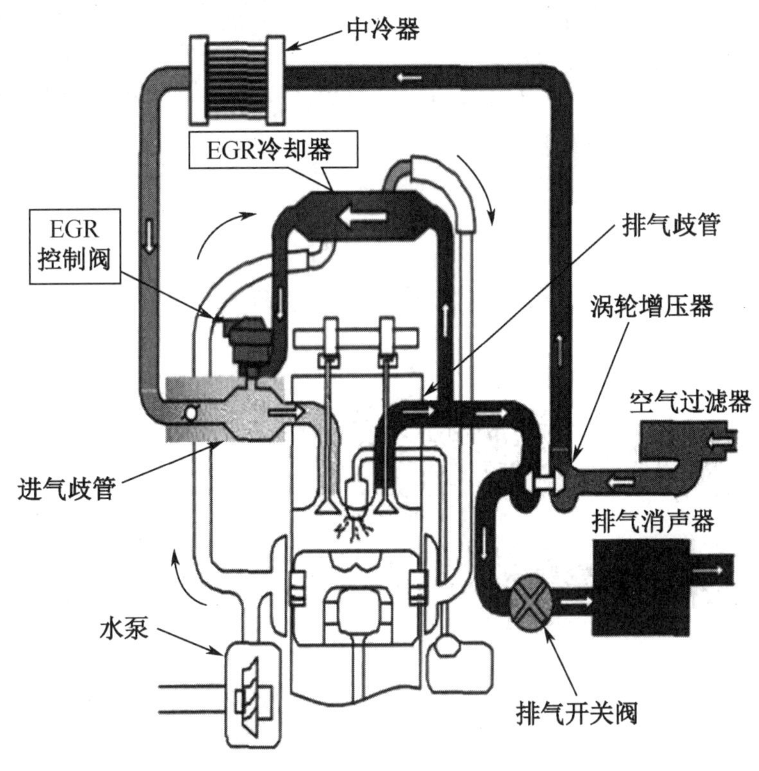

图 4-19　EGR 阀工作原理

任务实施

一、进气系统的拆装（SWSG A 系列发动机进气系统就车拆装）

（1）排放发动机冷却液（冷却液用容器装好，如性能良好可重复使用）。

（2）拆卸空气滤清器（如图 4-20 所示）、节气门体前进气软管。

（3）拆卸冷却液温度传感器、进气温度传感器、节气门位置传感器、碳罐电磁阀及怠速步进电机的插头。注意拔插头时要先将卡子压住。

（4）拆卸喷油器连接线束（如图 4-21 所示）。

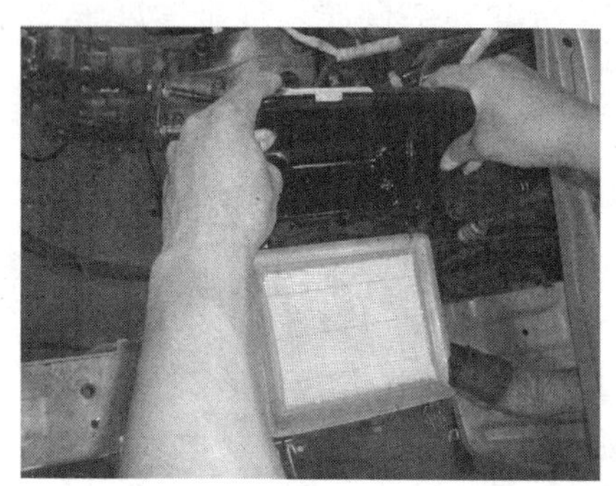

图 4-20　拆卸空气滤清器

图 4-21　拆卸喷油器连接线束

（5）拆卸节温器盖上水管。

（6）拆卸进气歧管上暖风机水管（如图 4-22 所示）。

（7）拆卸曲轴箱强制通风管。

（8）拆卸碳罐软管及碳罐电磁阀支架、电磁阀。

（9）拆卸机油废气循环连接管（如图 4-23 所示）。

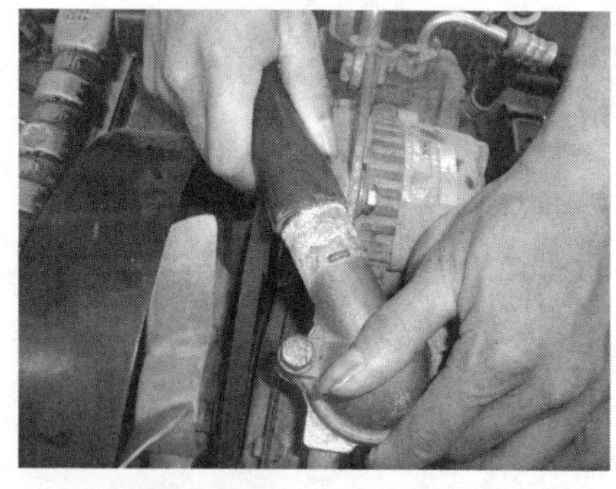

图 4-22　拆卸进气歧管上暖风机水管

图 4-23　拆卸机油废气循环连接管

（10）拆卸节气门拉线，取下机油尺，拆开节气门体回水管。

（11）拆开油压调节器真空软管（如图 4-24 所示），进、回油管。

（12）拆卸供油总管螺栓（如图 4-25 所示），取下供油总管及喷油器。

（13）拆卸进气歧管支架及固定螺栓。

（14）取下进气歧管（如图 4-26 所示）、进气歧管垫。

（15）进气系统的安装顺序与上述步骤相反。

图 4-24　拆开油压调节器真空软管

图 4-25　拆卸供油总管螺栓

图 4-26　取下进气歧管

素养与思政

本任务要求分组训练，各小组必须按照规范的操作方式精确快速地进行拆装燃料供给系统零部件，力求对燃料供给系统的拆装工艺做到精益求精，弘扬大国工匠精神。各小组在实训过程中必须团结一致、相互合作，操作过程中注意安全，要求全程实现“7S”管理。

知识拓展

TSI 发动机

TSI（Twincharged Stratified Injection）为双增压，而双增压=涡轮增压器（Turbocharger）+机械增压器（Supercharger）。FSI（Fuel Stratified Injection）为燃油分层喷射。其中 T 指双增压，S 指分层，I 指喷射，Fuel 意为燃料。TSI 发动机比 FSI 更先进，属于大功率、低转速大扭矩的发动机。

严格意义上的 TSI 技术是双增压和分层直喷技术的综合运用，对技术要求较高。大众公司在国内中低档量产车采用的 TSI 技术实际上为 Turbocharger（涡轮增压器）Fuel Straitified Injection（燃料分层喷射），等同于 TFSI（涡轮增压），而非 Twinscharger（双增压器）Fuel Stratified Injection（燃料分层喷射）。

将燃油直接喷射入气缸的 TSI 发动机相比将燃油喷射至进气歧管的传统发动机，其优势在于：

（1）发动机控制策略采用基于扭矩控制。

（2）增压器在发动机停止后有独立冷却系统。

（3）具有电子超速回流控制。

（4）连续可变进气配气相位（曲轴转角 60°），令油耗降低，提高功率。

（5）链条传动，寿命长，终身免换，可靠性远远高于以前的齿带传动。

TSI 发动机的新特点来自工程师们开发的大量关键组件，其中包括：

（1）为该技术专门设计的、单活塞高压泵的共轨高压喷射系统，负责提供充足的燃料，保证系统达到所需要的压力状态。

（2）全新设计的每气缸配有 4 气门的新气缸盖，气门由凸轮滚子从动件驱动。

（3）可持续控制进气的燃烧进程。

（4）排气循环回收系统。

1. 涡轮增压发动机

涡轮增压器主要由泵轮和涡轮组成，当然还有一些其他控制元器件。泵轮和涡轮由一根轴相连，也就是转子，发动机排出的废气驱动泵轮，泵轮带动涡轮旋转，涡轮转动后给进气系统增压。

涡轮增压器安装在发动机的排气一侧，所以其工作温度很高，而且它在工作时转子的转速非常高，可达到 8 000～11 000 r/min，如此高的转速和温度使得常见的机械滚针或滚珠轴承无法为转子工作，因此涡轮增压器普遍采用全浮动轴承，由机油来进行润滑，还有冷却液为增压器进行冷却。

涡轮增压的原理是利用排出的废气带动排气管道中的涡轮，同时带动进气管道的涡轮，使进气增压后送入气缸，从而提高发动机的功率，涡轮增压发动机原理示意图如图 4-27 所示。

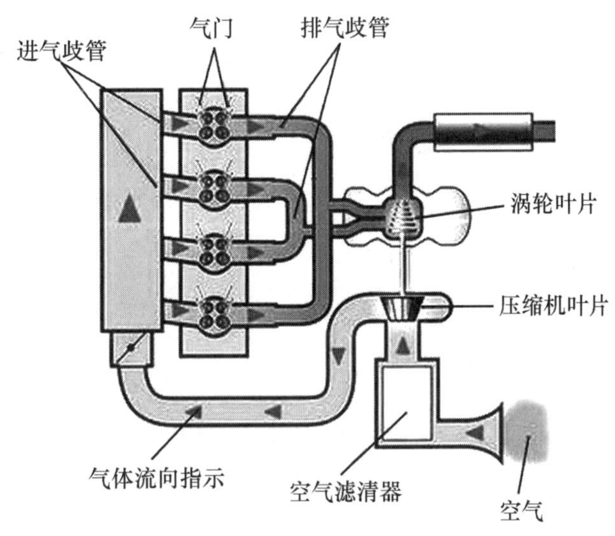

图 4-27 涡轮增压发动机原理示意图

2. 涡轮增压发动机的保养

由于涡轮增压器经常处于高速、高温下工作，增压器废气涡轮端的温度在 600℃左右，增压器转子以 8 000～11 000 r/min 的高速旋转，因此为了保证增压器的正常工作，使用中应注意以下几点。

（1）勿着车就走。

发动机起动后，特别是在冬季，应让其怠速运转一段时间，以便在增压器转子高速运转之前让机油充分润滑轴承，所以刚起动后千万不能猛轰加速踏板，以防损坏增压器油封。

（2）勿立即熄火。

发动机长时间高速运转后，不要立即熄火。发动机工作时，有一部分机油是供给涡轮增压器转子轴承用于润滑和冷却的，正在运行的发动机突然停机后，机油压力迅速下降为零，此时增压器涡轮部分的高温传到中间，轴承支承壳内的热量不能被迅速带走，而同时增压器转子仍在惯性作用下高速旋转，因此，发动机在热机状态下如果突然停机，会引起

涡轮增压器内滞留的机油过热而损坏轴承和轴。特别要防止猛轰加速踏板后突然熄火。

（3）保持清洁。

拆卸增压器时，要保持清洁，各连接管接头一定要用清洁的布堵塞好，防止杂物掉进增压器内损坏转子。维修时应注意不要碰撞叶轮，如果需要更换叶轮，应对其做动平衡试验。装复完毕后，要取出堵塞物。

（4）进行清洗。

由于增压器经常处于高温下运转，它的润滑油管线因受高温作用，内部机油容易有部分结焦，造成增压器轴承因润滑不足而损坏。因此，润滑油管线在运行一段时间后要进行清洗。

3．涡轮增压发动机常见故障及排除

现象一：机油消耗量大，但排气烟色正常，动力不降低。

故障原因：一般是由于机油渗漏造成的。

处理方法：

（1）首先检查发动机润滑系统外部油管（包括增压器进、回油管）是否漏油。

（2）检查增压器废气排出口是否有机油，如有，可判定涡轮一端密封环损坏，应更换此密封环。

现象二：机油消耗量大，排气冒蓝烟，但动力不下降。

故障原因：由于增压器端漏油，机油通过发动机进气管进入燃烧室被烧掉，因此存在以下几种可能。

（1）增压器回油管不畅通，机油在转子总成的中间支承处积留过多，沿转子轴流入压气叶轮。

（2）靠近压气叶轮一端的密封环或甩油环损坏后，机油由此进入叶轮室，然后随室内增压后的空气一同经进气管进入燃烧室。

处理方法：

打开压气机的出气口或发动机进气直管（橡胶软管），看管口、管壁是否黏附机油。如有，请检查增压器回油管是否畅通。如不畅通，则是由于中间支承处积油过多引起，应将回油管疏通后重新安装；如畅通，则是由于叶轮一端密封环或甩油环损坏所造成，应解体增压器进行修复。

现象三：机油消耗量大，排气冒蓝烟或黑烟，且动力下降。

故障原因：

（1）活塞与气缸之间的间隙磨损过大，导致机油窜入燃烧室被烧掉。

（2）空气在被增压器吸入的过程中，空气流遇较大阻力，如空气滤清器堵塞、进气胶管被吸变形或压扁等，压气机进气口处的压力较低，造成机油渗漏进入压气机内，随压缩空气一起进入燃烧室被烧掉。

处理方法：

（1）检查进气直软管壁内有无机油，是否被压扁；检查空气滤清器是否有堵塞。

（2）如果管口和管壁有机油，应清洗或更换空气滤清器。

现象四：排气冒黑烟，动力下降，且增压器有异响。

故障原因：

（1）若有金属摩擦声，则是由于增压器转子轴承或止推轴承磨损过多，叶轮与增压器壳摩擦而产生的。

（2）若不是金属摩擦声，而是气流声，则是由于增压器转子高速旋转产生的旋转声音，或是进、排气接口处由于连接不好产生漏气现象而产生的。

处理方法：

（1）前者应视磨损情况通过更换损坏的部件进行修复。

（2）后者应认真区分，有针对性地解决。

技能训练

在实训车间完成以下工作：

1．根据汽车维修手册的技术要求，更换空气滤清器、汽油泵。

2．按照规范的工艺要求拆装，注意安全，全程要求“7S”管理。

冷却系统的构造与维修

项目描述

冷却系统可以保证发动机在所有工况下都保持在适当的温度范围内工作，冷却系统既要防止发动机过热，也要防止冬季发动机过冷。如果发动机变冷，就会加快组件的磨损，从而使发动机效率降低并且排放出更多污染物。因此，冷却系统的另一重要作用是使发动机尽快升温，并使其保持恒温。

本项目主要介绍冷却系统的构造、工作原理及检修方法等。

任务 冷却系统的构造与拆装检修

 知识目标

1. 掌握发动机冷却系统各部件及安装位置。
2. 掌握水冷系统的构成及工作原理。
3. 掌握大、小循环的区别与工作原理。

能力目标

1. 能更换节温器。
2. 能更换水泵。
3. 会检查冷却系统的主要零部件。

思政目标

1. 通过学习冷却系统零部件的规范拆装流程，培养学生精益求精的工匠精神。
2. 通过学生小组合作学习，培养学生爱岗敬业、团结互助的价值观。
3. 通过观看“大国工匠”等视频，培养学生的爱国情怀。

任务引入

一辆桑塔纳小轿车的发动机在工作一段时间后，发现水温偏高，检查冷却液时发现冷却液正常，发动机散热风扇、水泵也都能正常工作，进一步检查后，发现散热器油污严重，经维修技师拆下散热器清洗后故障排除。本任务主要介绍冷却系统的构造与拆装检修等。

相关知识

一、冷却系统的作用及原理

1. 冷却系统的作用

冷却系统可使发动机在所有工况下都能保持在适当的温度范围内，将燃料燃烧时传到

发动机上的热量散发出去，带走受热零件的部分热量，并输送到汽车散热装置中，利用流动的空气、液体冷却的方式将热量散入大气，使发动机的相关零部件不至于因高温而损坏。

2．冷却系统的类型

冷却系统按照冷却介质不同可以分为风冷系统和水冷系统（如图 5-1 所示）。

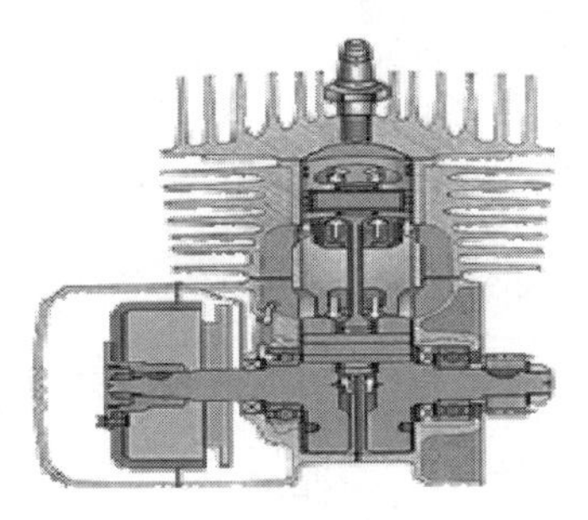

风冷系统

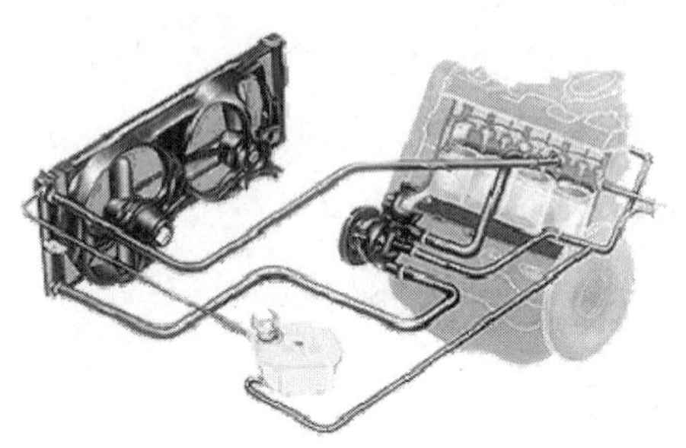

水冷系统

图 5-1　冷却系统

3．强制冷却系统

汽车发动机的水冷系统均为强制冷却系统，即利用水泵增加冷却液的压力，强制冷却液在发动机中循环流动。水冷系统（如图 5-2 所示）包括水泵、散热器、冷却风扇、节温器、补偿水桶、发动机机体和气缸体中的水套及其他附加装置等。

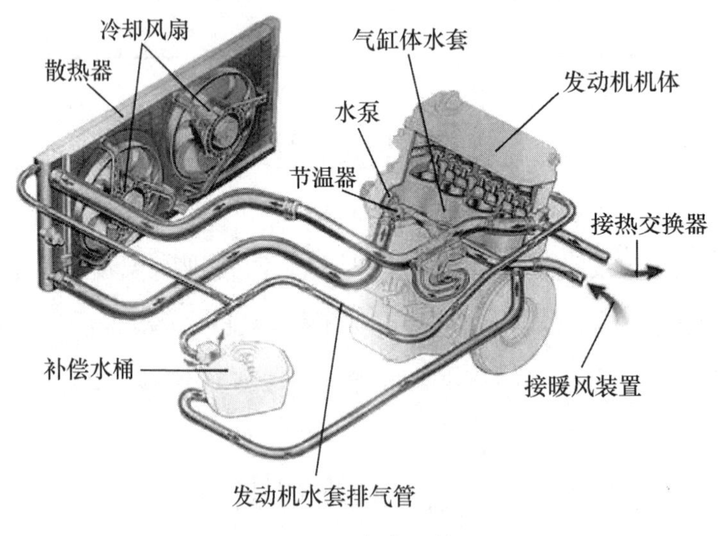

图 5-2　水冷系统

冷却液在水泵中增压后，经分水管进入发动机的气缸体水套，冷却液从水套壁周围流过并从水套壁吸热而升温，然后向上流入气缸盖水套，从气缸盖水套壁吸热之后经节温器及散热器进水软管流入散热器，在散热器中冷却液因向流过散热器周围的空气散热而降温，

最后冷却液经散热器出水软管返回水泵，如此循环。在汽车行驶或冷却风扇工作时，空气从散热器周围高速流过以增强对冷却液的冷却。铜制或不锈钢制的分水管或直接铸在机体上的分水道，沿其纵向开有出水孔，并与机体水套相通，离水泵越远出水孔越大，其数目通常与气缸数相同。分水管或分水道的作用是使多缸发动机中各气缸的冷却强度均匀一致。

4．冷却系统的工作原理

发动机的冷却系统为强制循环水冷系统，即利用水泵提高冷却液的压力，强制冷却液在发动机中循环流动，冷却液循环线路有大循环、小循环及混合循环。

（1）大循环（如图 5-3 所示）。当冷却液超过 85℃时，节温器的上阀门完全开启，而侧阀门又将旁通孔完全关闭，冷却液便全部流经散热器，称为大循环。

冷却液大循环线路：散热器→水泵→分水管→水套→节温器→散热器。

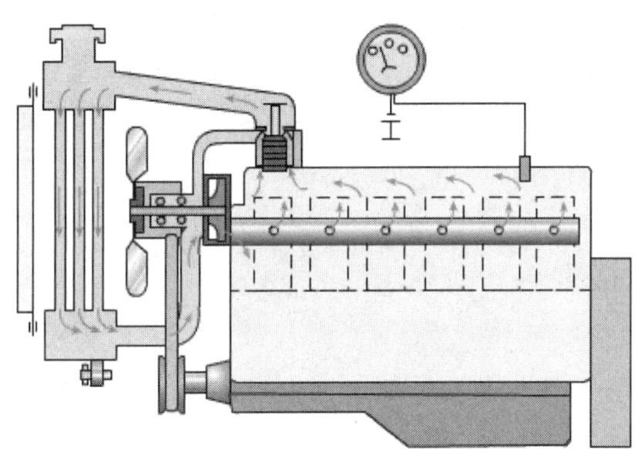

图 5-3 大循环

（2）小循环（如图 5-4 所示）。当冷却液温度低于 70℃时，折叠式圆筒内的蒸汽压力很低，使圆筒收缩到最小高度，节温器的上阀门关闭，而侧阀门打开，此时冷却液并不流经散热器，只在水套与水泵间循环，称为小循环。

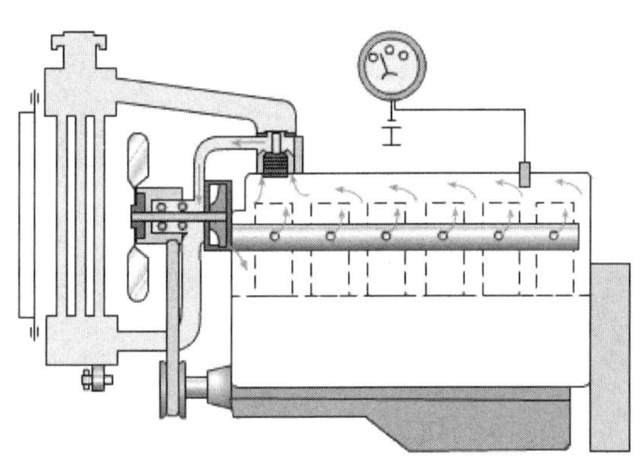

图 5-4 小循环

冷却液小循环线路：水泵→分水管→水套→节温器→水泵。

（3）混合循环（如图 5-5 所示）。当冷却液温度在 70～85℃时，节温器的上阀门和侧阀门同时处于半关闭状态，这时冷却液既经过散热器，又在水套与水泵间循环。

冷却液混合循环线路一：散热器→水泵→分水管→水套→节温器→散热器。

冷却液混合循环线路二：散热器→水泵→分水管→水套→节温器→水泵。

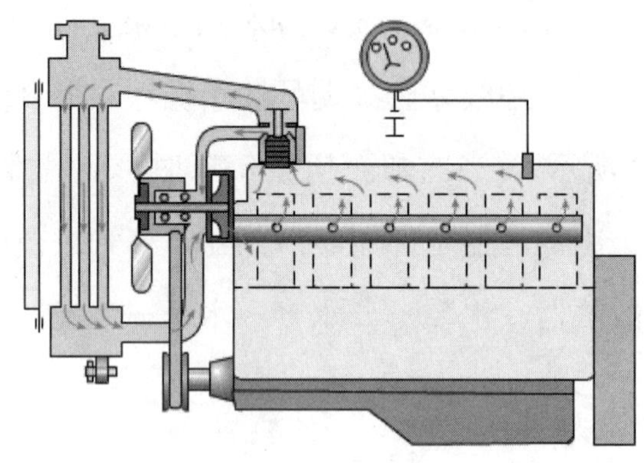

图 5-5　混合循环

二、冷却系统的构造

1. 水泵

水泵的作用是对冷却液加压，使之在冷却系统中循环流动。

汽车发动机广泛采用离心式水泵（如图 5-6 所示），其工作原理（如图 5-7 所示）是：当水泵叶轮旋转时，水泵中的冷却液被叶轮带动一起旋转，并在离心力的作用下被甩向水泵壳体的边缘，水被甩向叶轮边缘，然后经外壳上与叶轮成切线方向的出水管压送到发动机水套内，同时产生一定的压力，然后从出水管流出。在叶轮的中心处由于冷却液被甩出而压力下降，散热器中的冷却液在水泵进口与叶轮中心的压差作用下经进水管流入叶轮中心。叶轮由铸铁或塑料制造，叶轮上通常有 6～8 个径向直叶片或后弯叶片。水泵壳体由铸铁或铝铸制，进、出水管与水泵壳体铸成一体。

2. 散热器

散热器（如图 5-8 所示）又称水箱，由上储水室、散热器芯和下储水室三部分组成，安装在发动机前的车架横梁上，其作用是将冷却液在水套中所吸收的热量散发至外界大气中，使其温度下降。

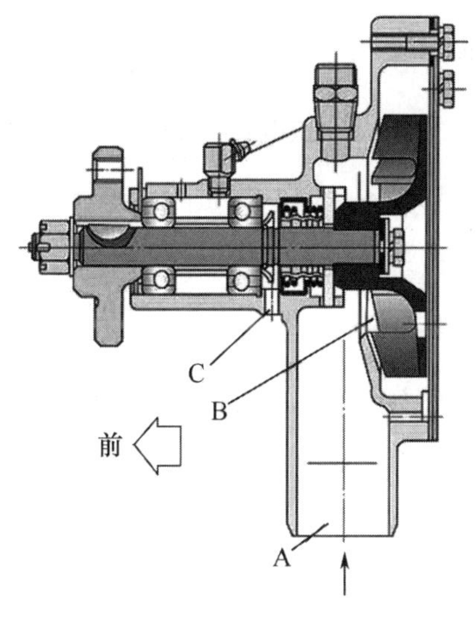

离心式水泵典型结构（EQ6100-1 型发动机）

A—进水口；B—水泵内腔；C—出水口

图 5-6 离心式水泵

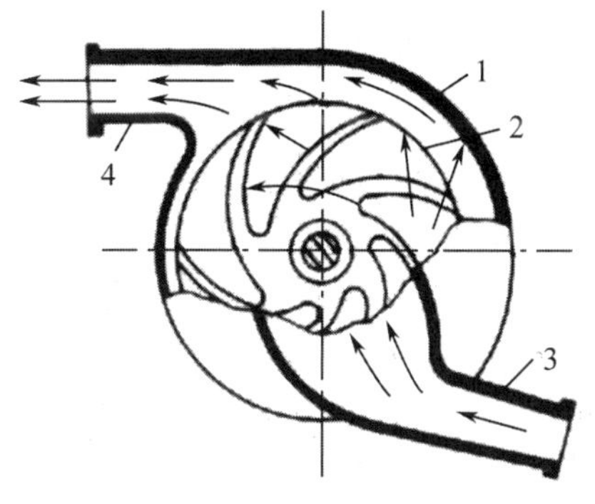

1—泵体；2—叶轮；3—进水口；4—出水口

图 5-7 离心式水泵的工作原理

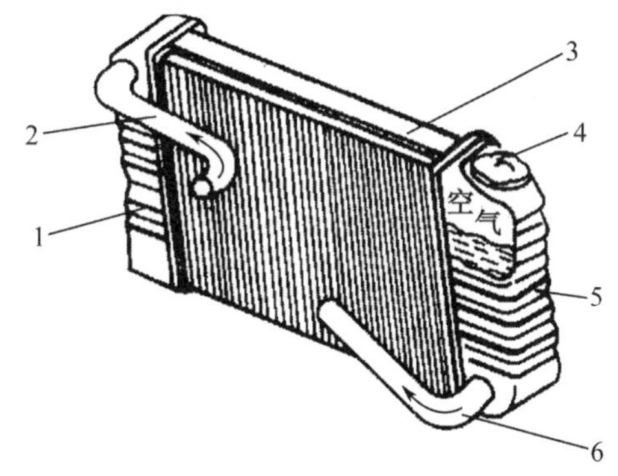

1—上储水室；2—进水管；3—散热器芯；4—散热器盖；5—下储水室；6—出水管

图 5-8 散热器

按照散热器中冷却液流动的方向可将散热器分为纵流式和横流式两种。

散热器芯的结构形式（如图 5-9 所示）有管片式、管带式及板式。

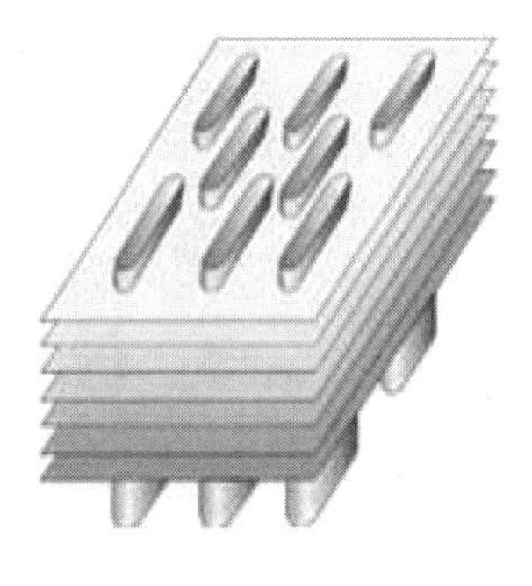

管片式

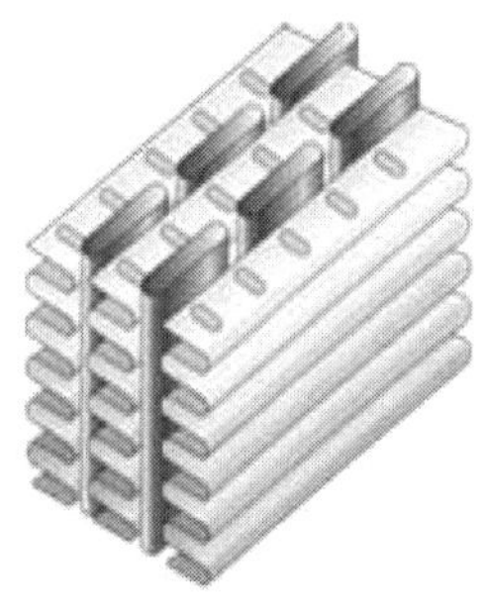

管带式

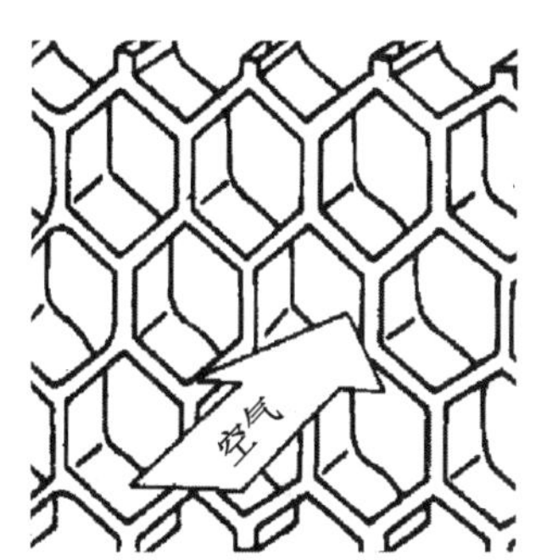

板式

图 5-9 散热器芯的结构形式

管片式散热器芯由散热管和散热片组成。散热管是焊在进、出水室之间的直管，作为冷却液的通道。散热管有扁管也有圆管，扁管与圆管相比，在容积相同的情况下有较大的散热表面。铝散热器芯多为圆管。在散热管的外表面焊有散热片以增加散热面积，增强散热能力，同时还增大了散热器的刚度和强度。管片式散热器的优点是散热面积大、气流阻力小、结构刚度好及承压能力强等。

管带式散热器芯由散热管和波形散热带组成。散热管为扁管并与波形散热带相间地焊在一起。为增强散热能力，在波形散热带上加工有鳍片。与管片式散热器芯相比，管带式的散热能力强，制造简单，质量轻，成本低，但结构刚度差。

板式散热器芯的冷却液通道由成对的金属薄板焊合而成。这种散热器芯散热效果好，制造简单，但焊缝多，不坚固，容易沉积水垢且不易维修。

3. 冷却风扇

冷却风扇（如图 5-10 所示）通常安装在散热器后面并与水泵同轴，用来提高流经散热器的空气流速和风量，增强散热器的散热能力，同时对发动机的其他附件也有一定的冷却作用。

当发动机在车架上纵向布置时，风扇一般安装在水泵轴上，并由驱动水泵和发电机的同一根 V 型皮带传动。风扇的功用是当风扇旋转时吸进空气使其通过散热器，以增强散热器的散热能力，加快冷却液的冷却速度。汽车发动机水冷系统多采用低压头、大风量、高效率的轴流式风扇，即风扇旋转时，空气沿着风扇旋转轴的轴线方向流动。

冷却风扇的扇风量主要与风扇直径、转速、叶片形状、叶片安装角及叶片数有关。叶片的断面形状有圆弧形和翼形两种，前者由薄钢板冲压而成，后者用塑料或铝合金铸制。翼形风扇效率高、消耗功率少，在轿车和轻型汽车上得到了广泛应用。一般叶片与风扇旋转平面呈 30°～45°角（叶片安装角）。叶片数（如图 5-11 所示）为 4、5、6 或 7 片。叶片之间的间隔角或相等，或不相等。间隔角不等的叶片可以减小叶片旋转时的震动和噪声。

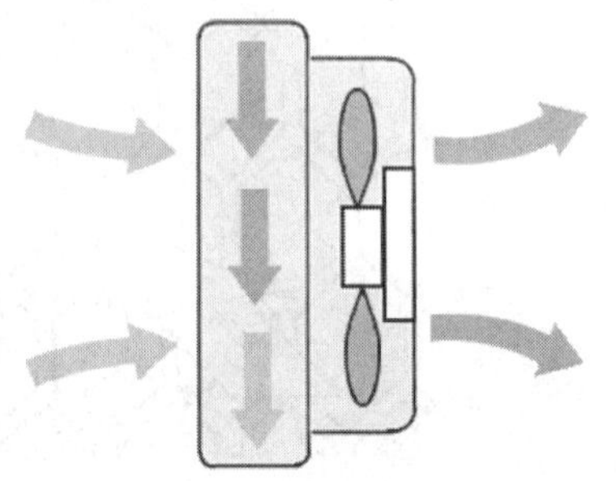

图 5-10　冷却风扇

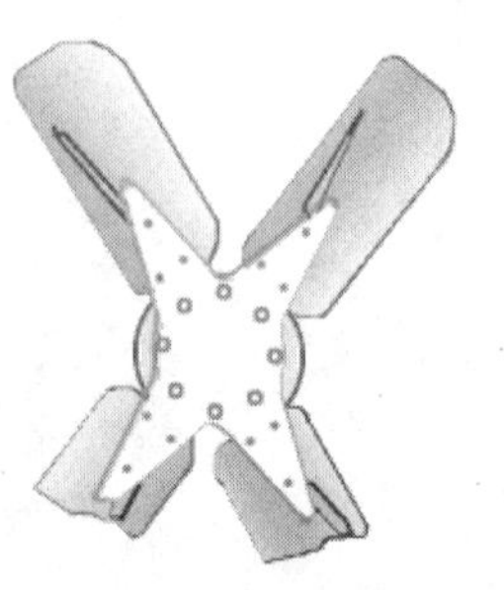

图 5-11　叶片数

4．补偿水桶

补偿水桶（如图 5-12 所示）由塑料制造并用软管与散热器加冷却液口上的溢流管连接，其作用是当冷却液受热膨胀时，部分冷却液流入补偿水桶，而当冷却液降温时，部分冷却液又被吸回散热器，所以冷却液不会溢失。补偿水桶内的液面有时升高，有时降低，而散热器却总是为冷却液所充满。在补偿水桶的外表面上刻有两条标记线（如图 5-13 所示）“低”线和“高”线，补偿水桶内的液面应位于两条标记线之间。若液面低于“低”线时，应向桶内补充冷却液。在向桶内添加冷却液时，液面不应超过“高”线。补偿水桶还可消除水冷系统中的所有气泡。

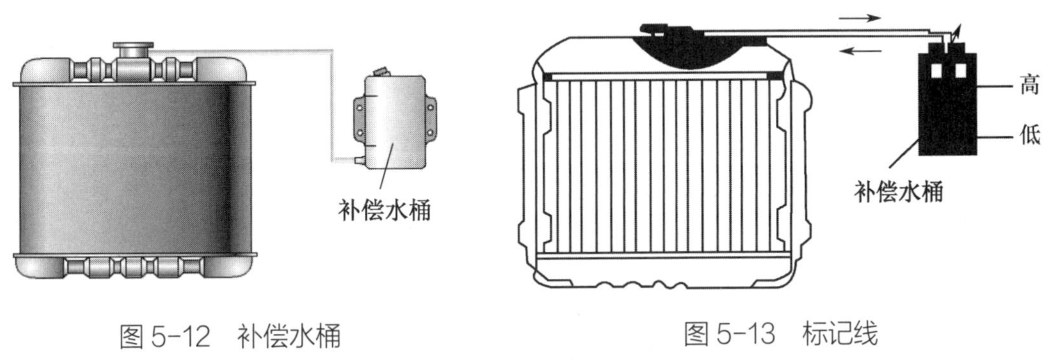

图 5-12　补偿水桶　　图 5-13　标记线

5．节温器

节温器（如图 5-14 所示）是冷却系统中用来调节冷却温度的重要机件，是控制冷却液流动路径的阀门。它的工作是否正常，对发动机的工作温度影响很大，从而间接影响发动机的动力性能和耗油量，因此节温器不可随便拆除。

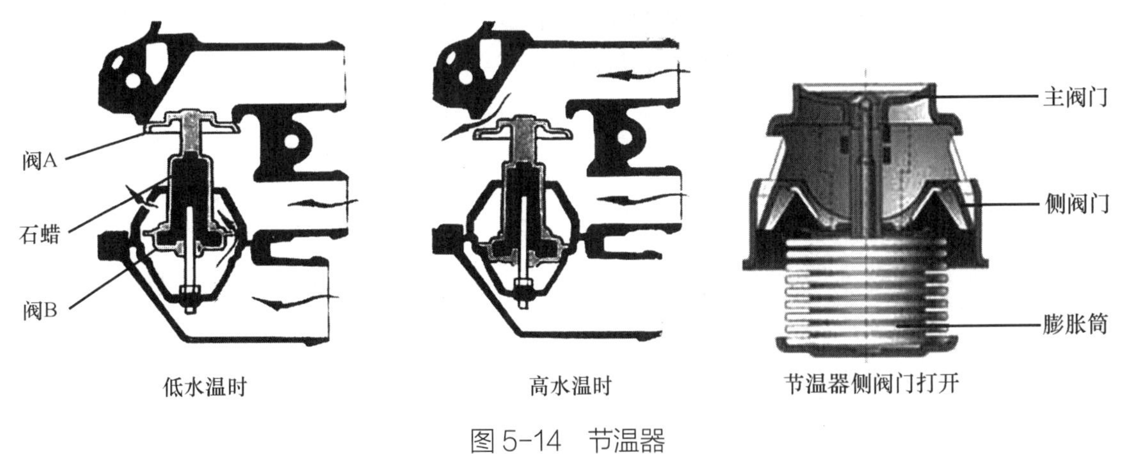

图 5-14　节温器

蜡式节温器在橡胶管和感应体之间的空间里装有石蜡，为提高导热性，石蜡中常掺有铜粉或铝粉。常温时，石蜡呈固态，阀门压在阀座上，这时阀门关闭了通往散热器的水路，来自发动机缸盖出水口的冷却水，经水泵又流回气缸体水套中，进行小循环。当发动机水温升高时，石蜡逐渐变成液态，体积随之增大，迫使橡胶管收缩，从而对反推杆上端头产生向上的推力。由于反推杆上端固定，故反推杆对橡胶管、感应体产生向下的反推力，使阀门开启。当发动机水温超过 85℃时，阀门全开，来自气缸盖出水口的冷却液流向散热器，进行大循环。

当发动机冷起动时，冷却液的温度较低，这时节温器将冷却液流向散热器的通道关闭，使冷却液经水泵入口直接流入机体或气缸盖水套，以便使冷却液能够迅速升温。

6．冷却液

冷却液的全称为防冻冷却液（如图 5-15 所示），它可以防止在寒冷季节停车时因冷却液结冰而胀裂散热器和冻坏发动机气缸体，但是要纠正一个误解，防冻冷却液不仅仅是冬天用的，而应该全年使用，汽车正常的保养项目中，每行驶一年，就需要更换发动机防冻冷却液。

图 5-15　防冻冷却液

冷却液由水、防冻剂、添加剂三部分组成，按防冻剂成分不同可分为酒精型、甘油型、乙二醇型等类型。酒精型冷却液是用乙醇（俗称酒精）作防冻剂，价格便宜，流动性好，配制工艺简单，但沸点较低，且易蒸发、冰点易升高、易燃，现已逐渐被淘汰。甘油型冷却液是用甘油作防冻剂，其沸点高、挥发性小、不易着火、无毒、腐蚀性小，但降低冰点效果不佳，且成本高、价格昂贵，用户难以接受，只有少数北欧国家仍在使用。乙二醇型冷却液是用乙二醇作防冻剂，并添加少量抗泡沫、防腐蚀等综合添加剂配制而成。由于乙二醇易溶于水，可以任意配成各种冰点的冷却液，其最低冰点可达-68℃，且这种冷却液具

有沸点高、泡沫倾向低、黏温性能好、防腐和防垢等特点，因此是一种较为理想的冷却液，目前国内外发动机所使用的和市场上所出售的冷却液几乎都是乙二醇型冷却液。

7. 百叶窗

百叶窗（如图 5-16 所示）的作用是通过改变吹过散热器的空气流量来调节发动机的冷却强度，以保证发动机在适当的温度范围内工作。在发动机冷起动或暖车期间，冷却液的温度较低，这时将百叶窗部分或完全关闭，以减少吹过散热器的空气流量，使冷却液的温度迅速升高。百叶窗可由驾驶人通过驾驶室内的手柄来操纵其开闭，也可由感温器自动控制。

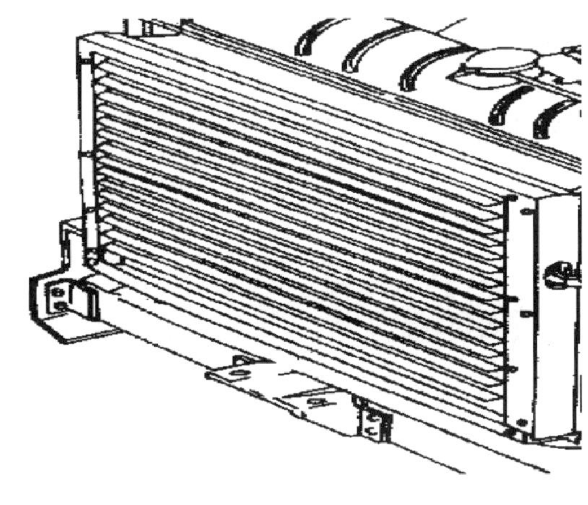

图 5-16 百叶窗

8. 散热器盖

目前的汽车发动机强制循环水冷系统都用散热器盖严密地盖在散热器添加冷却液的口上，使水冷系统成为封闭系统，通常称这种水冷系统为闭式水冷系统，其优点有如下几点。

（1）闭式水冷系统可使系统内的压力提高 98～196 kPa，冷却液的沸点相应地提高到 120℃左右，从而扩大散热器与周围空气的温差，提高散热器的换热效率。由于散热器散热能力的增强，可以相应地减小散热器的尺寸。

（2）闭式水冷系统可减少冷却液外溢及蒸发损失。

散热器盖的作用是密封水冷系统并调节系统的工作压力。当发动机工作时，冷却液的温度逐渐升高。由于冷却液容积膨胀使冷却系统内的压力增高。当压力超过预定值时，压力阀开启，一部分冷却液经溢流管流入补偿水桶，以防止冷却液胀裂散热器。当发动机停机后，冷却液的温度下降，冷却系统内的压力也随之降低。当压力降到大气压力以下出现真空时，真空阀开启，补偿水桶内的冷却液部分地流回散热器，以避免散热器被大气压力压坏。散热器盖的工作原理如图 5-17 所示。

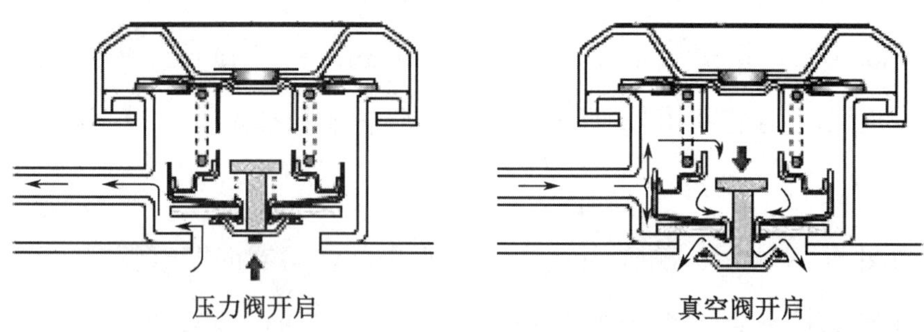

图 5-17　散热器盖的工作原理

三、冷却系统的检修原则

冷却系统主要零件的检修原则：根据 GB/T 3799—2021 中的规定并结合维修企业在实际操作中的经验进行检修。

四、冷却系统零部件的检查

1．水泵的检查

水泵常见的损坏形式有水泵壳体、叶轮破裂，带轮凸缘盘配合孔松动，密封圈变形、老化及损坏，泵轴磨损、弯曲，轴承磨损等。

（1）检查泵壳体和带轮有无损伤和裂纹，结合面变形应小于 0.05 mm。

检测方法：目测检查，结合面变形检测与气缸盖的平面度检测相同。

（2）检查水泵轴是否有弯曲，弯曲度应小于 0.05 mm。

检测方法：拆出水泵轴用百分表和 V 形块检查，方法同曲轴的弯曲检查。

（3）检查轴承间隙，轴向间隙应小于 0.50 mm，径向间隙应小于 0.15 mm。

检测方法：用手将总成中的水泵轴沿轴向和径向摆动，应无明显的松动现象。

（4）检查叶轮叶片有无破损，叶轮上轴孔是否磨损过大。

检测方法：用手将叶轮轴径向上摆动，应无明显的松动现象。

（5）检查密封圈是否损坏，如有损坏则更换。

（6）用手转动叶轮，泵轴应无卡滞现象，叶轮与泵壳体应无摩擦现象。

检测方法：（5）和（6）用目测及听声音来检查。

2．节温器的检查

（1）观察冷却液的流动。

发动机冷车运转时，散热器上水管如有冷却液流出，说明节温器阀门不能关闭。当冷却液温度超过 70℃时，散热器上水管无冷却液流出，说明节温器不能正常开启。

（2）浸泡法查验节温器（如图 5-18 所示）。

将节温器从发动机上拆下置于热水中，当水温高于 70℃时，观察阀门是否开启或开启高度是否达到要求。例如，东风天龙发动机节温器的开启温度为 76～86℃，节温器阀门打开的间隙最大为 8～9 mm，如果发现节温器无法开启或开启间隙不正常，应该选用相对应的节温器及时更换。

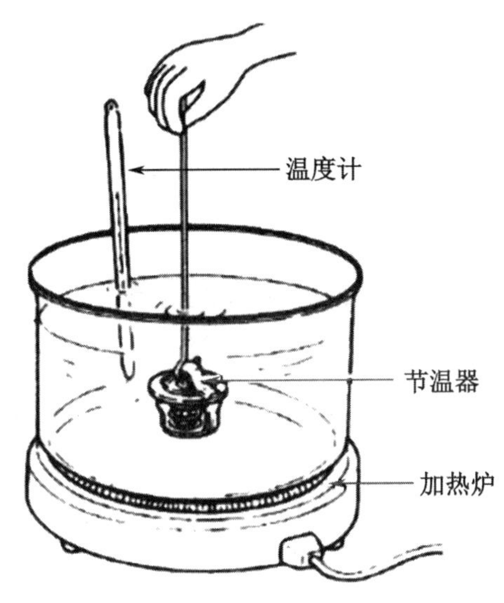

图 5-18 浸泡法查验节温器

3. 散热器的检查

（1）清除水垢：清洗散热器一般采用循环法，先用酸性溶液洗涤，再用碱性溶液中和，清洗时除垢剂以一定的压力（一般为 10 kPa）在散热器和水道内循环，经过 3～5 min 即可清除完水垢。若积垢严重，应拆去上、下室，用工具疏通冷却管。

（2）密封检查：检查散热器是否有泄漏，将散热器压力阀关闭，从出水口接上压缩空气，浸泡在水中，当压力达到 50～100 kPa 时，应无水泡冒出，否则需要修理。

（3）散热器盖的检查：

① 拆下散热器盖，检查其橡胶密封垫是否有裂纹及损坏；检查阀座是否向外膨胀；检查阀座是否有积土与损坏。

② 拉出负压阀将其打开，压力释放后确认是否能完全关闭。用手指轻轻拉动空气阀的阀芯，检查是否工作良好，阀芯检查如图 5-19 所示。

③ 使用专用散热器盖测试仪，检查蒸气阀的开启压力是否在规定的范围内，压力检查如图 5-20 所示。

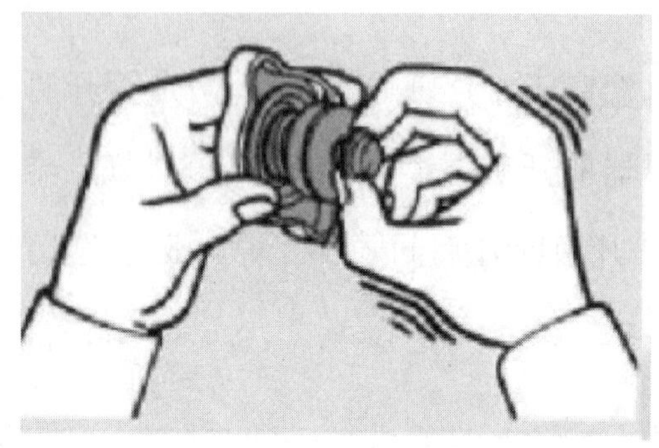
图 5-19　阀芯检查

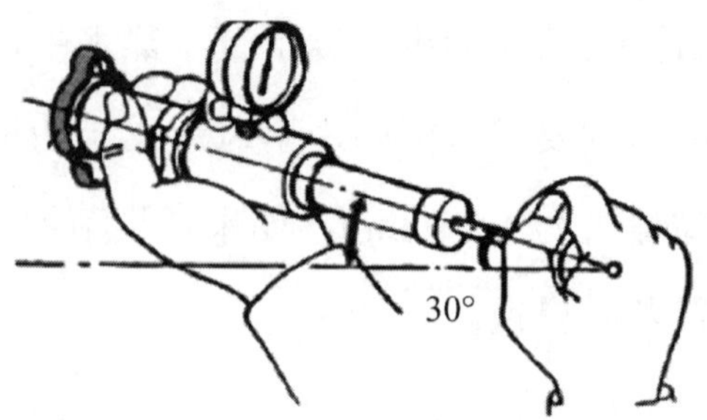

图 5-20　压力检查

注意

拆卸时，发动机必须熄火，用湿抹布先旋松散热器盖 45°，泄压后再缓慢旋下。

4. 风扇叶片的检查

风扇叶片出现变形、弯曲、破损后应及时更换。

5. 水泵皮带的检查

用拇指以 20～30 N 的力压皮带，其挠度为 10～15 cm 为宜，新皮带变形量为 6～10 cm，水泵皮带的检查如图 5-21 所示。

图 5-21　水泵皮带的检查

任务实施

发动机水泵的拆卸和安装

1．发动机水泵的拆卸

（1）松开发电机，拆卸正时皮带。

（2）松开螺栓 A。

（3）松开螺栓 B。

（4）松开螺栓 C，拆卸发电机如图 5-22 所示。

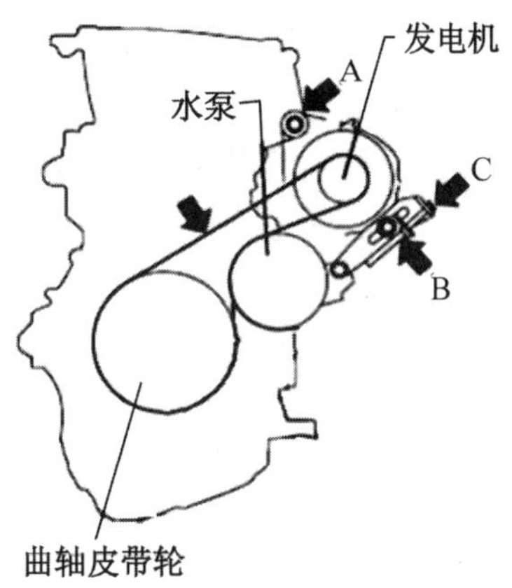

图 5-22　拆卸发电机

（5）拆卸水泵体下端螺栓，放出发动机冷却液。

（6）使用专用工具拆卸水泵连接盘，拧下水泵上的 5 个螺栓，如图 5-23 所示。

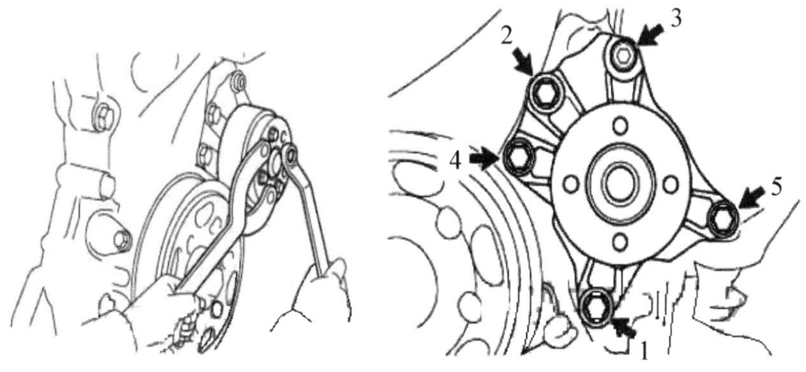

图 5-23　拆卸水泵连接盘和水泵螺栓

2．发动机水泵的安装

（1）安装水泵垫（如图 5-24 所示），注意方向不能装反。

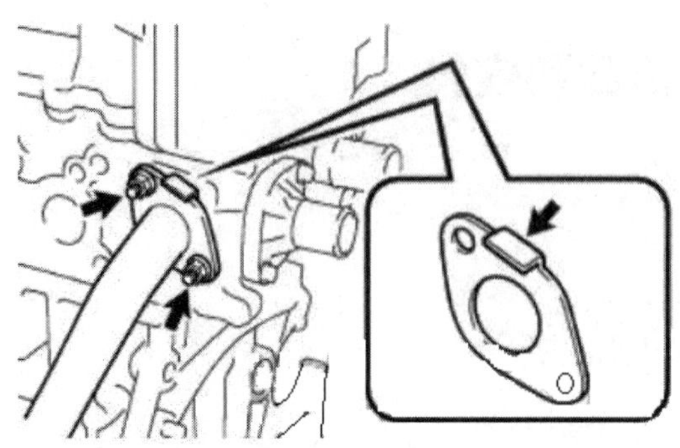

图 5-24　安装水泵垫

（2）紧固 5 个水泵螺栓（如图 5-25 所示），力矩为 25 N • m。

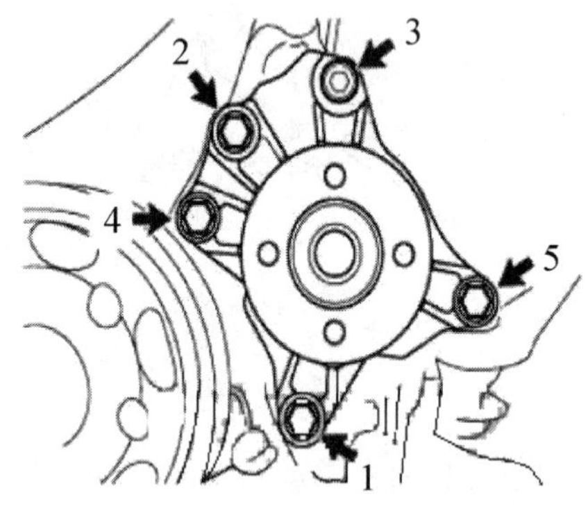

图 5-25　紧固 5 个水泵螺栓

（3）安装水泵连接盘时，用专用工具固定位置，然后紧固螺栓（如图 5-26 所示），力矩为 15 N • m。

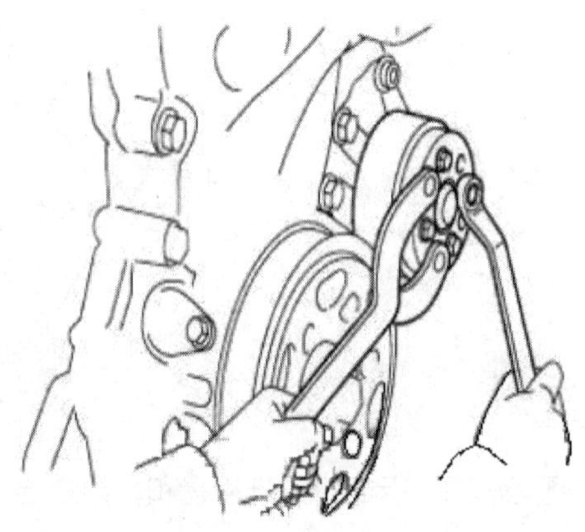

图 5-26　紧固螺栓

（4）安装完成后注意检查有无漏水现象。

素养与思政

本任务要求分组训练，各小组必须按照规范的操作方式精确快速地进行拆装冷却系统零部件，优化拆装流程，对零部件的检测精度做到精益求精，弘扬大国工匠精神。各小组在实训过程中必须团结一致、相互合作，操作过程中注意安全，要求全程实现“7S”管理。

知识拓展

1. 五菱微型车水泵的拆卸

（1）排放冷却液，拆卸上、下水管及散热器（如图 5-27 所示）。

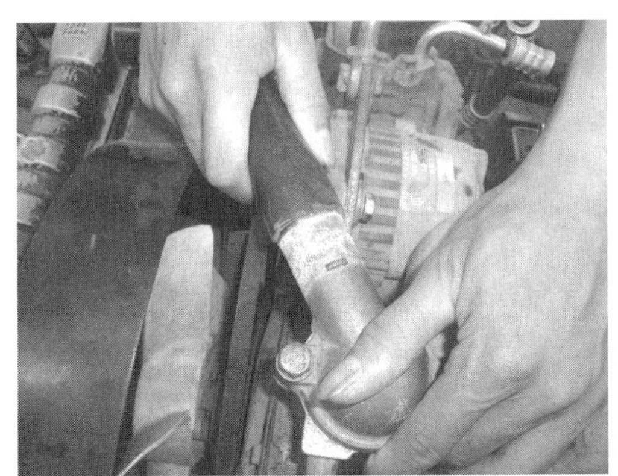

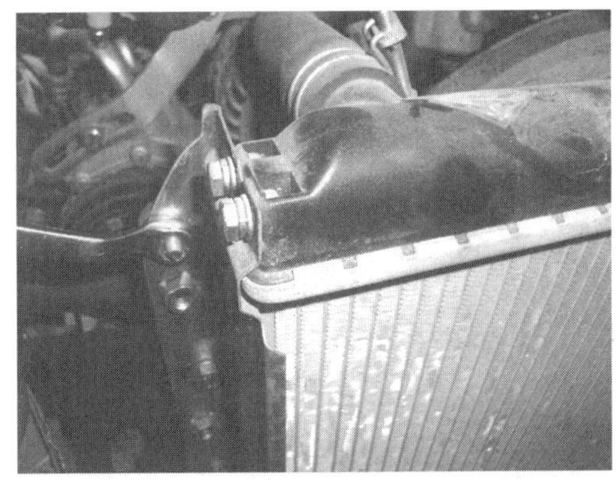

图 5-27 拆卸上、下水管及散热器

（2）拆卸风扇（如图 5-28 所示）和风扇皮带轮（如图 5-29 所示），注意风扇的方向。

图 5-28 拆卸风扇

图 5-29 拆卸风扇皮带轮

（3）拆卸正时皮带罩上盖（如图 5-30 所示）。

（4）拆卸正时齿轮（如图 5-31 所示）。

图 5-30　拆卸正时皮带罩上盖

图 5-31　拆卸正时齿轮

（5）拆卸正时皮带罩下盖（见图 5-32 所示）。

（6）拆下水泵（如图 5-33 所示）。

图 5-32　拆卸正时皮带罩下盖

图 5-33　拆下水泵

2. 五菱微型车水泵的安装

（1）清洁待安装 O 形密封圈的表面。

（2）用冷却液浸湿 O 形密封圈。

（3）安装水泵，紧固水泵螺栓，力矩为 15 N • m。

（4）安装正时皮带罩下盖、正时齿轮。

（5）安装正时皮带罩上盖、风扇皮带轮和风扇。

（6）安装散热器，添加冷却液，起动发动机，检查是否有漏水部位。

技能训练

在实训车间完成以下工作：

1．根据汽车维修手册的技术要求，更换水泵。

2．按照规范的工艺要求拆装，注意安全，全程要求“7S”管理。

润滑系统的构造与维修

项目描述

润滑系统是向做相对运动的零部件表面输送定量的清洁机油，以实现液体摩擦，减小摩擦阻力，减轻机件的磨损，并对零部件表面进行清洗和冷却的系统。润滑系统既要满足设备运转中对润滑的需要，又要与设备的工况条件和使用环境相适应，以免产生不适当的摩擦、温度、噪声及过早的失效。

本项目主要介绍润滑系统的构造、工作原理及检修方法等。

任务 润滑系统的构造与拆装检修

知识目标

1. 了解发动机润滑系统各部件的名称及其安装位置。
2. 掌握发动机润滑油的工作流程。
3. 掌握机油泵的构造与工作原理。

能力目标

1. 会更换机油滤清器。
2. 能正确拆装机油泵。
3. 会检查润滑系统的主要零部件。

思政目标

1. 通过学习润滑系统零部件的规范拆装流程，培养学生精益求精的工匠精神。
2. 通过学生小组合作学习，培养学生爱岗敬业、团结互助的价值观。
3. 通过观看“大国工匠”等视频，培养学生的爱国情怀。

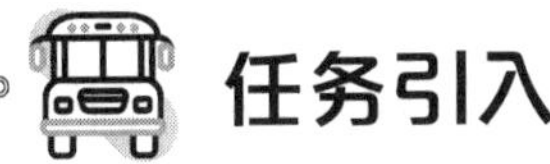

任务引入

一辆桑塔纳小轿车的发动机在工作一段时间后，发现机油故障灯点亮，检查机油情况，油品及油量都正常，经维修技师进一步检查后，发现机油泵坏了，更换机油泵后故障排除。本任务主要介绍润滑系统的构造与拆装检修等。

相关知识

一、润滑系统的作用及原理

1．润滑系统的作用

金属表面之间的干摩擦不仅增加发动机的功率消耗，加速零部件工作表面的磨损，而且还可能由于摩擦产生的热将零部件的工作表面烧损，致使发动机无法运转。

润滑系统就是在发动机工作时连续不断地把数量足够、温度适当的洁净机油输送到全部传动件的摩擦表面，并在摩擦表面之间形成油膜，实现液体摩擦，从而减小摩擦阻力，降低功率消耗，减轻机件磨损，以达到提高发动机工作可靠性和耐久性的目的。

汽车发动机润滑系统（如图 6-1 所示）的作用有润滑、清洗、冷却、密封、防锈蚀、液压和减震缓冲等。

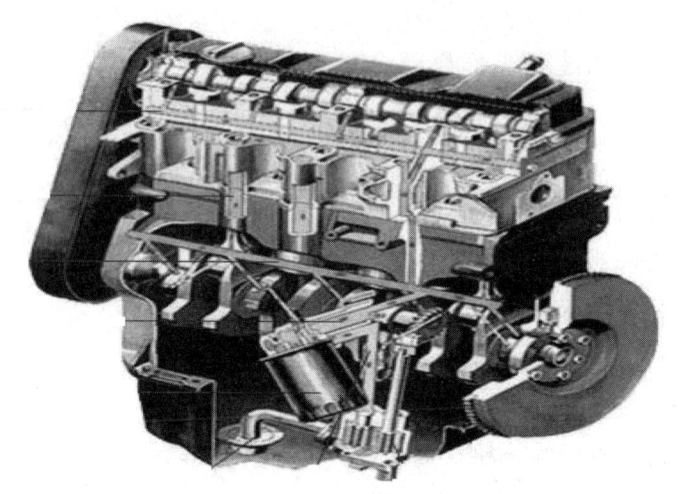

图 6-1　汽车发动机润滑系统

（1）润滑作用。润滑运动零部件表面，减小摩擦阻力和磨损，减小发动机的功率消耗。

（2）清洗作用。机油在润滑系统内不断循环，清洗摩擦表面，带走磨屑和其他异物。

（3）冷却作用。机油在润滑系统内不断循环带走摩擦产生的热量，起到冷却作用。

（4）密封作用。在运动零部件之间形成油膜，提高它们的密封性，有利于防止漏气或漏油。

（5）防锈蚀作用。在零部件表面形成油膜，起保护作用，防止腐蚀生锈。

（6）液压作用。机油可用作液压油，起液压作用，如液压挺柱。

（7）减震缓冲作用。在运动零部件表面形成油膜，吸收冲击并减小震动，起减震缓冲作用。

2．润滑系统的类型

发动机润滑系统按润滑方式不同，可分为压力润滑、飞溅润滑、定期润滑。

（1）压力润滑。利用机油泵，将具有一定压力的机油源源不断地送往摩擦表面。例如曲轴主轴承、连杆轴承及凸轮轴轴承、摇臂等处的润滑。

(2)飞溅润滑。利用发动机工作时运动零部件飞溅起来的油滴或油雾来润滑摩擦表面。该种润滑方式可使裸露在外面承受载荷较轻的气缸壁、相对滑动速度较小的活塞销以及配气机构的凸轮表面、挺柱等得到润滑。

（3）定期润滑。对于负荷较小的发动机辅助装置则只需定期、定量加注润滑脂进行润滑。例如水泵及发电机轴承等。

3．润滑系统的构造

润滑系统由机油泵、油底壳、机油滤清器、机油冷却器、各种阀、传感器、集滤器等组成。此外，润滑系统还包括机油压力表、温度表和机油管道等。

4．润滑系统的润滑油路

目前汽车发动机润滑系统的油路大致相同。在此系统中，曲轴的主轴颈、曲柄销、凸轮轴颈及中间轴（分电器和机油泵的传动轴）颈均采用压力润滑，其余部分则采用飞溅润滑或定期润滑。

当发动机工作时，机油从油底壳经集滤器被机油泵送入机油滤清器。如果油压太高，则机油经机油泵上的安全阀返回机油泵入口。全部机油经滤清器滤清之后进入发动机主油道。滤清器盖上设有旁通阀，当滤清器堵塞时，机油不经过滤清器滤清由旁通阀直接进入主油道。机油经主油道进入五条分油道，分别润滑五个主轴承。然后，机油经曲轴上的斜油道，从主轴承流向连杆轴承润滑连杆轴颈。主油道中的部分机油经第六条分油道供入中间轴的后轴承。中间轴的前轴承由机油滤清器出油口的一条油道供油润滑。主油道的另一条分油道直通凸轮轴轴承润滑油道，此油道也有五个分油道，分别向五个凸轮轴轴承供油。在凸轮轴轴承润滑油道的后端，也就是整个压力润滑油路的终端装有最低机油压力报警开关。当发动机起动后，机油压力较低，最低机油压力报警开关触点闭合，油压指示灯亮。当机油压力超过 31 kPa 时，最低机油压力报警开关触点断开，指示灯熄灭。另外，在机油滤清器上也装有机油压力开关，当发动机转速超过 2 150 r/min 时，机油压力若低于 180 kPa，这时开关触点闭合，报警灯闪亮，同时蜂鸣器鸣响报警。

五菱 LJ462 发动机润滑油路走向如图 6-2 所示。

发动机工作时，机油经集滤器→机油泵→机油滤清器（旁通阀），再到：

① 主油道→主轴承→连杆轴承→活塞销→喷溅至活塞→曲轴箱。

② 主油道的垂直油道→凸轮轴轴径→气缸盖回油孔→曲轴箱。

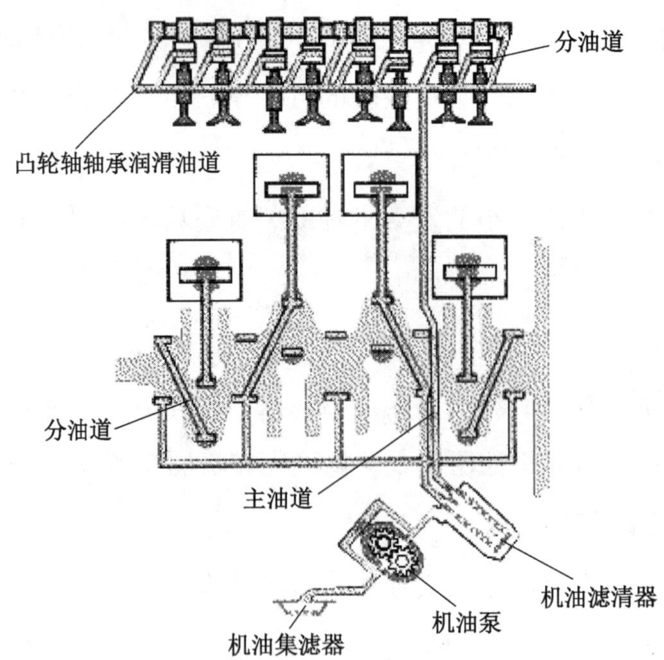

图 6-2　五菱 LJ462 发动机润滑油路走向

二、润滑系统的主要零部件

1．润滑系统组成

汽车润滑系统主要由三大部分组成：机油供给装置、滤清装置、仪表及信号装置。

（1）机油供给装置有机油泵、油道、油管、限压阀等，可使机油以一定的压力和流量在循环系统中流动。

（2）滤清装置有集滤器、粗滤器、细滤器、旁通阀（堵塞指示器）等，可清除机油中的各种杂质。

（3）仪表及信号装置有堵塞指示器、机油尺、压力感应塞、油压警报器、指示灯及压力表等，可使驾驶员随时了解润滑系统的工作情况。

2．机油泵

机油泵的功用是保证机油在润滑系统内循环流动，并在发动机任何转速下都能以足够高的压力向润滑部位输送足够数量的机油。

机油泵按结构类型（如图 6-3 所示）可分为齿轮式和转子式两类。

齿轮式机油泵又分内接齿轮式和外接齿轮式，一般把后者称为外啮合齿轮式机油泵，各类机油泵如图 6-4 所示。

齿轮式

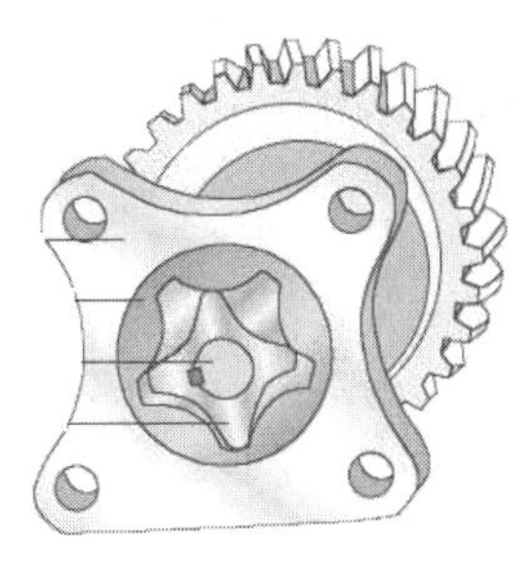

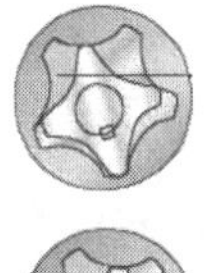

转子式

图 6-3 机油泵结构类型

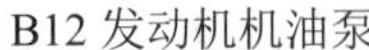

B12 发动机机油泵

462Q 发动机月牙板式机油泵

外啮合齿轮式机油泵

图 6-4 各类机油泵

机油泵的工作原理如图 6-5 所示，齿轮泵内装有一个主动齿轮和一个从动齿轮。当发动机工作时齿轮啮合旋转，进油腔容积因轮齿以脱离啮合方向运动而增大，机油便从吸油口被吸入。随着齿轮的旋转，机油被带到出油腔内。由于出油腔一侧轮齿进入啮合，使油腔容积减小，油压升高，机油便经出油口被送到发动机油道中。

内啮合齿轮式机油泵也称内接齿轮泵（如图 6-6 所示），其工作原理与外啮合齿轮式机油泵相同。内接齿轮泵的外齿轮是主动齿轮，套在曲轴前端，通过花键由曲轴直接驱动。内接齿轮是从动齿轮，装在机油泵体内，泵体固定在机体前端。

图 6-5 机油泵的工作原理

图 6-6 内接齿轮泵

因为内接齿轮泵由曲轴直接驱动，不需要中间传动机构，所以零件数量少，制造成本低，占用空间小，使用范围广。但是这种机油泵在内、外齿轮之间有一处无用的空间，使机油泵的泵油效率降低。另外，如果曲轴前端轴颈太粗，机油泵外形尺寸随之增大，发动机驱动机油泵的功率损失也相应有所增加。

转子式机油泵主要由内转子、外转子、机油泵体及机油泵盖等零部件组成。内转子固定在机油泵传动轴上，外转子自由地安装在泵体内，并与内转子啮合转动。内、外转子之间有一定的偏心距。当内转子旋转时，带动外转子旋转。 转子齿形齿廓的设计使得转子转到任何角度时，内、外转子每个齿的齿廓线上总能互相成点接触。这样，内、外转子间便形成了四个工作腔。某一工作腔从进油孔转过时容积都增大，产生真空，机油便经进油孔吸入。转子继续旋转，当该工作腔与出油孔相通时，腔内容积减小，油压升高，机油经出油孔压出。转子式机油泵如图 6-7 所示。

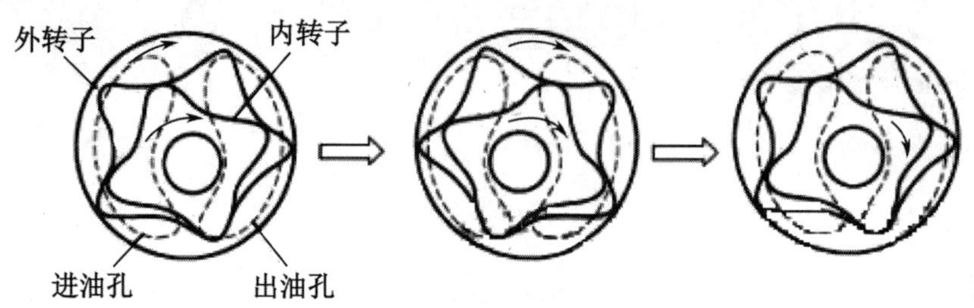

图 6-7 转子式机油泵

转子式机油泵的优点是结构紧凑，供油量大，供油均匀，噪声小，吸油真空度较高。

3. 滤清器

为了保证滤清效果，一般使用多级滤清器如集滤器、粗滤器和细滤器。与主油道串联的滤清器一般为粗滤器，与主油道并联的滤清器一般为细滤器。

机油滤清器的功用是滤除机油中的金属磨屑、机械杂质和机油氧化物。

机油滤清的方式有全流式和分流式两种。全流式机油滤清器串联于机油泵和主油道之间，因此全部机油都经过它滤清。目前轿车上普遍采用全流式机油滤清器。

发动机工作时，机油流经路线为：集滤器→机油泵→滤清器滤芯外圈→滤清器滤芯内圈→主油道。

机油从纸质滤清器（如图 6-8 所示）的外围进入滤清器中心，然后经出油口流进机体主油道。机油流过滤芯时杂质被截留在滤芯上。

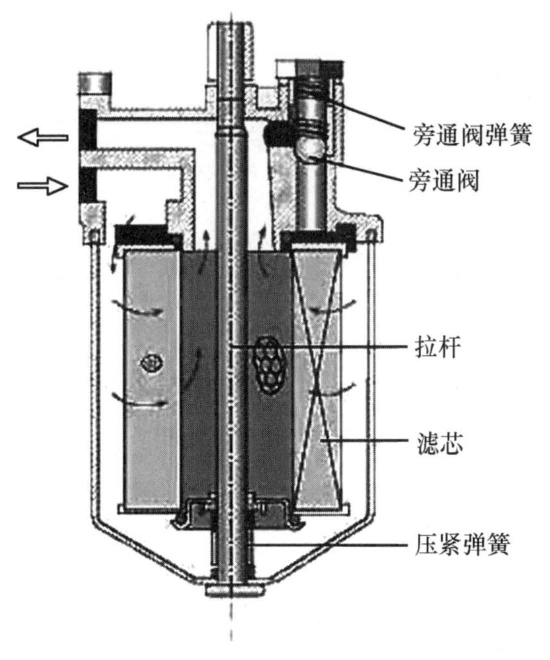

图 6-8　纸质滤清器

纸滤芯由经过酚醛树脂处理的微孔滤纸制造，这种滤纸具有较高的强度、较好的抗腐蚀性和抗湿性，纸滤芯则具有质量轻、体积小、结构简单、滤清效果好、阻力小和成本低等优点。

4. 限压阀

限压阀（如图 6-9 所示）安装在主油道上，当油压达到规定值时，多余的机油经过安全阀流回油底壳。

旁通阀（如图 6-10 所示）是当机油滤清器发生堵塞时，阀门打开，机油不经过滤清器直接进入主油道。

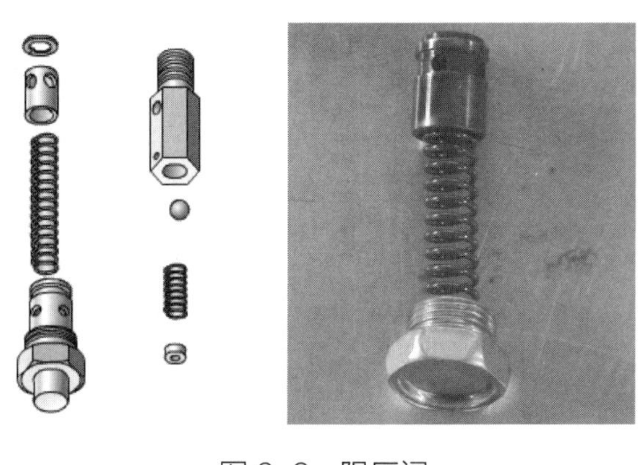

图 6-9　限压阀

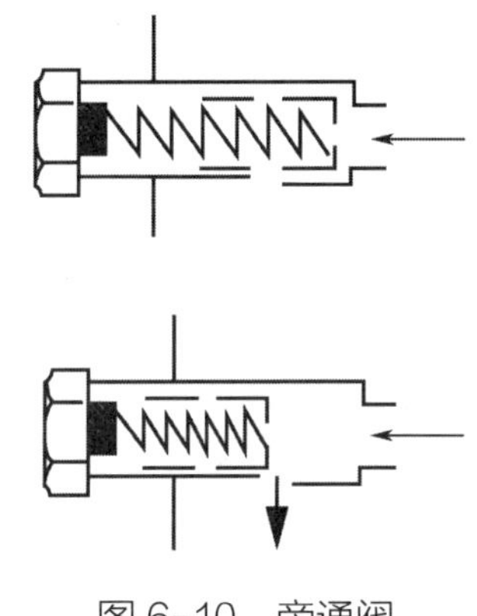

图 6-10　旁通阀

为了防止油压过高，在润滑油路中会设置安全阀或限压阀。安全阀一般安装在机油泵或机体的主油道上。当安全阀安装在机油泵上时，若油压达到规定值，安全阀开启，则多余的机油返回机油泵进口；当安全阀安装在主油道上时，若油压达到规定值，则多余的机油经过安全阀流回油底壳。

5. 通风系统

（1）自然通风。

从曲轴箱抽出的气体直接导入大气中的通风方式称为自然通风（如图 6-11 所示）。柴油发动机多采用这种通风方式。在与曲轴箱连通的气门室盖或机油加注口接出一根下垂的出气管，管口处切成斜口，切口的方向与汽车行驶的方向相反。利用汽车行驶和冷却风扇的气流，在出气口处形成一定的真空度，将气体从曲轴箱中抽出。

（2）强制通风。

从曲轴箱抽出的气体导入发动机的进气管，吸入气缸再燃烧，这种通风方式称为强制通风（如图 6-12 所示）。汽油发动机一般都采用这种通风方式，这样可以将窜入曲轴箱内的混合气回收使用，有利于提高发动机的经济性。

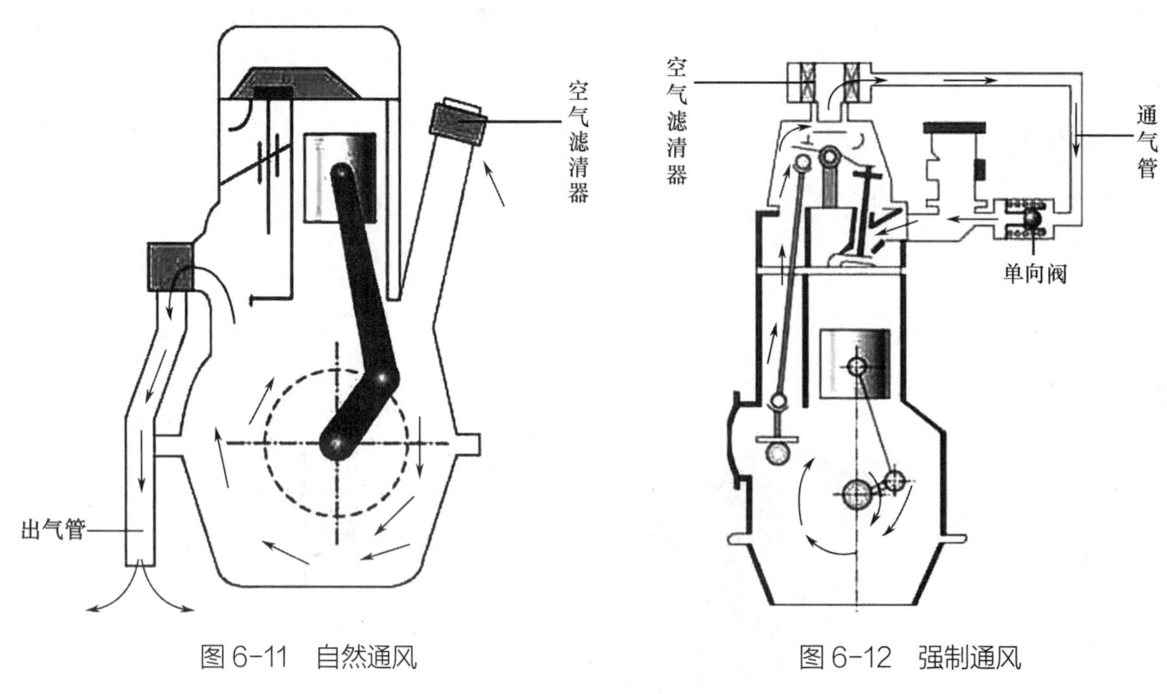

图 6-11　自然通风　　图 6-12　强制通风

三、润滑系统的检修

检修原则：根据 GB/T 3799—2021 中的规定并结合维修企业在实际操作中的经验。

1. 内啮合齿轮式机油泵的检修

（1）机油泵机件的外观检查。

① 检查机油泵体是否有裂纹、变形、漏油、机械损伤、严重腐蚀等现象，如有，应更换机油泵体。

② 检查内、外齿轮的轮齿是否有裂纹、齿面剥落掉块、严重磨损或机械损伤等现象，如有，应予以更换。

③ 检查机油泵的油封唇部是否有缺陷或其他损伤，必要时予以更换。

（2）机油泵减压阀的检查。

① 检查减压阀调整的卸荷压力，是否能稳定、可靠地满足机油泵的减压要求，如功能不能保证，则应更换减压阀的有关零部件。

② 检查减压阀的柱塞滑动面是否有擦伤、咬死等现象，如有，应予以更换。

③ 检查减压阀的弹簧是否有弯曲、疲劳、失效等现象，如有，应予以更换。

（3）机油泵配合间隙的检查。

① 机油泵外齿轮与泵体孔配合间隙的检查（如图 6-13 所示），配合间隙的标准值为 0.12～0.20 mm，极限值为 0.3 mm。

检查方法：用手将外齿轮轻轻压靠在泵体孔的一侧，用塞尺检查其径向间隙。

修理方法：检查出的间隙值若超过极限值的规定，则应根据具体情况更换外齿轮或油泵壳体。

② 机油泵内、外齿轮端面与泵体平面间隙的检查（如图 6-14 所示），端面间隙的标准值为 0.045～0.12 mm，极限值为 0.17 mm。

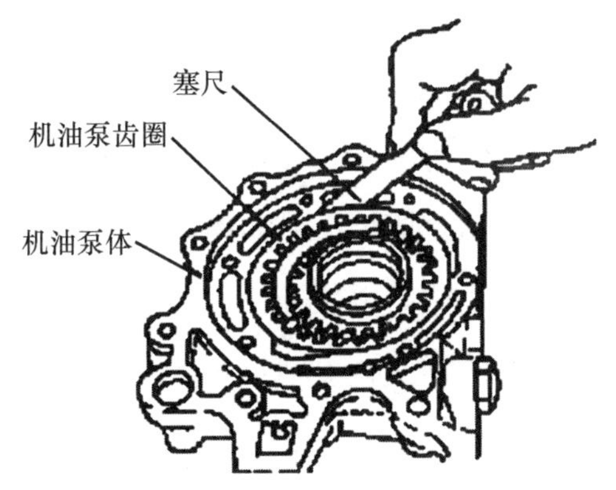

图 6-13 机油泵外齿轮与泵体孔配合间隙的检查

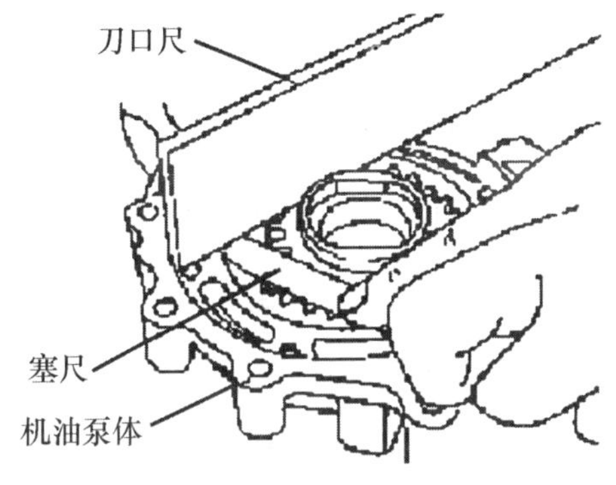

图 6-14 机油泵内、外齿轮端面与泵体平面间隙的检查

检查方法：用刀口尺和塞尺检查机油泵内、外齿轮端面与泵体平面的间隙。

修理方法：检出的间隙值若超过极限值的规定，则应研磨泵体平面，使其符合间隙标准值的要求。若无法修复，则应更换泵体或内、外齿轮。

（4）内、外齿轮与月牙板之间的径向间隙检查（如图 6-15 所示）。

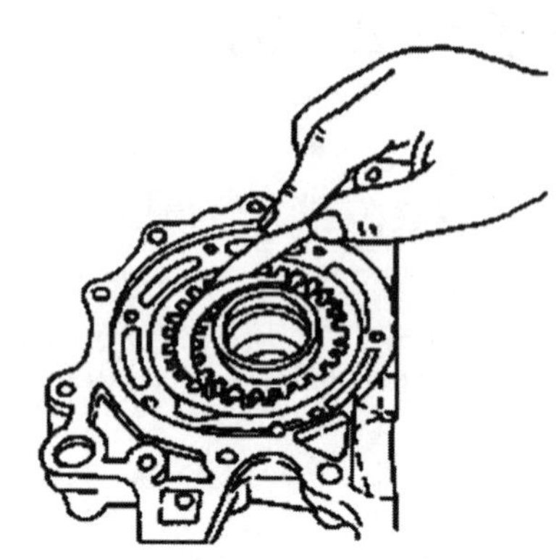

图 6-15　内、外齿轮与月牙板之间的径向间隙检查

将内、外齿轮分别装进机油泵的壳体中，用手（或螺丝刀）将其向一边轻轻压，然后用塞尺测量其径向间隙。内齿轮与月牙卡铁的径向间隙为 0.60～0.80 mm，外齿轮与月牙卡铁的径向间隙为 0.25～0.40 mm。

（5）机油泵排油压力的检查。

① 机油泵排油压力的标准：当发动机转速为 3 000 r/min 时，标准值为 0.3～0.45 MPa。

② 机油泵排油压力的检查方法。

检查油底壳中的机油油位是否符合要求，如油少则应添加。检查机油的质量是否合格，如机油已变色或变质，则应更换机油。检查机油路、机油泵是否有漏油现象，如有则应予排除。

检查方法：起动发动机，将发动机预热到正常工作温度，然后熄火停机。拆开油压开关（传感器）的插接件，从气缸体上拆下油压开关，将专用油压表装到开关的螺纹孔上，然后再起动发动机，并将发动机转速稳定在 3 000 r/min，观察专用油压表上的油压是否在规定值的范围内，并做好记录。油压测定后，将发动机熄火，并拆下专用油压表。在油压表开关的螺纹上缠上聚氟乙烯密封胶带，并安装在气缸体的螺纹内孔内，然后紧固，其紧固力矩为 12～15 N • m。最后，起动发动机，检查油压开关处是否漏油，如漏油则应予排除。

检查后测定的油压值在标准规定的范围内，说明机油泵的工作是正常的。若测定的油压值过高，则应调整减压阀，将油压调整到标准规定的范围内；若测定的油压值过低，则应检查机油泵和油管是否有泄漏、堵塞等情况，查出原因后，排除故障。

2．外啮合齿轮式机油泵的检修

（1）齿轮啮合间隙检查。

检查主、从动齿轮的啮合间隙（如图 6-16 所示），用塞尺在互成 120° 的三点上进行测量，啮合间隙一般为 0.05～0.25 mm，各点测量误差不应超过 0.1 mm。

（2）泵轴的检查。

将泵轴装在专用仪器上，用千分表检查泵轴是否弯曲，此时指针摆差不应超过规定值，否则应进行校正。主动轴与轴套孔的配合间隙一般为 0.03～0.08 mm，最大值不得超过 0.16 mm。从动齿轮的轴向间隙一般为 0.02～0.05 mm，若超过 0.05 mm，则应修复或更换。

（3）泵壳的检查。

泵壳不得有裂痕、变形等缺陷，如有应更换。

用塞尺检查泵盖与齿轮的间隙（如图 6-17 所示），间隙应在 0.05～0.25 mm 之间，若间隙不符合要求，可增减垫片或磨削泵壳与盖的接合面。

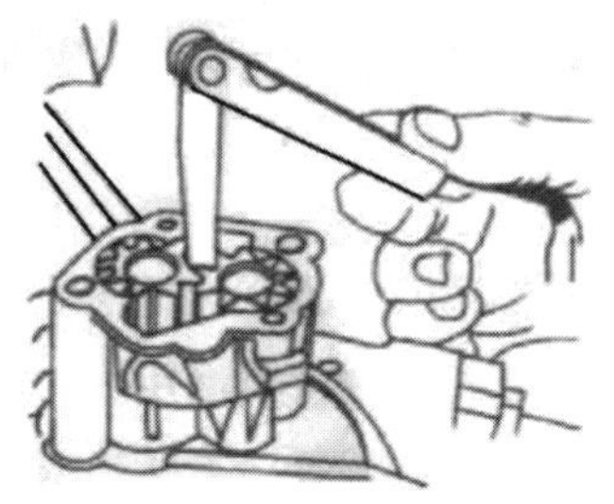

图 6-16　检查主、从动齿轮的啮合间隙

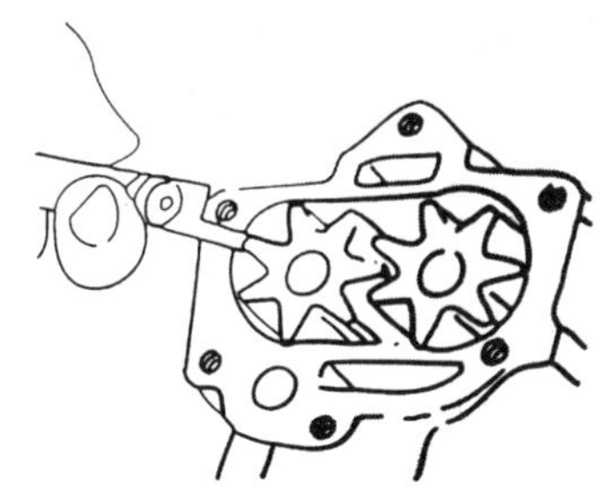

图 6-17　检查泵盖与齿轮的间隙

（4）泵盖的端面间隙及平面度检查。

用刀口尺与塞尺检查机油泵盖端面间隙、泵盖平面度误差，若误差超过 0.10 mm，可在机床上磨平或车平。端面间隙及平面度检查如图 6-18 所示。

图 6-18　端面间隙及平面度检查

任务实施

一、机油泵的拆装

（1）拆卸机油泵。

① 用冲击螺丝刀将齿轮盖板螺栓拧松，然后用十字螺丝刀将螺栓拆下，注意螺栓对角交叉拆卸。拆下螺栓如图 6-19 所示。

② 取下齿轮压板（如图 6-20 所示），如果压板贴得较紧，可用一字螺丝刀轻轻撬出来。

图 6-19　拆下螺栓

图 6-20　取下齿轮压板

③ 拆卸机油泵主动齿轮（如图 6-21 所示）。

④ 拆卸齿圈（如图 6-22 所示）。注意取出的时候应用双手对称垂直取出，如果贴得较紧，可用一字螺丝刀对称缓慢地撬出。

图 6-21　拆卸机油泵主动齿轮

图 6-22　拆卸齿圈

（2）安装机油泵。

① 将拆卸下来的零部件清洗干净。

② 将齿圈、齿轮依次放入机油泵壳体内，放上齿轮盖板，用螺栓将其紧固好。

二、五菱 B 系列发动机机油泵的拆卸步骤

（1）拆卸机油泵限压阀（如图 6-23 所示），拆卸时注意弹簧，小心飞出来。

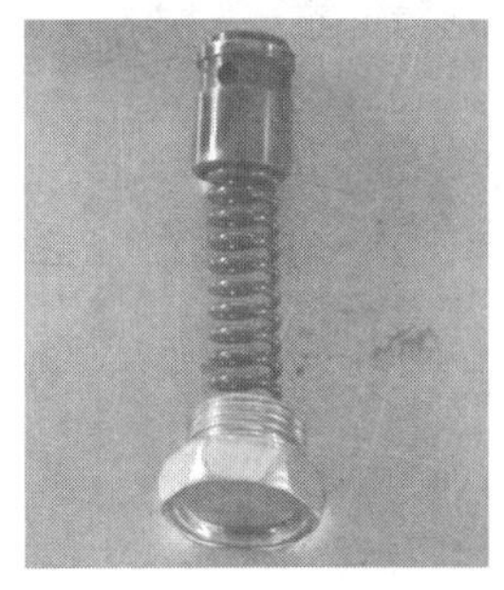

图 6-23　拆卸油泵限压阀

（2）按照对角交叉的顺序拆松螺栓，取下齿轮压板（如图 6-24 所示），如果压板贴得较紧，可用一字螺丝刀轻轻撬出来。

图 6-24　拆松螺栓，取下齿轮压板

（3）取下机油泵齿轮（如图 6-25 所示），注意取出的时候应用双手对称垂直取出，如果贴得较紧，可用一字螺丝刀对称缓慢撬出。如果齿轮和齿圈贴得较紧，可用木槌轻轻敲击。

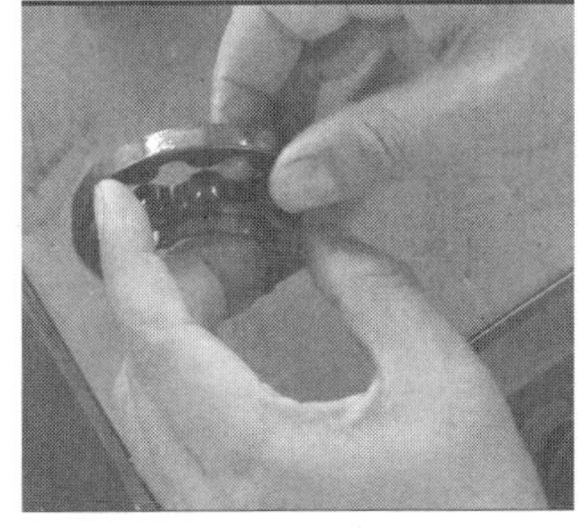

图 6-25　取下油泵齿轮

（4）依次摆放好拆下的零部件（如图 6-26 所示），并用汽油等有机溶剂清洗干净。

图 6-26　依次摆放好拆下的零部件

素养与思政

本任务要求分组训练，各小组必须按照规范的操作方式精确快速地进行拆装机油泵，力求对机油泵的拆装工艺做到精益求精，弘扬大国工匠精神。各小组在实训过程中必须团结一致、相互合作，操作过程中注意安全，要求全程实现“7S”管理。

知识拓展

怎样维护汽车发动机的润滑系统

养成良好的驾驶习惯，定期检查机油液面。液面过高，不仅会增加发动机运转时的阻力，造成不必要的功率损失，还会造成机油泄漏。液面过低，会因润滑不良而损坏发动机，因此油面过低应检查发动机有无泄漏机油和不正常的机油消耗。起动发动机前打开点火开关，机油平面指示灯和机油压力指示灯亮，起动发动机后应熄灭。如有异常现象必须停车检查。

使用适当黏度的机油。机油黏度过低，则油膜容易损坏而产生零部件卡住现象；机油黏度过高，则会产生零部件移动的附加阻力致使发动机起动困难，功率损失增加。因此更换机油时，尽可能参阅驾驶手册上厂商建议使用的黏度。

（1）根据气候选用机油。

环境温度较低时，选用黏度较低的机油，便于发动机起动；环境温度较高时，选用黏度较高的机油，便于运动部件保持油膜。

（2）根据车况选用机油。

车况较好的发动机，配合间隙较小，可选用黏度较低的机油；车况较差的发动机，配合间隙较大，可选用黏度较高的机油。

（3）使用专用机油。

由于柴油发动机有较高的燃烧压力，加上柴油含硫燃烧后产生的亚硫酸会稀释机油，因此柴油发动机应选用能中和亚硫酸的柴油发动机专用机油。

（4）合理使用汽车发动机养护品。

增强发动机的润滑性能，避免发动机磨损，以养代修。定期更换机油，最好不要添加机油，如果长期添加机油，会使发动机内部的油污、积碳越积越多，堵塞机油集滤器，造成发动机运动部件得不到润滑而严重损坏发动机机件。

对于汽车发动机润滑系统，做好定期维护工作，不仅可以延长发动机的使用寿命，还可以减少不必要的经济损失。

技能训练

在实训车间完成以下工作：

1. 根据汽车维修手册的技术要求，更换机油泵、机油滤清器。
2. 按照规范的工艺要求拆装，注意安全，全程要求“7S”管理。

发动机总装与磨合工艺

项目描述

发动机修理时对零部件进行了更换或维修，虽然这些零部件都符合原厂的技术参数，但由于这些零部件没有经过运行磨合，新的零部件与旧的零部件配合的实际接触面积之间仍有不平和几何误差，如果发动机装配好就立即投入使用，很可能会导致一些零部件的接触面产生剧烈磨损和高温，甚至产生黏着磨损，导致零部件接触面出现烧伤或拉缸等事故。因此，发动机经大修装复后必须进行磨合。

本项目主要介绍发动机装配过程中各配合件的配合间隙和各螺栓的拧紧力矩，以及发动机总装、运行、磨合和竣工验收标准等。

任务 发动机的总装调试与磨合

知识目标

1. 掌握发动机总装的方法。
2. 了解发动机各配合件的间隙。
3. 了解发动机的修理质量验收标准。

能力目标

1. 能够进行发动机总装。
2. 能够检查调整发动机各配合件的间隙。
3. 能够正确进行发动机起动运行、磨合。

思政目标

1. 通过学习发动机总装运行的规范操作流程，培养学生精益求精的工匠精神。
2. 通过学生小组合作学习，培养学生爱岗敬业、团结互助的价值观。
3. 通过观看“大国工匠”等视频，培养学生的爱国情怀。

任务引入

一台经过大修的发动机在进行热磨合时，发动机连杆总成脱落后将气缸体打裂，分解发动机后发现是由于连杆螺栓折断后造成连杆脱落。检查其他连杆螺栓，发现螺栓的紧固力矩过大。本任务主要介绍发动机装配过程中各配合件的配合间隙和各螺栓的紧固力矩，以及发动机总装、运行、磨合和竣工验收标准等。

相关知识

一、发动机的验收原则

发动机大修后主要根据以下标准来验收。

1．GB/T3799—2021 商用汽车大修竣工出厂技术条件：汽油发动机。

2．GB/T3799—2021 商用汽车大修竣工出厂技术条件：载客汽车。

3．GB/T 32231—2015 全地形车发动机通用技术条件。

二、发动机的拆装工艺

汽车发动机经外部清洗后，进入拆卸工位，放出所有机油和冷却液，然后再将总成拆成零部件进行检修。

发动机总成的拆装从工作本身来看，并不需要很高的技术，也不需要复杂的设备。但是往往由于不重视这项工作，在拆装工作中会造成零部件的变形和损伤，甚至无法修复。发动机总成拆装的工作质量会直接影响发动机总成的修理质量和修理成本，所以应特别注意拆装工艺要求。拆装工艺的一般原则有以下几点。

1. 按拆卸工艺程序拆卸

拆卸前应熟悉被拆总成的结构，可以查阅一些资料， 按拆卸工艺程序进行，严防拆卸工艺程序倒置，造成不应有的零部件损伤。

2. 清洁

要保持装配场地、零部件和工具的清洁。装配工作最好在专用装配车间使用专用的装配工作台架进行。

装配前的零部件必须进行认真清洗并用压缩空气吹干，经过检验和试验，质量必须合格。对于不同的零部件和不同的污垢要采用不同的方法清除，零部件清洗工作可分为清除油污和清除积碳等。

（1）清除水垢和清除锈蚀。钢铁零部件清除油污一般采用碱溶液进行清洗，也可以用工业汽油、煤油和柴油等有机溶剂清洗，效果比碱溶液好。

（2）铝合金零部件一般不得在碱溶液中清洗，常采用有机溶液来清洗。

（3）非金属零部件的清洗。

① 橡胶类零部件，如皮碗、皮圈等，应用乙醇或制动液清洗，不得用煤油、汽油和柴油等有机溶剂或碱溶液清洗，以防发胀变形。

② 离合器摩擦片和制动器摩擦片不能用碱溶液煮洗，可用少许汽油擦洗后，再用砂纸擦干净。

③ 皮质零部件一般用肥皂水擦洗，再用清水冲洗，最后用干布擦干，亦可用皮件清洁剂清除污物。

（4）清除积碳。可用手工法清除积碳或用化学溶剂配合机械作用清除积碳。

3. 使用专用机具和工具

使用专用机具和工具是为了保证装配质量，防止零部件损坏。拆卸时所选用的工具要与被拆件的零部件相适应，如拆卸螺母、螺栓应根据其六角尺寸，选取合适的固定式扳手或套筒扳手，尽可能不用开口扳手、活动扳手。不能在拆卸过程中为图省事，随便使用手锤、錾子、焊枪等工具猛敲、乱錾，焊、割螺栓和螺母，不能乱扔、乱放零部件，造成零部件的不必要损害和浪费。对于过盈配合零部件，如衬套、齿轮、带轮和轴承等，应尽可能使用专用拉器或压力机。如无专用工具，也可用尺寸合适的铳头或铜棒，用手锤敲击，但不能盲目用手锤直接敲打零部件的工作面。

4. 注意按原装配位置和记号装配零部件

（1）不可互换零部件和组合件，如连杆大头轴承盖与连杆、主轴承盖与缸体轴承孔、气缸体与飞轮壳、活塞连杆组与对应的气缸等。

（2）相互位置有要求的，如经过平衡的曲轴、飞轮、 离合器组合件、活塞、连杆、曲轴正时齿轮与凸轮轴正时齿轮等。

5. 零部件分类存放

同一总成或组合件的零部件拆开后应尽量放一起，对于精度和清洗方法不同的零部件应分类存放（如钢铁件、铝质件、橡胶件、皮质件等）。

6. 注意重要螺栓、螺母的紧固力矩

重要的螺栓、螺母（如连杆、主轴承盖、气缸盖螺栓等）必须按规定的紧固力矩分次紧固。气缸盖、进排气歧管等螺栓、螺母的紧固，应从中间往两边按交叉顺序，分次进行，最后一次的紧固力矩应符合标准规定。各螺栓、螺母的锁止装置（如销、保险垫片、金属锁线、弹簧垫片等）应按原厂要求装配齐全。

7. 要满足不同要求

（1）间隙配合件之间，应确保其间隙符合原厂规定或维修标准要求，如活塞裙部与气缸壁间隙、轴颈与轴承间隙、门脚间隙等。

（2）部分过盈配合的零部件应保证其有足够的过盈量，如气门座圈和缸盖座孔、飞轮

和齿圈、干式气缸套与气缸套孔等。在装配过盈配合组件时，应使用专用压力机和工具、夹具。

（3）有相对运动的零部件，如活塞与气缸、曲轴颈与滑动轴承、凸轮轴颈与轴承等，装配时应在其工作表面涂一层干净的机油，以防止冷磨合初期零部件间的剧烈磨损。

（4）装配过程中应随时注意检查各运动件之间是否有干扰或不协调的现象，如活塞顶部与气门是否相碰，气缸与活塞连杆组件是否相碰等。

8. 各密封部位应密封可靠

各种衬垫、油封等要完好，重要部位应涂以密封胶。安装油封时，应在唇口和外圈涂抹机油后再用压具压入。装配时，应防止油封歪斜、唇口损坏、弹簧出槽等现象。安装油封盖时，应注意定位装置，以确保油封与轴的同轴度要求。

9. 防止对零部件表面造成破坏

装配过程中不得直接用锤子锤击零部件的工作表面，确实需要时可以垫铜棒并尽量敲击零件的非工作表面，以防对工作表面造成破坏。

三、发动机的总装工艺

1. 总体要求

装配总成的零部件有三类：可用的旧零部件、经修复合格的零部件和补充的新零部件。使用这三种不同技术条件的零部件装配时，既要符合装配技术条件，又要保证装配尺寸限制在正常值内，有些在质量上还要有一定限制。因此，在零部件配套时必须对一些配合件进行选配，使其符合汽车修理技术标准。

2. 基本要求

发动机装配时必须遵循下述工艺原则。

（1）装配时，必须将各零部件、总成、工具清洗干净并用压缩空气吹干或晾干，并保持装配场地的清洁。

（2）待装的总成和零部件，必须经过检查或试装确认合格。

（3）不可互换的零部件，如连杆与连杆盖、气门与气门座等，应严格按装配记号安装，不允许有错漏。曲轴、气缸盖等有规定要求的螺纹连接件，必须按规定力矩和顺序分 3～4 次紧固。

（4）螺纹连接件的所有配套件，如开口销、保险垫片及垫圈等，一定要按规定装配齐全，不能丢失或漏装。各密封件必须更换。

（5）关键零部件的配合间隙，如活塞与气缸、曲轴轴颈与轴承，以及轴类零部件的轴向间隙、正时齿轮的啮合间隙、配气机构的配气相位、气门间隙等，都必须符合原厂的技术标准。

（6）在装配过程中，应使用规定的工具，采用正确的操作方法和手段，禁止野蛮操作。

（7）电路连接各接头、线柱要清洁，接触可靠，布线应顺畅。

3. 气缸体装配前检查

检查气缸体的清洁度和装配质量，有无漏装、错装现象，各油道是否清洁，油道内的隔塞、螺栓是否安装和蘸胶旋紧。不能互换的零部件，标记是否清楚无误，是否修配检查完毕，摆放整齐。

4. 曲轴飞轮组的安装步骤及注意事项

（1）将选配好并擦拭洁净的主轴承按标记对号入座，安装在轴承座和轴承盖内。带有油槽和油孔的半个主轴承装在轴承座内，对准压力油孔，轴承的凸起要嵌入座孔的槽内。将止推环装在凹槽内，有合金层的面（带储油槽的面）朝外。在装好的轴承表面、止推轴承表面（包括轴承盖和轴承）涂上机油。

（2）用脱脂纱布将曲轴的主轴颈、连杆轴颈逐一擦拭干净，然后抬起曲轴飞轮组件，对准轴承座，平稳地放入轴承座内。

（3）将各个带轴承的轴承盖按标记对号入座，扣合在各轴承座上。各轴承盖上的箭头应指向发动机的头部。

（4）按照从中间到两边的顺序，分三次紧固主轴承盖螺栓，五菱 462Q 四缸发动机则为 3—1—5—2—4，紧固力矩为 42.17～47.07 N • m。每紧固一遍轴承，转动几圈曲轴，以便了解轴承盖紧固情况，及时发现异常现象。全部紧固后用手扳动飞轮或曲柄，飞轮或曲柄应能转动，阻力均匀，无卡滞现象。

（5）检验、复查曲轴的轴向间隙。

（6）装机油泵和曲轴后端盖，注意内齿轮上的安装定位槽应对准曲轴上的安装定位槽。

注意：机油泵内齿轮的缺口应和曲轴上的缺口对齐，不能野蛮装配。

5. 活塞连杆的安装步骤

（1）将气缸体侧置，用纱布擦拭干净气缸套，将未装活塞环的活塞连杆组装入各缸，并按规定力矩分三次紧固连杆螺栓。摇转曲轴，使活塞分别处于上、下止点和中间三个位置。用塞尺分别测量活塞头部在气缸前后两个方向上与气缸壁的间隙，其间隙应不大于 0.10 mm。

（2）当活塞在气缸中的位置准确无误后，再将活塞环分别套装在活塞上。拆装活塞环必须使用专用工具。

（3）装入气缸前，要把各活塞环开口方向按规定摆放正确，在活塞外表面、活塞销孔和环槽内涂以机油。将装活塞专用夹具放在气缸体上面。拿起活塞连杆总成，对准缸号、前后记号后，将活塞用专用工具夹紧，用手锤木柄轻轻推入气缸中，再连接连杆大头与曲轴连杆轴颈（安装轴承和连杆盖），按规定力矩紧固连杆螺栓或螺母，锁住锁紧装置。

（4）将各缸活塞连杆组装入气缸并与曲轴连杆轴颈的连接装配完成后，用手锤沿曲轴轴向轻轻敲打连杆盖，连杆大头应能有轻微移动。转动曲轴时，松紧应适度。各缸活塞在上止点时，活塞顶至气缸体上平面的距离，汽油发动机应不低于 0.20 mm，且不高于 0.05 mm。各缸高度应一致。

6．配气机构和气缸盖的安装步骤

（1）将凸轮轴穿入凸轮轴轴承孔中，注意方向。插入气门推杆，再将摇臂、摇臂弹簧、摇臂轴装在气缸盖上。注意对准机油油孔和孔道。转动摇臂轴，对准中间支座中部的定位孔，旋入螺钉，固定摇臂轴，装好凸轮轴的前后端盖。如果发动机为凸轮轴上置式，应先将凸轮轴装配后再装摇臂。

（2）将气缸盖定位销敲入气缸体的定位销孔中，气缸垫放在气缸体上平面上，若气缸体与气缸盖都是铸铁或铝合金的，则气缸垫光滑的一面朝向气缸体（如果是铝合金的气缸盖，光滑面或有安装记号的一面要朝向气缸盖）。再把气缸盖组合件、气缸盖螺栓装到气缸体上，按规定扭矩从中间向两端对角分 2～3 次均匀拧紧缸盖螺栓，拧紧力矩为标准力矩。

（3）按要求调整好气门间隙。

（4）装上气门室罩。

（5）调整火花塞电极间隙，安装火花塞。

7．正时齿轮安装步骤

（1）将气缸体前端面擦拭干净，检查螺栓孔，孔内不准有异物堵塞。安装水泵、正时皮带下罩。

（2）安装正时齿轮及正时链条，注意安装记号，正时齿轮及正时链条对准相应的记号（465Q 发动机的正时记号对准正时皮带下罩上的箭头）则为一缸的压缩上止点。

（3）安装正时皮带及皮带张紧轮，安装正时皮带上罩。

（4）将曲轴带轮套装在曲轴正时齿轮上（有的发动机还设有扭转减振器等）。

8. 进、排气歧管的安装步骤

彻底清理进、排气歧管内部，检查其接合面的平整度，确认符合规定后，装上衬垫，使其光滑面朝向进、排气歧管，再装上进、排气歧管。安装固定螺栓，然后由中间向两端逐次均匀地紧固，一般紧固力矩为 29～39 N•m，或按厂家技术规定执行。

9. 冷却系统的安装步骤

（1）安装气缸盖出水管、节温器和水温感应器。

（2）安装带轮轮毂和带轮。

（3）安装冷却风扇。

10. 燃料供给系统的安装步骤

（1）安装燃油喷射装置，连接各控制拉杆和输油管。

（2）安装进气系统各传感器。

（3）安装空气过滤器和其他附件。

11. 润滑系统的安装步骤

（1）安装加机油管和标尺。

（2）安装机油粗滤器、机油细滤器、机油感应器，连接管路，加注机油。

12. 其他辅助装置的安装步骤

（1）安装空调压缩机和传动带。

（2）安装风扇和传动带。

（3）安装曲轴箱通风管道等。

四、发动机试运行

发动机在经过维修安装后要进行试运行，以便检验发动机的功率是否符合大修出厂标准，同时也检验安装后的质量是否可靠。发动机试运行前需要做如下检查。

（1）检查有无机油、燃油、冷却液，检查蓄电池是否已充电。

（2）断开燃油系统，用起动机带动发动机空转 1～2 min，使各部件在冷态下充分润滑或磨合。

（3）在发动机起动后，应使其怠速转动至工作温度。

（4）随着发动机的加热，如果听见异乎寻常的噪声，甚至出现冒烟等现象，应检查发动机泄漏冷却液和机油的情况（严重泄漏时立刻就能看见），还应检查排气歧管（这项工作应在发动机停止运行后进行）。

（5）发动机达到正常工作温度后，调整怠速转数。

（6）停止运行发动机，等待几分钟，如果不泄漏机油或冷却液，则安装没有问题。

（7）检查风扇和发电机皮带的张紧度，必要时调整。

（8）使发动机磨合运转，检查发动机的工作状况是否完好。

五、发动机的磨合及竣工验收

1．总体原则

根据 GB/T 15746—2011 中的规定，国产往复活塞式汽车发动机（汽油发动机、柴油发动机）装配的零部件和附件均应符合经规定程序批准的制造或修理技术条件。

总成磨合和测试的目的是提高各运动副摩擦表面的质量和精度，以能够承受使用负荷，减少使用中走合期的磨损量，延长使用寿命，鉴定总成的性能，并检查和消除修理装配中的缺陷。

各厂牌车型汽车的各总成结构、性能有所不同，磨合规范的转速、时间、所加的负荷也各有不同，但磨合经历的阶段基本一致。发动机分冷磨合、无负荷热磨合和部分负荷热磨合。

2．发动机的磨合规范

根据发动机磨合过程中转速和负荷的组合不同，发动机的磨合通常分为冷磨合和热磨合。一般修理厂只进行冷磨合和热试。

发动机磨合时，由于转速和工况不同，所磨合的部位也不同，这就要求在磨合过程中，必须随着磨合时间适时地改变转速和负荷条件。

（1）发动机的冷磨合。

冷磨合是将装配好等待磨合的发动机安装固定在磨合试验台上，利用外来动力（如电动机加变速器或磨合好的发动机），带动待磨合的发动机以不同的转速运转，在惯性负荷作用下实现磨合的方法。发动机冷磨合试验台如图 7-1 所示。

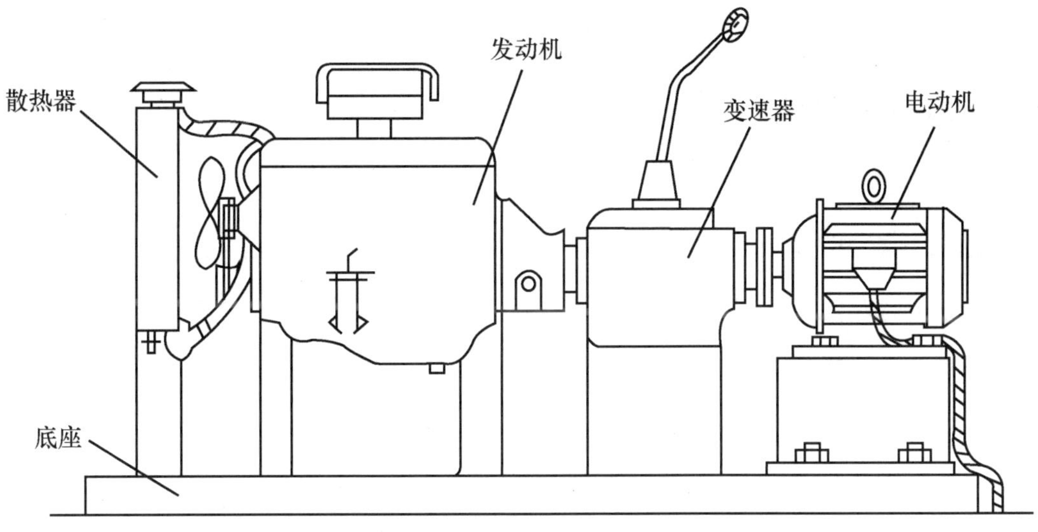

图 7-1 发动机冷磨合试验台

（2）冷磨合的发动机应该注意以下事项。

① 发动机要加足机油，可以使用较稀的车用机油或车用机油加煤油的混合油。机油要保持正常的机油压力，而装有液压挺杆的发动机应使用规定的机油。

② 汽油发动机一般不装火花塞，柴油发动机一般不装喷油嘴，燃料供给系统也应停止供油。

③ 接通水冷却循环系统，控制发动机的磨合工作温度。开始阶段，水温应迅速上升，但以不超过发动机的正常温度为限。

④ 磨合的转速和时间应根据发动机的技术状况和使用机油的黏度来确定。使用发动机油或者黏度较低的机油时磨合时间可以缩短。

⑤ 磨合规范由厂家规定，一般为 2～4 h，可分为 600 r/min、800 r/min、1 000 r/min 等几个转速阶段。

3. 发动机在冷磨合过程中，应进行如下检查

（1）对于顶置气门式发动机，应打开摇臂室罩盖，检查摇臂的润滑情况和有无金属摩擦声。如听到有“叽叽”的干摩擦声，则说明摇臂衬套润滑不良，应查明原因并排除。

（2）检查有无漏水、漏油现象。

（3）检查发动机各部位有无异响，查明原因并予以调整和排除。

（4）观察发动机运转是否平稳，如有严重抖动，应检查发动机运动件的平衡状况、旋转件的同轴度等。

（5）打开挺柱室盖，观察挺杆的旋转情况，如有不转的挺柱，必须及时调整、修配或更换。

六、发动机的热试

热试是在冷磨合的基础上，把可以起动、能进行正常运转并能进行动力输出的发动机进行起动，用本身发出的动力进行运转试验的过程。它是为了检查发动机是否达到了应有的性能，同时为发动机做一次走合，以保证发动机的正常使用。

1. 热试过程中应进行的检查和调整

（1）检查发动机各部分的工作情况及仪表反映出的数据是否正常，必要时进行调整，如电流表、机油压力表和水温表等。

（2）调整点火装置和燃油喷射装置。怠速时，发动机的转速应能稳定在 400 r/min 以下。

（3）检查各缸工作是否良好，发动机有无不正常的响声。

（4）测量气缸压力是否正常。

2. 热试后再拆检的机件

（1）检查气缸磨合情况是否正常，有无拉缸现象。

（2）检查曲轴箱内的清洁情况和各部螺栓、螺母的锁止情况。

（3）拆下曲轴轴承盖及连杆轴承盖各一只，检查轴承和轴颈的磨合情况。

（4）重新调整气门间隙。

（5）更换机油和细滤器滤芯等。

（6）热试后，气缸盖螺栓应按规定的紧固力矩再紧固一次，铸铁缸盖在发动机温度正常时进行，铝合金缸盖则在发动机冷却后进行。

七、发动机的验收

1. 发动机竣工验收

（1）发动机大修后，经过冷磨合、热试，试验检测合格即可进行竣工验收。

（2）发动机验收必须按汽车修理技术标准中的有关规定执行。必须保证发动机动力性能良好，怠速运转稳定，燃料消耗经济，附件工作正常。

2. 发动机验收的注意事项

（1）不得有漏水、漏油、漏气、漏电现象，但机油、冷却液密封接合面处允许有不致

形成滴状的浸渍。

（2）发动机冷却液温度为75～85℃时，测试发动机的怠速、气缸压力、机油压力、真空度和起动性能。

八、发动机的技术参数检测

1．水温、油温

发动机水温、油温应符合原设计规定，用水温表、油温表进行测量。不符合要求为不合格。

2．测量气缸压力

拆除全部火花塞，全开节气门、阻风门，用专用设备（如电动机、发动机）带动曲轴旋转，当转速在 100～150 r/min 时，进行气缸压力测量。即手持气缸压力表将橡皮头压紧在火花塞孔上，起动机带动曲轴转 3～5 s 后抬起，记录压力表示值。汽油发动机各缸压力差不得超过平均值的 5%，柴油发动机各缸压力差不得超过平均值的 8%。具体操作步骤如下。

（1）起动发动机，运转到发动机水温升至 80℃左右时停机。

（2）用压缩空气吹净火花塞外部的尘土，拆下发动机盖。

（3）拔出点火线圈，拆下各缸火花塞。

（4）排出气缸内的废气，将气缸压力表的橡皮头放在第一缸火花塞孔上，用力压紧。

（5）用起动机转动曲轴，转速约为 250 r/min 或以上，记录压力表示值，测试记录 2～3 次，然后依次测量其余各缸。

（6）气缸压力低于标准（如解放 CA141 型和东风 EQ 140 型汽车发动机的气缸压力不得低于 0.833 MPa）时，可向活塞顶部加入 20～30 g 的新机油，然后再测试压力。若明显上升，则表示活塞环磨损；若压力不变，则表明气门或气缸垫漏气。

（7）注意事项。

① 节气门和阻风门必须全打开。

② 蓄电池必须充满电或接近充满电，以保证发动机的转速达到规定的速度。

③ 用起动机转动曲轴，使每缸完成四个压缩冲程后，检查压力。

④ 汽油发动机各缸压力值不小于标准值的 10%，柴油发动机各缸压力值不小于标准值的 20%。

⑤ 同一台发动机各气缸压力值汽油机相差不能大于 5%，柴油机相差不能大于 8%。

⑥ 汽油发动机气缸压缩压力范围为：0.105～0.125 MPa。

⑦ 柴油发动机气缸压缩压力范围为：6～9 MPa。

（8）压力表读数解释如下。

① 正常情况：压力在各缸迅速、均匀地积累并达到规定值。

② 活塞环故障：第一次冲程压力较低，之后的冲程中压缩程度逐步加强，但压缩力达不到正常值，向气缸补充机油后气缸压缩力有明显提高。

③ 气门故障：第一次冲程压缩程度较低，之后的冲程中压缩程度也没有加强的趋势，向气缸补充机油后气缸压缩力没有明显提高。

3．检查机油压力

发动机机油压力应符合原设计规定，用机油表进行运转试验，如不符合国家标准（GB/T 3799—2021）中的规定要求则为不合格。

4．测量真空度

在曲轴转速为 500～700 r/min 时，以海平面为基准，用真空泵测量进气歧管内的真空度应在 57.2～70.5 kPa，波动范围应不超过 3.3 kPa。

5．检查起动性能

热车起动性能应良好，发动机在正常工作温度下，5 s 内能起动。柴油发动机在环境温度不低于 5℃、汽油发动机在环境温度不低于−5℃时，起动顺利。

冷车起动在环境温度不低于−5℃时，应起动顺利，允许连续起动不多于 3 次，每次起动不多于 5 s，起动多于 3 次或超过 5 s 均为不合格。

6．检查怠速

（1）发动机怠速运转稳定，其转速应符合原设计规定，转速波动应不大于 50 r/min，用转速表进行运转试验或用发动机综合分析仪测量，如不符合国家标准（GB/T 3845）中规定的为不合格。

（2）改变转速。发动机改变转速时应过渡圆滑，用发动机转速表检查，如不符合国家标准（GB/T 15746—2011）中的规定为不合格。

（3）加速或减速。发动机起动后，不论在低速、中速还是高速，均应运转平稳。发动机突然加速或减速时不得有突爆声，不得有断火、回火、放炮现象，如不符合国家标准（GB/T 15746—2011）中的规定为不合格。

7．尾气检查

发动机在怠速时的尾气排放使用尾气综合检测仪测量，汽油发动机的尾气排放应符合

GB 18285—2018 的规定，柴油发动机的尾气排放应符合 GB 3847—2018 的规定，按 GB18352.3、GB/T 3847—2018 的规定进行测量，不符合要求的为不合格。

8．异响

发动机起动运转稳定后，只允许正时齿轮、机油泵齿轮、喷油泵传动齿轮及气门脚有轻微均匀响声，不允许活塞销、连杆轴承、曲轴轴承有异响和活塞敲缸及其他异常响声。耳听检查或用发动机异响分析仪检查，不符合国家标准（GB/T 3799—2021）中规定的为不合格。

9．涂漆

发动机应按规定涂漆，涂层均匀，不得有起泡、剥落、漏涂现象。不符合国家标准（GB/T 3799—2021）中规定的为不合格。

10．“四漏”检查

发动机应无漏水、漏油、漏气、漏电现象。不符合国家标准（GB/T 3799—2021）中规定的为不合格。

验收合格后，发动机的动力性、经济性以及噪声和废气排放状况等，根据检测诊断结果，可以提出附加作业或小修项目。

任务实施

发动机的总拆卸

（1）拆卸离合器总成（如图 7-2 所示），拆卸飞轮（如图 7-3 所示），注意飞轮的安装标记。

图 7-2　拆卸离合器总成

图 7-3　拆卸飞轮

（2）拆卸发动机（如图 7-4 所示）。

图 7-4　拆卸发动机

（3）拆卸发动机附件（如图 7-5 所示）。如高压线盖、点火模块、EGR 阀等。

图 7-5　拆卸发动机附件

（4）拆卸风扇和皮带轮（如图 7-6 所示）。注意风扇的方向，拆皮带轮时要固定曲轴。

（5）拆卸气缸盖罩，注意螺栓拆卸顺序。

（6）拆卸进、排气歧管，按照从两边到中间的顺序拆卸。

（7）按顺序拆卸发动机前盖（如图 7-7 所示）。

图 7-6　拆卸风扇和皮带轮

图 7-7　拆卸发动机前盖

（8）拆卸链条张紧器、链条导板和链条（如图 7-8 所示）。

图 7-8 拆卸链条张紧器、链条导板和链条

（9）拆卸凸轮轴轴承盖（如图 7-9 所示），取出凸轮轴。注意：凸轮轴上的记号“I”为进气凸轮轴，“E”为排气凸轮轴。

图 7-9 拆卸凸轮轴轴承盖

（10）按顺序拆卸气缸盖（如图 7-10 所示）。

图 7-10 按顺序拆卸气缸盖

（11）拆卸气门组零部件和气门传动组零部件。

（12）拆卸油底壳、机油集滤器。

（13）拆卸曲柄连杆机构。

（14）拆卸活塞环（如图 7-11 所示）。

图 7-11　拆卸活塞环

素养与思政

本任务要求分组训练，各小组必须按照规范的操作方式精确快速地进行拆装、调试发动机，对发动机的总装工艺、发动机的调试做到精益求精，弘扬大国工匠精神。各小组在实训过程中必须团结一致、相互合作，操作过程中注意安全，要求全程实现“7S”管理。

知识拓展

新能源汽车

新能源汽车是指采用非常规的车用燃料作为动力来源（或使用常规的车用燃料，但采用新型车载动力装置），综合车辆的动力控制和驱动方面的先进技术，形成的技术原理先进，具有新技术、新结构的汽车。

新能源汽车包括四大类型：纯电动汽车（BEV，包括太阳能汽车）、混合动力汽车（HEV）、燃料电池电动汽车（FCEV）、其他新能源（如超级电容器、飞轮等高效储能器）汽车。非常规的车用燃料指除汽油、柴油之外的燃料。

（1）纯电动汽车。

是指完全由可充电蓄电池（如铅酸电池、镍镉电池、镍氢电池和锂离子电池等）提供车辆行驶动力的汽车，是真正的零排放汽车。

（2）混合动力汽车。

是指一辆同时装有内燃机和电动机，利用内燃机发电驱动电动机工作再带动车轮旋转或者由发动机直接驱动车轮旋转的汽车。由于其并未从根本上摆脱对石油资源的依赖，因此，混合动力汽车只是电动汽车发展过程中的一种过渡车型。

（3）燃料电池电动汽车。

是指以燃料电池作为动力源的电动汽车。燃料电池是利用氢气和氧气（或空气）在催化剂的作用下直接经电化学反应产生电能的装置，由于水是电化学反应的唯一生成物，因此燃料电池电动汽车完全无污染，同时还具有效率高、用途广、低噪声、免充电、原料多等优点。但是，由于其高成本及氢燃料关键技术尚未取得突破的原因，近年内还难以推广应用。

目前在全世界，电动汽车一直是各大汽车集团花费巨资研发的新兴领域。2020 年中国、欧洲、美国的电动汽车销量分别为 137 万辆、137 万辆、33 万辆。车型销量特征显示，特斯拉与五菱宏光 MINI EV 形成高低组合，分列第一、二名，销量均超过 10 万辆，遥遥领先其他车型。

2020 年 11 月，国务院办公厅印发《新能源汽车产业发展规划（2021—2035 年）》，要求深入实施发展新能源汽车国家战略，推动中国新能源汽车产业高质量可持续发展，加快建设汽车强国。

从 2021 年品牌销量来看，上汽通用通过五菱宏光 MINI EV（如图 7-12 所示）这一爆款车型夺得品牌销量榜首。得益于特斯拉中国工厂的启用，特斯拉在中国市场销量激增，Model 3 占据车型销量榜首。

图 7-12 五菱宏光 MINI EV

比亚迪作为国内新能源汽车龙头企业，掌握着电池、电机、电控三电核心科技和充电配套、整车制造等核心技术。比亚迪 EV 360 和 EV 535 搭载的电机综合功率为 70 kW，综合扭矩为 180 N·m，两种车型的综合续航里程为 305 km 和 410 km。此外，整车还配备了第三代智能温控系统，可以保障电池在适宜温度下工作，大大减少了用户的后顾之忧。2020 年 7 月上市的比亚迪汉 EV（如图 7-13 所示）销量可观，标志着比亚迪向高端品牌转型迈出了坚实的一步。另外，造车新势力的代表蔚来汽车、理想汽车也榜上有名。

图 7-13　比亚迪汉 EV

其他品牌车型如北汽新能源 EU 系列、荣威 Ei5 等销量也很强劲，北汽、荣威、江淮等国内老牌新能源汽车领域的佼佼者，近年来的表现也有目共睹。

技能训练

在实训车间完成以下工作：

1．根据汽车维修手册的技术要求，总装发动机。

2．根据发动机大修验收标准，起动并调试好发动机。

3．按照规范的工艺要求拆装，注意安全，全程要求“7S”管理。